U0740765

2018/2019

中国家用纺织品行业发展报告

中国家用纺织品行业协会　编著

中国纺织出版社

内 容 提 要

《2018/2019中国家用纺织品行业发展报告》共分七篇。行业报告篇介绍并分析了2018年家纺行业的运行情况及未来发展趋势；国际动态篇对2017年全球家纺贸易特点进行了分析论述；国内市场篇分别从全国大型零售市场和全国纺织专业市场对2018年家纺内销市场做出系统的分析，并着重分析了床上用品零售市场的运行情况及发展趋势；"一带一路"篇对我国家纺行业企业走出去在"一带一路"沿线产业布局的现状进行了梳理，深入分析了中非纺织产能合作的发展现状及未来展望，并摘录整理了2018年中国家纺大会关于家纺行业"一带一路"高峰论坛的精华内容；上市公司篇分别对家纺行业主板上市公司和新三板上市公司2018年的生产经营情况及发展特点进行了分析综述。研发创新篇对协会举办的三个全国性家纺设计大赛成果进行了总结。相关产业篇囊括了棉、麻、化纤、印染及缝纫机等家纺产业链相关行业年度运行情况。另外，附录部分总结了2018年中国家纺行业的大事记，并收录了2018年度各类奖项及相关经济数据等资料。

本书是一部集中反映家用纺织品行业年度发展情况与趋势的研究报告，旨在为相关企业、部门机构科学决策和国家宏观经济管理提供具有权威性和指导性的参考依据。

图书在版编目（CIP）数据

2018/2019 中国家用纺织品行业发展报告 / 中国家用纺织品行业协会编著 .-- 北京：中国纺织出版社，2019.5
ISBN 978-7-5180-5872-3

Ⅰ. ① 2… Ⅱ. ① 中… Ⅲ. ① 纺织工业—工业发展—研究报告—中国—2018-2019 Ⅳ. ① F426.81

中国版本图书馆 CIP 数据核字（2019）第 004835 号

策划编辑：孔会云　　特约编辑：马 涟　　责任校对：王花妮
责任印制：何 建

中国纺织出版社出版发行
地址：北京市朝阳区百子湾东里A407号楼　邮政编码：100124
销售电话：010—67004422　传真：010—87155801
http://www.c-textilep.com
E-mail:faxing@c-textilep.com
中国纺织出版社天猫旗舰店
官方微博http://weibo.com/2119887771
北京玺诚印务有限公司印刷　各地新华书店经销
2019年5月第1版第1次印刷
开本：889×1194　1/16　印张：13
字数：270千字　定价：268.00元
京朝工商广字第8172号

凡购本书，如有缺页、倒页、脱页，由本社图书营销中心调换

《2018/2019中国家用纺织品行业发展报告》
编辑委员会

主　编　杨兆华

副主编　魏启雄

编　委　朱晓红　王　易　吴永茜　葛江霞

项目执行　王　冉　刘　丹

序 Foreword

《2018/2019中国家用纺织品行业发展报告》如期与大家见面了，在本书交付排版印刷之际，正值第二届"一带一路"国际合作高峰论坛在北京成功举行，这场盛会是我国重要的主场外交，成果丰硕：确立高质量共建"一带一路"目标，指明合作方向；构建全球互联互通伙伴关系，推动联动发展；体现互利共赢；搭建地方及工商界对接新平台，拓展合作机遇；完善"一带一路"合作架构，打造支撑体系；发挥元首外交引领作用，深化双边关系。这些成果说明，共建"一带一路"的朋友越来越广、伙伴越来越多、合作越来越深入，共建"一带一路"有理念、有机制、有举措，必将行稳致远。

　　值得一提的是，今年的发展报告在原有内容上特别新增"一带一路"专栏，2018年家纺大会"一带一路"高峰论坛备受业内外人士关注，引起广泛共鸣，本书特意收录整理了论坛演讲的精华内容，以期分享给更多读者。另外还总结了行业近年来考察"一带一路"沿线国家的经历与收获；论述了中非纺织产能合作发展现状与未来展望，构建纺织行业"一带一路"命运共同体。新时代下全球纺织经济新格局正逐步重塑，各国产业间加强融合成为了全球纺织产业发展的重要趋势，家纺行业乘"一带一路"倡议东风，积极走出去寻找发展新机遇。

　　《2018/2019中国家用纺织品行业发展报告》继续打造行业白皮书风格与特色，编著人员在搜集整理行业信息数据、深入研究行业、探讨行业发展前沿热点问题、听取相关专家意见等工作的基础上认真创作，力求把本书打造成一部集中反映行业年度发展情况与趋势的研究报告，为产业发展升级提供服务指南。

　　最后，本书在编写过程中得到了社会各界人士的大力支持、真诚鼓励和热心帮助，在此本人代表协会借此机会向相关单位及个人表示衷心的感谢！

杨兆华

2019年5月

目录 Contents

行业报告

国际动态

国内市场

一带一路

上市公司

研发创新

相关产业

附 录

行业报告

2018年中国家用纺织品行业运行报告

杨兆华　魏启雄　王冉

2018年，在全球经济复苏，国际贸易形势复杂多变的总体背景下，我国国民经济运行增速保持在合理区间，社会经济发展主要预期目标较好完成。国内生产总值90.03万亿元，比上年增长6.6%。对世界经济增长贡献率接近30%，是世界经济增长的最大贡献者之一。在全面建成小康社会的关键时期，家用纺织品（简称家纺）行业深入进行供给侧结构性改革，行业运行稳步提升,提质增效有所显现。

一、2018年行业运行情况

2018年家纺行业总体运行保持平稳增长，行业效益良好，成本得到有效控制，行业效率总体提高。反映出家纺行业在深入贯彻实施供给侧结构性改革方面取得的初步进展，为行业持续保持高质量发展打下基础。

（一）行业运行保持平稳

2018年，家纺行业总体继续保持平稳态势。行业增长速度由2015年触底回升，近几年一直保持平稳运行，最近两年增速保持在4%~5%的区间。据国家统计局数据显示，2018年1857家规模以上家纺企业实现主营业务收入2041.58亿元，同比增长4.55%，增速保持平稳。协会跟踪统计的210家样本企业实现主营业务收入871.29亿元，同比增长1.33%。跟踪统计的15个产业集群实现主营业务收入2421.39亿元，同比增长6.05%（图1）。

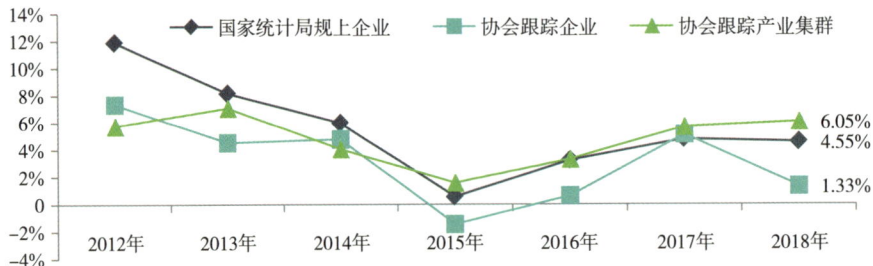

图1　家纺行业历年增长趋势
资料来源：国家统计局、中国家纺协会

三类家纺子行业中，毛巾行业扭转了负增长态势，增长幅度较大。据国家统计局数据显示，2018年，全国287家规模以上毛巾企业实现主营业务收入382.21亿元，同比增长4.72%，增速较上年提高6.03个百分点，扭转了负增长态势。协会跟踪的毛巾产业集群也体现这一增长态势，增速为8.8%。协会跟踪的毛巾企业总体样本有限，由于受个别大型企业数据负增长的影响，整体增速为-13.41%（表1）。

表1 2018年毛巾行业主营业务收入及增幅

项目	主营业务收入	
	金额（亿元）	同比（%）
国家统计局统计的规上企业（287家）	382.21	4.72
协会跟踪统计的企业（27家）	166.50	-13.41
协会跟踪统计的产业集群（1个）	358.26	8.80

资料来源：国家统计局、中国家纺协会

床品行业增长稳定。2018年，由国家统计局统计的全国987家规模以上床上用品企业实现主营业务收入1082.32亿元，同比增长5.21%。行业增速自2015年以来保持稳步上升，体现床品行业稳中有进的增长态势。协会跟踪的108家床品企业全年收入增速为5.54%，跟踪的产业集群收入同比增长5.85%（表2）。

表2 2018年床品行业主营业务收入及增幅

项目	主营业务收入	
	金额（亿元）	同比（%）
国家统计局统计的规上企业（987家）	1082.32	5.21
协会跟踪统计的企业（108家）	620.65	5.54
协会跟踪统计的产业集群（4个）	1014.91	5.85

资料来源：国家统计局、中国家纺协会

布艺实现较好增长。2018年，全国222家规模以上布艺企业实现主营业务收入227.84亿元，同比增长7.34%，增速较上年有所回落，但仍然高于家纺行业整体增速2.79个百分点。协会跟踪的企业实现收入同比增速为4.94%，跟踪的产业集群实现收入同比增长4.12%（表3、图2）。

表3 2018年布艺行业主营业务收入及增幅

项目	主营业务收入	
	金额（亿元）	同比（%）
国家统计局统计的规上企业（222家）	227.84	7.34
协会跟踪统计的企业（74家）	73.44	4.94
协会跟踪统计的产业集群（4个）	443.61	4.12

资料来源：国家统计局、中国家纺协会

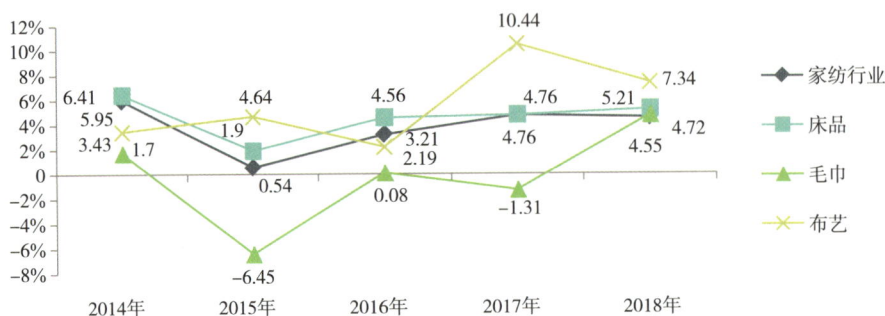

图2　家纺规模以上企业最近五年主营业务收入增速
资料来源：国家统计局

（二）出口态势良好

2018年，在国际收支平衡改善、进出口稳中向好的宏观局面下，我国家纺行业内外需保持稳定增长（图3）。

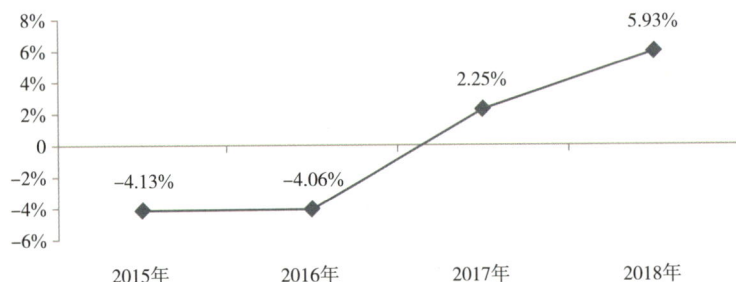

图3　近几年我国家纺出口增长情况
资料来源：中国海关

2018年，尽管国际贸易形势复杂多变，家纺行业出口贸易仍然保持了平稳增长态势。据中国海关数据显示，2018年我国家纺制成品进出口贸易额❶为314.01亿美元。其中，出口贸易额为307.80亿美元，同比增长5.93%。家纺进口贸易额为6.21亿美元，同比下降2.82%，实现贸易顺差301.59亿美元。其中，对美、欧、日传统市场增长稳定。2018年，我国对美国出口家用纺织品共计94.94亿美元，较2017年实现较大幅度的增长，增速为10.61%；对欧盟市场2018年实现家纺出口额59.54亿美元，同比增长7.00%；对日本市场出口家纺产品29.60亿美元，同比增长4.91%（表4、表5、图4）。

表4　2018年家纺进出口金额及同比增长

章	类	出口		进口	
		金额（万美元）	同比（%）	金额（万美元）	同比（%）
57章	地毯	297445	10.10	13661	2.80
63章	纺织制成品	2780589	5.50	48422	-4.30
合计		3078034	5.93	62084	-2.82

资料来源：中国海关

❶ 2018年家纺进出口贸易额均为《中国海关税则》第57章和第63章的累计数。

表5　2018年我国家纺对美、欧、日传统市场及其他市场出口额及同比

市场	金额（万美元）	同比增长（%）
美、欧、日传统市场	1840778	8.48
其他市场	1237256	2.34

资料来源：中国海关

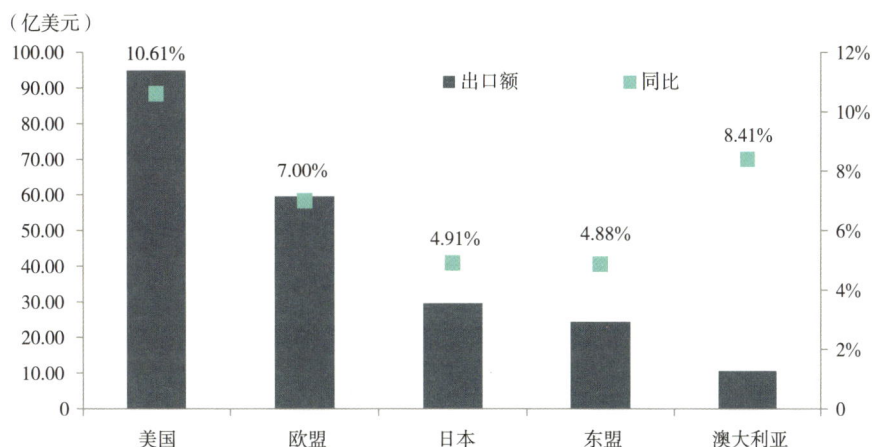

图4　2018年家纺主要出口市场出口额及增幅

资料来源：中国海关

　　对新兴家纺市场出口也呈现出增长的势头。2018年，我国对东盟国家（包括缅甸、印度尼西亚、马来西亚、菲律宾、新加坡、泰国及越南七国）共实现家纺出口额24.35亿美元，同比增长4.88%。其中，泰国、菲律宾和越南是东盟市场最主要的构成部分，分别占东盟市场的20.54%、20.11%和18.71%，出口金额分别为5.00亿美元、4.90亿美元和4.56亿美元。对越南和印度尼西亚家纺出口增长幅度最大，增幅分别为21.85%和14.04%（表6）。

表6　2018年东盟市场主要国家成交额及同比增幅

国家	金额（万美元）	同比（%）
泰国	49998	1.02
菲律宾	48959	0.49
越南	45555	21.85
马来西亚	42772	−0.22
印度尼西亚	23444	14.04
新加坡	19901	−2.01
缅甸	12826	0.24

资料来源：中国海关

　　地毯是美国对中国第二批2000亿美元产品加征关税中主要受影响的家用纺织产品，出口情况倍受关注。考虑到地毯出口企业及国外进口商为应对中美贸易摩擦或将带来风险的不确定性，积极抢占先机，本期内加大了该产品的出口订单，使2018年我国地毯出口额为29.74亿美元，同比增长10.10%。

（三）内销总体增长稳定

2018年，行业内销整体继续保持正增长。据国家统计局数据统计，全国1857家规模以上家纺企业实现内销产值1451.07亿元，同比增长5.07%；2018年，协会统计的15个家纺产业集群实现内销产值1909.57亿元，同比增长6.87%；跟踪的210家样本企业内销产值略降0.49%，金额为614.46亿元（表7）。内外需的共同增长对行业稳定发展起到至关重要的作用。

表7 2018年各统计口径下的家纺行业内销及增速

项目	金额（亿元）	同比（%）
统计局统计的1857家规模以上家纺企业	1451.07	5.07
协会统计的210家家纺企业	614.46	−0.49
协会统计的15个产业集群	1909.57	6.87

资料来源：国家统计局、中国家纺协会

各子行业的内销产值均实现增长。据国家统计局数据统计，2018年，全国987家规模以上床上用品企业实现内销产值720.56亿元，同比增长4.43%；统计的287家规模以上毛巾企业2018年共实现内销产值300.23亿元，同比增长5.79%；222家规模以上布艺企业共实现内销产值141.44亿元，同比增长12.89%（表8）。

表8 2018年家纺各子行业规模以上企业内销及增速

项目	金额（亿元）	同比（%）
统计局统计的987家规模以上床品企业	720.96	4.43
统计局统计的287家规模以上毛巾企业	300.23	5.79
统计局统计的222家规模以上布艺企业	141.44	12.89

资料来源：国家统计局、中国家纺协会

协会跟踪统计的108家床品企业共实现内销产值450.77亿元，同比增长4.23%。跟踪的27家毛巾企业共实现内销产值106.58亿元，同比下降18.47%。统计的74家布艺企业实现内销产值357.48亿元，同比增长2.83%。同时也反映出企业在结构调整过程中的阵痛（表9）。

表9 2018年家纺各子行业规模以上企业内销及增速

项目	金额（亿元）	同比（%）
协会统计的108家床品企业	450.77	4.23
协会统计的27家毛巾企业	106.58	−18.47
协会统计的74家布艺企业	47.05	3.56

资料来源：国家统计局、中国家纺协会

2018年，行业景气度整体呈稳步上升态势，表现良好。据中国柯桥纺织指数网数据显示，2018年，行业总体景气指数成稳步提升态势，全年行业总景气指数为1378.64，同比上年增长12.31%。自2018年4月以来，家纺行业流通速度呈现快速提升，行业流通景气指数自下半年开始一直保持在1400点以上，全年流通景气指数为1463.73，较上年增长7.80%。进入2018年以来，家纺行业的生产情况一直保持稳步提升态势，尤其自8月以来，增长明显。10月生产景气指数达到全年峰值，为1452.72。2018年生产景气指数为1293.56，同比上年增长17.89%（图5）。

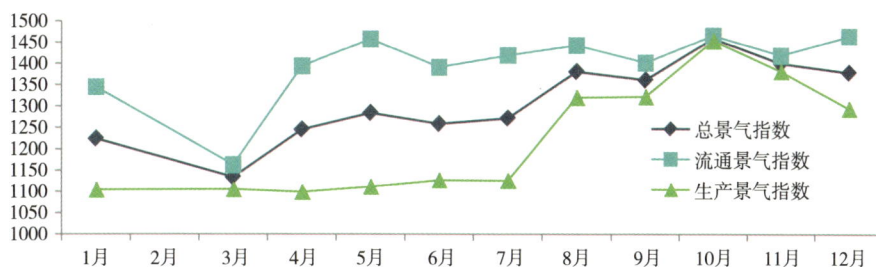

图5　2018年家纺行业景气指数
资料来源：中国柯桥纺织指数网

（四）行业效益有所提升

2018年家纺行业效益增势明显，从下半年起行业的利润增速恢复至高于主营业务收入增速的水平。据国家统计局数据显示，1857家规模以上家纺企业2018年实现利润总额126.23亿元，同比增长20.13%；利润率为6.18%，较上年增长0.8个百分点。协会跟踪统计的210家样本企业共实现利润总额74.31亿元，同比增长16.10%；利润率为8.53%，较上年提高1.09个百分点。跟踪统计的15个产业集群共实现利润总额153.31亿元，同比增长3.36%；利润率为6.33%，较上年同期略降0.08个百分点。行业效益的增长除生产运营效率提升以外，还体现在行业成本的有效控制（图6、图7）。

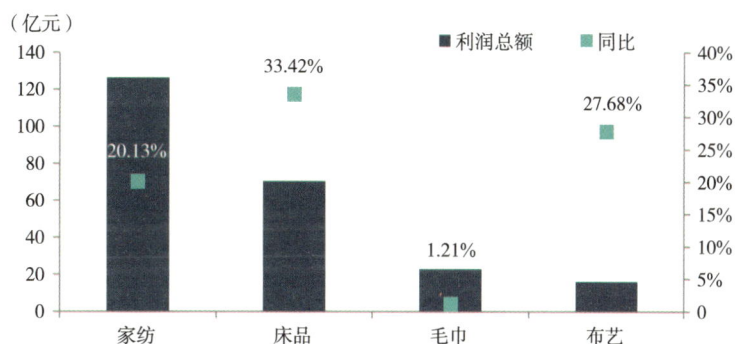

图6　2018年全国规模以上家纺企业利润总额及同比增长
资料来源：国家统计局

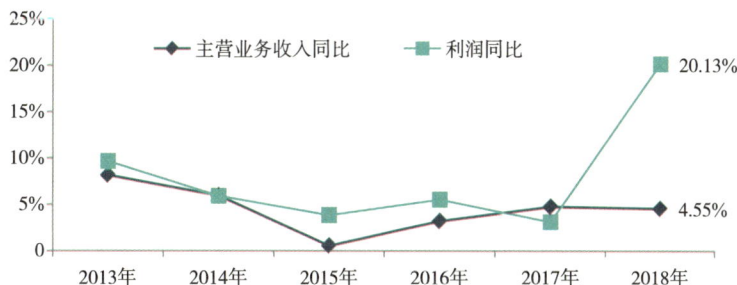

图7　近几年家纺行业主营业务收入及利润总额增长趋势
资料来源：国家统计局

2018年，在供给侧结构性改革的指引下，家纺行业在成本控制及生产结构等方面也做出相应调整。2018年，家纺行业主营业务成本较去年同期的增幅逐渐降低。据国家统计局数据显示，1857家规模以上家纺企业2018年共实现主营业务成本1753.06亿元，同比增长3.94%，增速低于主营业务收入增速0.61个百分点。与之相对应的是家纺行业2018年各月累计的利润总额增速逐步提升。2018年家纺行业成本费用利润率为6.27%，较上年增长0.87个百分点。体现出2018年家纺行业在成本控制方面做出的努力（图8）。

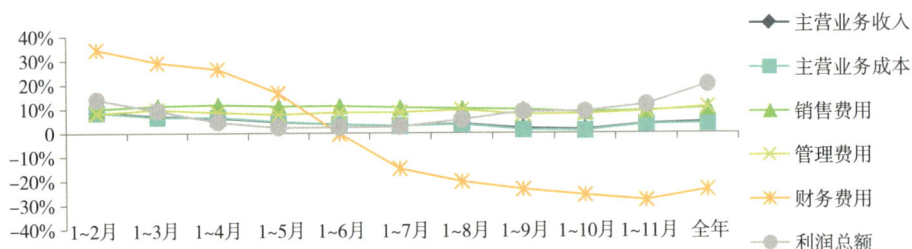

图8　2018年家纺规模以上企业各月累计收入、成本费用及利润增长趋势
资料来源：国家统计局

二、转型升级聚力高质量发展

推动制造业高质量发展是中央经济工作会议明确的七项重点工作之首，体现着从国家重新重视实体经济，建设制造强国。作为纺织行业三大终端产业之一，家纺行业是推进高质量发展的中坚力量。2018年，家纺行业紧密围绕行业"三品"战略"增品种、提品质、创品牌"这一宗旨，从研发创新、行业标准、渠道建设等多维度促进行业转型升级，助力行业高质量发展。

（一）科技创新助力转型升级

2018年，家纺行业坚持注重科学研发。高科技纺织产品、可穿戴设备、科技睡眠仓、健康云服务平台等科技创新方面的研发卓有成效。在由中国纺织工业联合会评选的"2018年度'纺织之光'科学技术进步奖"评选活动中，有多家家纺企业获奖，且获奖质量明显提高。滨州东方地毯有限公司研发的"无乳胶机织地毯"、江阴市红柳被单厂有限公司等研发的"铜离子抗菌改性聚丙烯腈纤维研发及应用研究"、达利丝绸（浙江）有限公司等研发的"复合加工集成效果提花技术研究与产业化"、南通斯得福纺织装饰有限公司研发的"基于超支化聚合纺织品功能整理制备关键技术开发与应用"、上海龙头（集团）股份有限公司等研发的具有绿色环保、护肤保健功能的"珍珠包覆纤维护肤保健新型环保家纺服饰材料"等分别获奖。其中滨州东方地毯有限公司研发的"无乳胶机织地毯"荣膺一等奖。该项目是目前地毯行业在科技领域获得的首个一等奖产品类获奖项目，在成本、能耗、生产效率、产品质量等方面具有很强的竞争优势。体现出家纺行业在科技创新和研发过程中，从技术创新更多地落实到具体产品研发的新趋势。

（二）"三品战略"是保障行业高质量发展的关键

"三品战略"为行业高质量发展指明方向。行业标准是保障行业高质量发展的基础。

作为行业高质量发展的推动者，2018年，中国家纺协会参与制定并发布了《精品棉制床品》等首批精品类高标要求的团体标准及《中国家纺行业质量（标准）发展报告》，为家纺行业"提品质"打下基础，为企业推进高质量发展指明了方向。

2018年，应国家工信部要求，为贯彻落实《2018年消费品工业"三品"专项行动重点工作安排》的核心精神，推动企业加快实施"三品战略"，注重责任发展与文化传承，倡导以市场需求为导向的产品创新与创意设计，发挥创新产品的示范引领作用，树立创新产品的品质满意度和品牌信任度，中国纺织工业联合会培育和推广了"2018年度十大类纺织创新产品"。其中，宁波博洋家纺集团有限公司——"紫禁烟云"高支纯棉床品等家纺企业研发的18件家纺产品入围"2018年度十大类纺织创新产品"称号。产品涵盖 "时尚创意产品类"5件，"非遗文化创意产品类"2件，"舒适功能产品类"7件，"智能科技产品类"1件，"轻量化产品类"1件，"低碳环保产品类"2件。为家纺行业"增品种"拓展了新视野。

品牌是行业推进高质量发展的领军力量。罗莱、富安娜、梦洁、水星、博洋、堂皇、孚日、亚光、金太阳等知名家纺品牌始终坚持传承、延续工匠之心，将精品家纺推向市场，为整个家纺行业、企业营造了一个积极向上、良性共赢的市场环境。除家纺终端品牌外，家纺制造品牌还通过实现生产自动化、智能化提高效率、提升产品质量，以综合能力的提高来降低综合成本，从而提高市场竞争力。

（三）跨界融合向服务型制造业转型

在产业转型升级的重要时期，家纺行业企业通过突破固有模式，以更快的频率进行自我革新，进行的跨界尝试。抓住契机，家纺行业、企业正积极向"大家居"迈进。联动设计师及家具品牌协同作战，整合家具生产商与家纺布艺生产商配对交流，进行跨界合作，努力赢得产业升级的先机和主动权。2018年，在叠石桥家纺城举行的"2018中国·叠石桥首届家纺直播节及阿里巴巴—极有家产业带战略合作签约"活动是家纺集群及企业跨界融合的进一步落地。渠道创新和行业跨界融合是家纺行业为实现高质量发展的必然路径。助推"大家居"模式落地，促进渠道升级。

三、行业展望：做好供给侧，把握不确定

2019年，市场中充满不确定性。行业面临的困难主要来自两个方面：一是企业内部，二是外部市场环境。不确定性主要来自企业对市场的掌控能力下降，无法预判市场未来的变化和发展趋势。一方面，随着消费迭代升级，消费需求越来越多样化，企业很难找准契合点；另一方面，受中美贸易摩擦等因素影响，国际市场环境变幻不定，外贸出口形势不明。新的一年，家纺行业一方面要持续关注国际宏观市场环境，另一方面要深化落实供给侧结构性改革，积极应对和把握不确定因素。

（一）外部市场环境仍需关注

从外部市场环境来看，在中美贸易战局势紧张期间，家纺行业的出口情况受到了一定影响。近年来，美国、欧盟、日本3个传统市场对我国家纺产品的需求逐渐多于其他市场。2013

年和2014年，我国对美国、欧盟、日本3个市场的出口额增速分别低于其他市场10.4个百分点和2.5个百分点，自2015年扭转局势。2015年、2016年和2017年出口额分别高于其他市场4.12个百分点、4.99个百分点和4.49个百分点（表10）。

表 10　我国家纺出口额同比增速及市场份额占比

市场	2013 年		2014 年		2015 年		2016 年		2017 年		2018 年	
	同比（%）	占比（%）	同比（%）	占比（%）	同比（%）	占比（%）	同比（%）	占比（%）	同比（%）	占比（%）	同比（%）	占比（%）
美国、欧盟、日本市场	4.30	48.60	4.00	48.00	-0.74	49.84	-1.55	51.15	4.45	52.24	8.48	—
其他市场	14.70	51.40	6.50	52.00	-7.86	50.16	-6.54	48.85	-0.04	47.76	2.34	—

从出口规模来看这一趋势更明显，2013年和2014年，我国对美国、欧盟、日本3个市场出口额占比低于其他市场2.8个百分点和4个百分点，2015年略低0.32个百分点，2016年、2017年和2018年分别高出2.3个百分点、4.48个百分点和19.6个百分点。其中，美国市场贡献明显，日本市场逐渐回升，欧盟市场平稳发展。目前中美贸易摩擦暂时熄火并延缓，但并不能保证以后结果如何。因此2019年的国际市场环境或将变得更加复杂，后续影响仍需持续关注。

（二）深化供给侧结构性改革，应对行业不确定

深化供给侧结构改革是应对未来不确定性的有效方法。中国家纺协会一直引导企业要从"供应端"和"消费端"两端发力。随着消费升级，优质品牌产生的"头部效应"会越发凸显，会逐步成长为消费主流。2019年，机遇与挑战同在。面对多变的国际经济形势，中国家纺协会将引领行业、企业积极进行产品结构调整、市场结构调整。

另外，金融是实体经济的血脉，行业、企业的高质量发展离不开资本支持。引导、引领企业深化产融结合，借助资本的力量，为行业引进人才，为产业发展提供助力，既是家纺行业未来更好地实现高质量发展的有效路径，同时也是中国家纺协会未来需要助推开展的工作。

（三）助力行业企业在"一带一路"中寻找机遇

贸易摩擦等外部环境变化让企业更加关注今后的国际化布局。家纺企业可以从"一带一路"沿线国家中寻找发展机遇，开辟新的经济发展空间。"一带一路"沿线国家具有贸易优惠政策、劳动成本、能源成本低等优势。沿线国家的市场还有巨大潜力。"丝绸之路经济带"和"21世纪海上丝绸之路经济带"的60多个国家和地区中，部分欧盟市场和东盟市场、中亚市场等蕴藏着巨大空间。

高质量发展是一个长期艰苦且曲折的系统工程和历史性任务。2019年，面对多变的国际经济形势，机遇与挑战同在。中国家纺协会将引领企业积极进行产品结构调整、市场结构调整，继续助力家纺行业供给侧结构性改革，推动家纺行业实现高质量发展，努力实现家纺行业向服务型制造业转型。

中国家用纺织品行业协会

国际动态

2017年全球家用纺织品出口贸易格局

中国家用纺织品行业协会产业部

一、2017年全球家用纺织品出口贸易总览

本文根据联合国商贸统计数据库（https://comtrade.un.org）❶按全球税则号HS编码对其涉及的家用纺织品类整理归纳出家用纺织制成品共十个品类，分别为床上用品、地毯、毛巾、毯子、窗帘、饰品（花边及装饰带）、刺绣装饰品、厨卫用纺织品、辅料（缝纫线、绣花线等）、手帕及其他家纺产品。床上用品是全球出口份额最大家用纺织品，据联合国商贸统计数据库数据统计，2017年所占比重为34.21%；出口占比份额第二到第五的品类分别为地毯占比为17.67%，毛巾占比为8.35%，毯子占比为5.37%，窗帘占比为5.34%。十大品类中，出口份额最小的是手帕，份额占家用纺织品出口总额的0.25%。见图1。

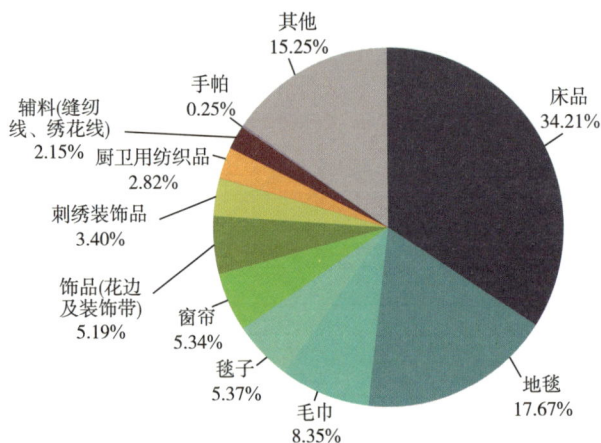

图1　2017年全球各品类家用纺织品出口份额
资料来源：联合国商贸统计数据库

2017年，伴随着全球的经济复苏，家用纺织品出口贸易也呈现出活力。全球家用纺织品出口贸易额共计871.90亿美元，同比增长4.88%，扭转了前两年的负增长态势，增速较上年有

❶ 联合国商贸统计数据库由联合国统计署创建，是全球最大的且最具权威性的国际商品贸易数据库。涵盖了全球99%的商品交易数据。

较大幅度的提高。据联合国商贸统计数据库数据显示，2013~2017年，全球家用纺织品出口贸易呈先抑后扬趋势，全球家纺贸易成交额自2015年触底以来逐步回升，至2017年出口额实现正增长，增势向好。见图2。

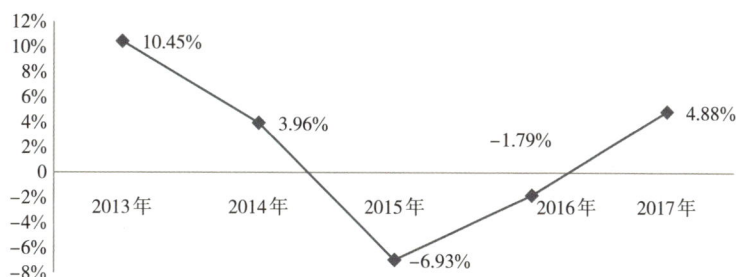

图2　2013~2017年全球家纺出口贸易增幅图
资料来源：联合国商贸统计数据库

从出口产品品类情况看，除厨卫用纺织品、辅料和手帕三类家用纺织品以外的各品类家纺产品出口额均较上年有所增长。尤其是毯子增长情况最好，2017年出口额较上年增长8.82%，实现贸易额46.83亿美元。其次为窗帘和地毯，同比分别增长6.59%和6.06%，实现贸易额为46.55亿美元和154.10亿美元。三类出口额较上年有所下降的厨卫用纺织品、缝纫线和手帕，2017年分别实现出口额24.62亿美元、18.75亿美元和2.17亿美元，同比分别增长-2.16%、-1.05%和-2.18%。但由于该三类产品占总体的份额相对很小，故没有对家纺整体的贸易增长趋势造成影响。见图3。

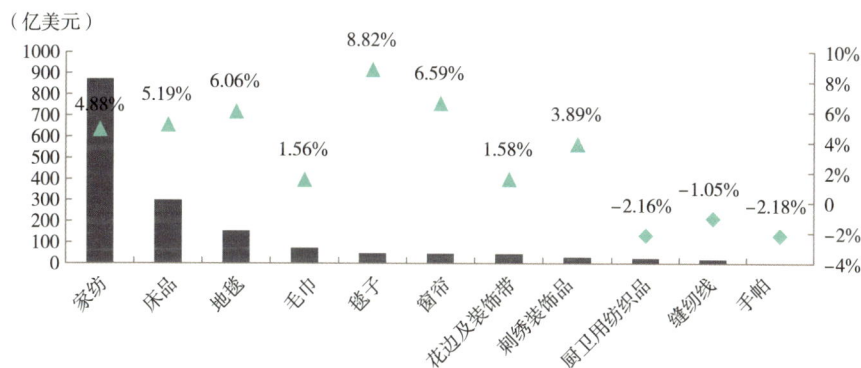

图3　2017年全球家用纺织品各品类出口额及同比增幅
资料来源：联合国商贸统计数据库

2017年，全球家纺出口贸易成交额排名前十五位的国家和地区❶实现出口贸易额共计725.85亿美元，占全球家纺出口总额的84.61%。中国是全球最大的家用纺织品出口国，出口家用纺织品增势良好。2017年，中国实现家用纺织品出口额358.08亿美元，同比增长4.18%，出口同比增幅在前十五个国家居中。中国在全球家用纺织品出口贸易的体量最大，2017年，出口金额占全球家用纺织品出口贸易总额的41.74%，且所占比重较上年扩大1.67个百分点。

❶ 全球家纺出口贸易排名前十五位的国家和地区的贸易成交额占全球家纺出口成交总额的80%以上，所以本文主要以出口额排名前十五位的国家和地区的家纺出口贸易情况为主要分析对象。

由此可见，2017年中国在全球家用纺织品贸易中的活跃程度，为全球家用纺织品出口贸易呈现良好局面奠定了基础。

前十五个国家和地区中的其他国家和地区的家用纺织品出口贸易额均达到10亿~100亿美元。印度和土耳其在全球家用纺织品贸易中所站的份额相对较大，排在第二和第三位，所占比重分别为7.72%和5.02%。2017年，印度和土耳其两国分别实现家用纺织品出口额66.90亿美元和43.31亿美元，且出口增势良好——较上年同期分别增长5.00%和7.43%。全球前十五个国家和地区中，年出口额在10亿~20亿美元的国家有七个，分别为英国、西班牙、墨西哥、法国、越南、意大利和波兰，2017年分别实现出口额10.01亿美元、11.33亿美元、13.44亿美元、13.76亿美元、13.82亿美元、15.87亿美元和18.12亿美元，出口贸易额占全球的比重均小于2%。年出口额在20亿~30亿美元的国家有两个，分别为荷兰和比利时，出口额所占全球家纺贸易额的比重分别为2.76%和3.20%，出口额同比增速分别为9.79%和1.77%。年出口额在30亿~40亿美元的国家有三个，分别为美国、德国和巴基斯坦，2017年分别实现出口贸易额33.96亿美元、36.20亿美元和39.40亿美元，同比上年分别增长1.88%、2.90%和3.69%，贸易额占比分别为3.92%、4.18%和4.55%。见图4。

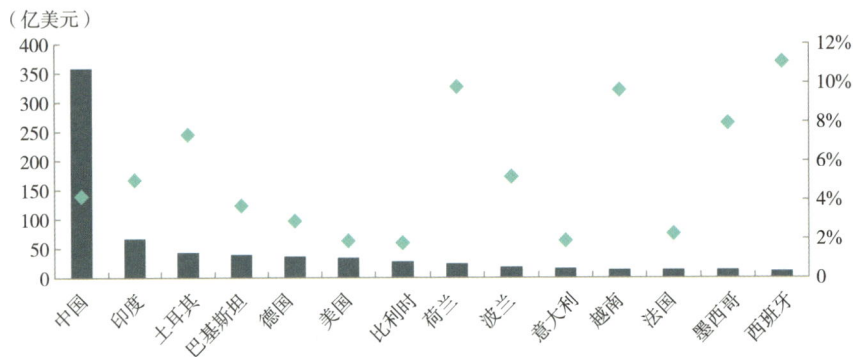

图4　2017年全球主要国家家用纺织品出口贸易金额及同比增幅

资料来源：联合国商贸统计数据库

二、2017年各品类家用纺织品出口贸易分析

（一）床上用品同比增长主要国家份额扩大

2017年，全球床上用品出口贸易总额为298.25亿美元，同比上年增长5.19%。床上用品是全球出口份额比重最大的家用纺织品，2017年出口额占比为34.21%。排名前十五个国家共实现出口额（中国）255.18亿美元，同比增长4.54%，占全球床上用品出口总额的85.56%，占比份额较上年扩大0.89个百分点。十五个国家和地区中，有9个国家2017年床上用品出口份额比重有所扩大，其中印度、越南和罗马尼亚三个国家份额扩大更为明显，份额较上年分别扩大0.37个百分点、0.31个百分点和0.23个百分点。中国、德国、波兰、土耳其、美国和意大利6个国家的市场份额相对受到挤压，2017年床上用品出口额所占份额比重均有所收敛。2017年，前十五个国家和地区的床上用品出口额所占比重变化见表1。

表1　全球床上用品出口额排名前十五个国家和地区贸易份额对比

国家或地区	2017 占比（％）	2016 占比（％）	份额增减（百分点）
中国	45.53	45.55	−0.02
印度	8.25	7.88	0.37
巴基斯坦	7.75	7.57	0.18
德国	3.57	3.79	−0.22
波兰	3.40	3.42	−0.03
土耳其	2.85	2.90	−0.06
美国	2.02	2.02	0
荷兰	1.92	1.79	0.13
西班牙	1.89	1.80	0.10
意大利	1.79	1.92	−0.14
葡萄牙	1.70	1.69	0
比利时	1.56	1.54	0.01
法国	1.26	1.24	0.02
越南	1.04	0.73	0.31
罗马尼亚	1.04	0.81	0.23

资料来源：联合国商贸统计数据库

　　从床上用品出口增长情况来看，2017年全球前十五个床上用品出口国家和地区基本均实现了正增长，只有德国和意大利两国出现负增长。中国是全球最大的床上用品出口国，占全球床上用品出口总额的45.53%，占前十五个国家出口总额的一半以上。2017年，中国共出口床上用品135.78亿美元，同比增长3.41%，涨幅稳定。印度是全球第二大床上用品出口国，2017年实现出口额22.73亿元，同比增长8.33%，增速将近前十五国平均增速的两倍，且出口份额较上年扩大0.37个百分点。越南出口势头强劲，2017年共实现出口额3.11亿美元，同比增长46.94%，涨幅据前十五国之首，占比份额也较上年扩大0.31个百分点。其次为罗马尼亚，2017年床上用品出口共计3.10亿美元，同比增长33.09%，份额较上年扩大0.23个百分点。此外，荷兰和西班牙也实现了较好的增长，2017年两国分别实现床上用品出口额5.73亿美元和5.65亿美元，同比增速分别为10.93%和9.16%。见图5。

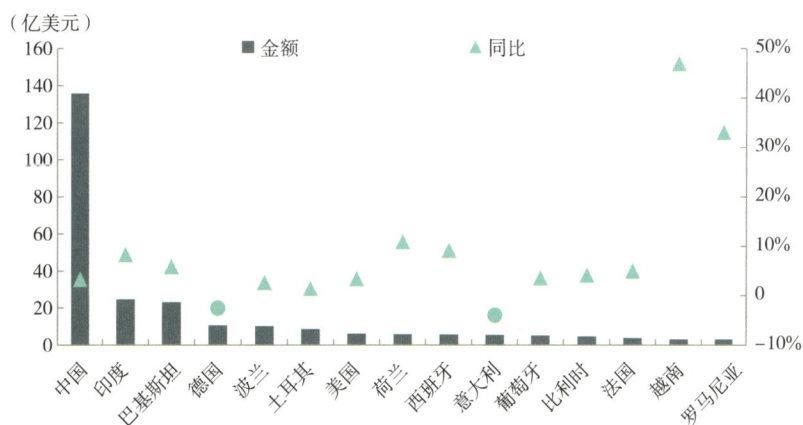

图5　2017年全球床上用品出口前十五个国家和地区出口额及同比
资料来源：联合国商贸统计数据库

（二）地毯同比增长且份额扩大

2017年，全球共实现地毯出口额154.10亿美元，同比上涨6.06%，较上年增势良好。地毯出口额占家纺出口总额的比重也由上年的17.01%扩大到17.67%。近三年地毯出口份额持续扩大，体现出全球地毯市场的逐步繁荣。2017年全球前十五个地毯出口国家和地区除份额最小的加拿大以外，均实现了较好增长。十五国平均增速为6.36%，高于全球地毯出口平均增速0.3个百分点，高于全球家用纺织品出口总额1.48个百分点。

全球地毯出口贸易主要集中在中国、土耳其、印度、比利时、荷兰及美国六个国家中，该六国年地毯出口额均在10亿美元以上，2017年，该六国地毯出口额占全球地毯出口总额的68.37%。见图6。

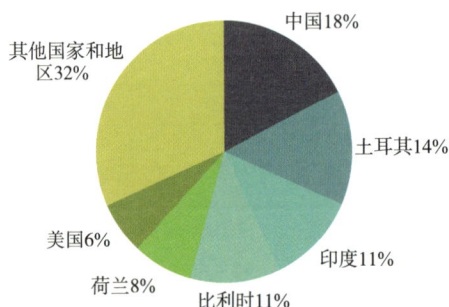

图6 2017年全球主要地毯出口国家分布
资料来源：联合国商贸统计数据库

中国是全球最大的地毯出口国，2017年实现地毯出口额27.02亿美元，占全球地毯出口总额的17.53%，出口额同比增长7.10%，高于地毯出口平均增速1.04个百分点，扭转了上年的负增长态势，增速提高11.13个百分点。全球第二大地毯出口国为土耳其，出口额占全球地毯出口总额的14.03%，2017年共实现出口额21.62亿美元，同比大幅增长13.03%，增幅较上年提升17.85个百分点，充分体现了该国的产业优势及市场活力。此外印度和比利时均占有11.37%和11.36%的市场份额，但2017年两国地毯出口额基本与上年持平，分别实现出口额17.52亿美元和17.51亿美元。伊朗是前十五国中同比增幅最大的国家，2017年实现出口额8.17亿美元，同比增长17.97%，出口份额占全球地毯出口总额的5.30%，较上年扩大0.66个百分点，该国地毯产业充满活力。见图7。

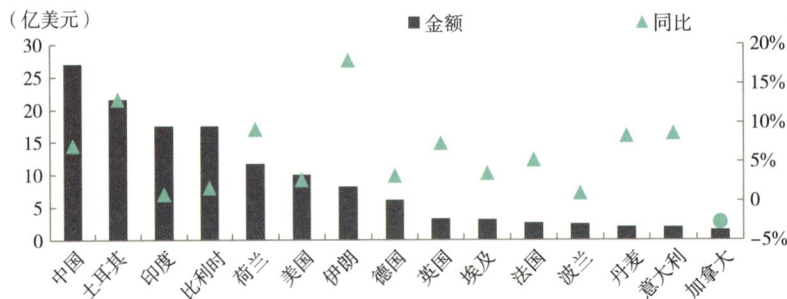

图7 2017年全球地毯出口前十五个国家和地区出口额及同比
资料来源：联合国商贸统计数据库

（三）毛巾出口增长稳定，增速放缓

毛巾类产品是近两年出口最好的家用纺织品，是2016年各类家用纺织产品出口贸易中为数不多实现正增长且增幅较大的品类，2017年依然保持出口贸易正增长态势，但是增长幅度较上年有所收窄。2017年，全球毛巾类产品共实现出口贸易额72.78亿元，同比增长1.56%，增速较上年回落3.59个百分点。全球毛巾出口前十五个国家中，除印度、美国和意大利以外，其余各国2017年毛巾出口额均实现了正增长，十五国平均增速为1.62%。十五国中，马来西亚和法国是增长幅度较大的国家，2017年毛巾出口额分别为1.10亿美元和0.51亿美元，同比分别增长27.74%和22.00%。此外，韩国、西班牙、越南及比利时四国也实现了较好增长，增速均超过10%，分别实现出口额0.76亿美元、0.62亿美元、2.37亿美元和0.89亿美元。2017年，全球毛巾出口额前十五个国家和地区出口金额及同比增幅见图8。

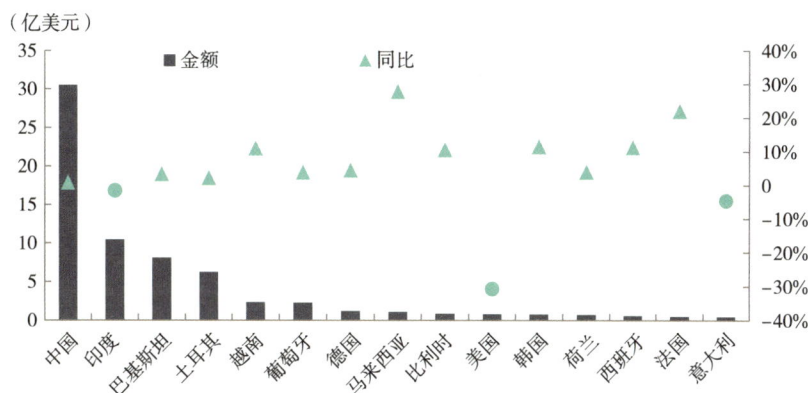

图8　2017年全球毛巾出口前十五个国家和地区出口额及同比
资料来源：联合国商贸统计数据库

全球毛巾出口额较大的国家分别为中国、印度、巴基斯坦和土耳其，四个国家的出口额占全球毛巾出口总额的75.94%（图9）。中国是全球最大的毛巾出口国，占全球毛巾出口总额的41.89%，2017年出口毛巾30.49亿美元，与上年基本持平，增速为0.88%，从而影响了2017年全球毛巾出口增速。排在第二位的印度占全球毛巾出口额的14.37%，2017年该国毛巾出口额不及上年，同比下降1.58%，出口额为10.46亿美元。巴基斯坦和土耳其也是全球主要的毛巾出口国，2017年分别实现毛巾出口额8.08亿美元和6.24亿美元，所占份额分别为11.10%和8.57%，且较上年均实现稳定增长，增幅分别为3.35%和2.23%。

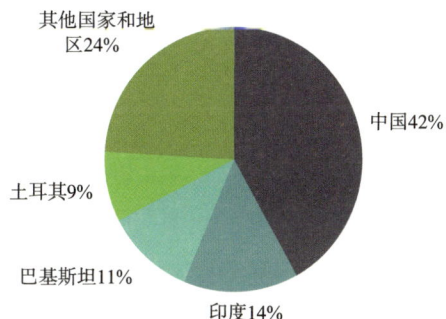

图9　2017年全球主要毛巾出口国份额分布
资料来源：联合国商贸统计数据库

（四）毯子出口涨幅明显

2017年，全球共出口毯子43.55亿美元，同比增长8.82%，不仅扭转了上年的负增长态势，而且涨幅明显，涨幅较上年提高16.01个百分点，是该年全球出口家用纺织品类出口额增幅最高的品类。全球毯子出口排名前十五的国家除西班牙和捷克以外，实现了较好增长。其中涨幅最高的是巴拉圭，2017年出口毯子4967.73万美元，同比增长69.99%，占全球毯子出口份额的1.06%，占比份额较上年扩大0.41个百分点。此外，波兰2017年也实现了较好增长，实现毯子出口额3725.63万美元，同比增长25.73%，占全球毯子出口份额的0.80%，份额较上年扩大0.14个百分点。英国2017年实现毯子出口额2861.99万美元，同比增长15.03%，占全球毯子出口份额的0.61%，份额较上年略扩大0.06个百分点。

中国是全球最主要的毯子出口国，2017年共出口毯子36.45亿美元，占全球毯子出口总额的77.83%。2017年，中国毯子出口的绝对优势得到了进一步发挥，出口同比和市场份额均实现较好增长：出口额同比上年增长8.75%，出口份额较上年扩大3.08个百分点。印度是全球第二大毯子出口国，2017年实现毯子出口额1.80亿美元，同比增长14.46%，增速高于全球毯子出口平均增速5.64个百分点，高于中国毯子出口增速5.71个百分点，增长势头强劲，占比份额也由上年的3.51%扩大到3.85%。见图10。

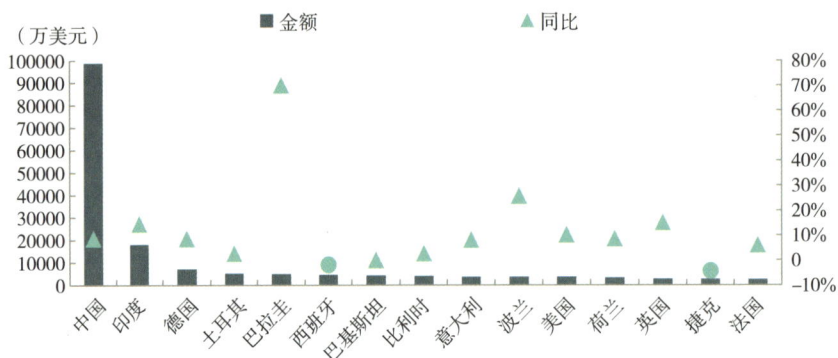

图10　2017年全球毯子出口前十五个国家和地区出口额及同比
资料来源：联合国商贸统计数据库

（五）窗帘出口增长较好，涨幅在各类家纺产品中位列第二

2017年，全球窗帘出口也实现了较好增长，出口额为46.55亿美元，同比增长6.50%，扭转了上年的负增长态势，增速在该年出口的家用纺织品类中排在第二位，增幅较上年增长8.66个百分点。2017年，全球窗帘出口排名前十五位的国家共实现出口额41.55亿美元，占全球窗帘出口总额的89.24%。前十五个国家中，除印度和法国以外的各国2017年窗帘出口均实现了正增长。有七个国家的出口增速高于10%。出口增幅最大的国家是捷克，2017年出口窗帘9870.39万美元，排在第十位，增幅为34.16%。墨西哥、越南和丹麦三国的出口同比增幅均超过20%，2017年分别出口窗帘3.51亿美元、1.33亿美元和4632.52万美元，位列第二位、第六位和第十四位，同比增速分别为20.40%、22.33%和24.24%。见图11。

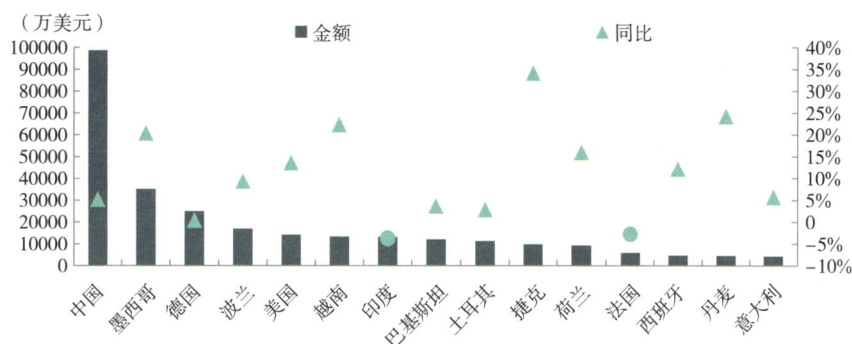

图11　2017年全球窗帘出口前十五个国家和地区出口额及同比
资料来源：联合国商贸统计数据库

2017年，全球窗帘出口排名前十五位的国家共实现出口额41.55亿美元，占全球窗帘出口总额的89.24%，占比份额较上年扩大1.38个百分点。在前十五个国家中，有八个国家2017年出口额占全球窗帘出口比重高于上年。见表2。

中国是全球最大的窗帘出口国，出口额占全球窗帘出口额的一半。2017年中国出口窗帘23.55亿美元，同比增长5.24%，增速较上年提高11.49个百分点，出口额占全球窗帘出口额的50.58%，份额较上年略有收缩0.27个百分点。

表2　全球窗帘出口额排名前十五个国家和地区占比份额两年对比

国家或地区	2017年占比（%）	2016年占比（%）	份额增减
中国	50.58	50.85	−0.27
墨西哥	7.53	6.62	0.91
德国	5.36	5.65	−0.29
波兰	3.63	3.52	0.12
美国	3.06	2.85	0.21
越南	2.87	2.48	0.39
印度	2.82	3.10	−0.28
巴基斯坦	2.60	2.66	−0.05
土耳其	2.43	2.50	−0.07
捷克	2.12	1.67	0.45
荷兰	2.01	1.83	0.18
法国	1.27	1.38	−0.11
西班牙	1.02	0.96	0.06
丹麦	1.00	0.85	0.15
意大利	0.94	0.94	0

资料来源：联合国商贸统计数据库

（六）饰品出口贸易增速转负为正

家用纺织饰品主要包含装饰带及花边等。2017年，全球出口家用纺织饰品占比为全球家用纺织品出口总额的5.19%，份额较上年略收缩0.44个百分点，出口额为45.27亿美元，同比增长1.58%，扭转了上年的负增长态势，增速较上年增长提高3.96个百分点。全球家用纺织饰品出口额排名前十五位的国家和地区涵盖了全球81.67%的贸易份额。其中，俄罗斯2017该产品出口额增长幅度最大，实现出口额1.55亿美元，同比增长17.34%；其次为波兰，实现出口额5125.65万美元，同比增长11.32%。2017年，斯洛伐克为前十五个国家和地区中产品出口下降幅度最大的国家，同比下降12.72%，实现金额5463.08万美元，出口占比份额较上年缩小0.11个百分点。美国、中国香港、法国、土耳其、比利时和韩国的该产品2017年出口额也均有不同程度的下降。见图12。

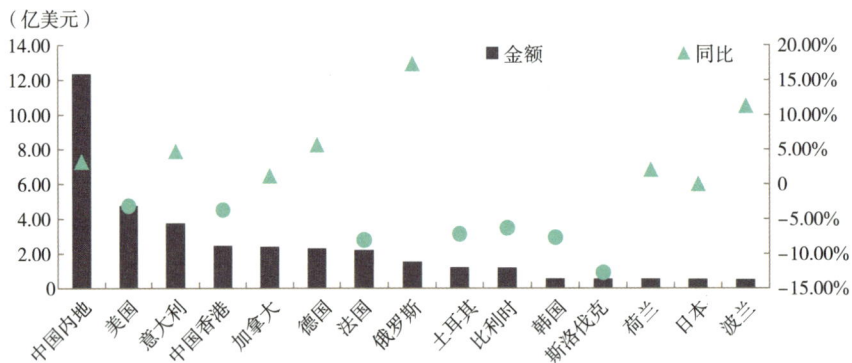

图12　2017年全球家用纺织饰品出口前十五个国家和地区出口额及同比

资料来源：联合国商贸统计数据库

家用纺织饰品出口份额比重较大的国家和地区2017年均实现了出口份额的进一步扩大。2017年，全球家用纺织饰品出口额排名前六位的国家和地区的出口额占全球该产品出口总额的62.10%，且所占比重均较上年有所扩大（表3）。中国是全球最大的家用纺织饰品出口地区，2017年完成出口额12.36亿美元，占全球该产品出口总额的27.31%，出口份额较上年扩大2.09个百分点；金额同比增长3.24%，增速高于前全球该产品平均增速1.66个百分点。美国和中国香港分别排在第二位和第四位，2017年其出口额较上年有所下降，但出口额的所占比重却较上年仍有所扩大，分别扩大0.17个百分点和0.05个百分点，分别实现贸易额4.78亿美元和2.47亿美元。

表3　2017年全球家用纺织饰品出口额排名前六个国家和地区一览表

排名	国家或地区	金额（亿美元）	同比（%）	2017年占比（%）	2016年占比（%）
1	中国内地	12.36	3.24	27.31	25.21
2	美国	4.78	−3.12	10.55	10.38
3	意大利	3.77	4.72	8.33	7.58
4	中国香港	2.47	−3.69	5.45	5.40
5	加拿大	2.42	1.21	5.34	5.03
6	德国	2.32	5.65	5.12	4.62

资料来源：联合国商贸统计数据库

（七）刺绣装饰品实现稳定增长，扭转了上年的负增长态势

2017年，全球刺绣类装饰品出口额共计29.61亿美元，同比增长5.52%，扭转了上年的负增长态势，增速较上年提高7.9个百分点，增长稳定。中国是全球最主要的刺绣类纺织品出口

国，占全球该产品出口总额的43.67%。2017年中国刺绣类纺织品出口情况良好，从而奠定了全球该产品实现较好增长的基础。实现出口额1.29亿美元，同比增长8.56%，增速较上年提高14.47%，且增速高于2017年全球该产品平均增速3.04个百分点，该产品出口额排名前十五位的国家和地区0.74个百分点。见图13。

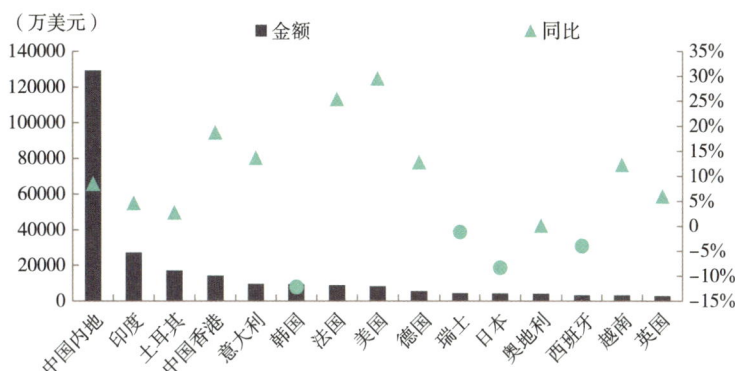

图13　2017年全球刺绣类装饰品出口前十五个国家和地区出口额及同比
资料来源：联合国商贸统计数据库

出口额排名前十五位的国家和地区该产品出口额所占比重为85.26%，份额较上年扩大7.16个百分点。其中大部分国家和地区都表现出活力，有十一个国家和地区该产品出口额占比份额较上年有所扩大，出口额同比也实现了较大幅度的增长。同比增长幅度较大的是美国和法国，同比涨幅超过25%，分别实现出口额8965.86万美元和8412.68万美元，同比涨幅分别为25.45%和29.59%。此外，中国香港、意大利、德国和越南该产品出口增速也表现较好，涨幅分别为18.76%、13.71%、12.79%和12.29%，实现出口额分别为1.43亿美元、9677.02万美元、5625.75万美元和3263.69万美元。见表4。

表4　全球刺绣类装饰品出口额排名前十五个国家和地区占比份额两年对比

国家或地区	2017年占比（%）	2018年占比（%）	份额增减
中国内地	43.67	39.73	3.94
印度	9.19	8.67	0.52
土耳其	5.77	5.54	0.23
中国香港	4.84	4.02	0.81
意大利	3.27	2.84	0.43
韩国	3.20	3.60	−0.40
法国	3.03	2.38	0.64
美国	2.84	2.17	0.68
德国	1.90	1.66	0.24
瑞士	1.51	1.51	0
日本	1.45	1.56	−0.11
奥地利	1.40	1.38	0.02
西班牙	1.13	1.16	−0.03
越南	1.10	0.97	0.13
英国	0.96	0.89	0.07

资料来源：联合国商贸统计数据库

（八）厨卫用纺织品依然持续负增长，降幅较上年有所收窄

2017年，厨卫用纺织品是全球出口的各类家用纺织品中为数不多持续负增长态势的品类，出口金额为24.62亿美元，同比下降2.16%，降幅较上年收窄1个百分点。2017年，全球该产品出口额占全球家用纺织品出口总额的2.82%，占比份额较上年收缩0.28个百分点。中国是全球最大的厨卫用纺织品出口国，占全球该产品出口额的比重为51.10%，其余国家和地区该产品的出口金额占全球该产品总额的比重均低于6%。2017年中国出口厨卫用纺织品共计1.26亿美元，同比上年下降4.39%，从而决定了全球该产品出口总额的负增长态势，但降幅较上年收窄5.28个百分点。

全球该产品出口额排名前十五位的国家和地区2017年实现的出口额占比超过90%，共实现出口金额22.16亿美元，同比下降2.63%。十五个国家和地区中，有六个国家2017年该产品出口额呈负增长态势。除中国以外，排名第二位的巴基斯坦在上年增幅112.85%的高增长状态下，2017年增幅略降0.23%，实现出口额1.32亿美元。埃及2017年出口该产品共计9607.37万美元，在上年-22.96%的大幅度下降之后，进一步下降18.14%。比利时和法国2017年该产品出口下降幅度也较大，降幅分别为24.92%和16.67%，分别实现出口额5387.10万美元和6082.60万美元。

与此同时，印度、西班牙、墨西哥、美国及荷兰等国家2017年该产品出口额实现了较好增长，增幅均在10%以上。尤其是西班牙，该产品出口额同比增长28.99%，出口金额为8973.36万美元，占比份额为3.64%，较上年扩大0.94个百分点。墨西哥出口该产品同比增长20.40%，实现出口金额4782.44万美元，占比份额为1.94%，较上年扩大0.4个百分点。2017年，德国和印度的厨卫用纺织品出口额实现了较好增长：德国2017年出口厨卫用纺织品9894.13万美元，同比增长3.63%，在全球排名中位列第三位，占比份额为4.02%，较上年扩大0.31个百分点；印度实现出口额9826.98万美元，同比增长10.39%，在全球排名中跃居第四位，占比份额为3.99%，较上年扩大0.53个百分点。见图14。

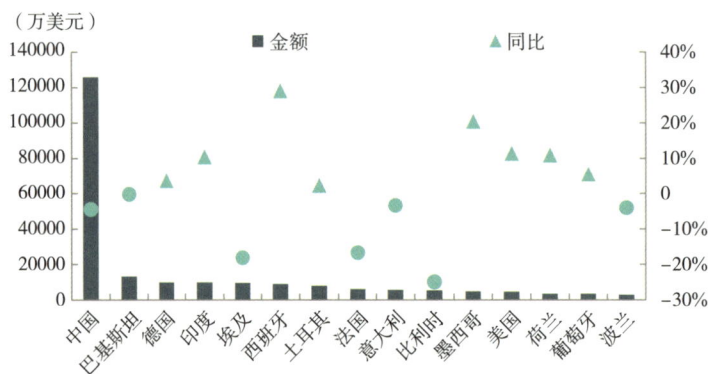

图14　2017年全球厨卫用纺织品出口前十五个国家和地区出口额及同比
资料来源：联合国商贸统计数据库

（九）家用纺织品辅料降幅较上年大幅收窄

家用纺织品辅料包含缝纫线、绣花线等产品。2017年全球出口家纺辅料共计19.50亿美元，同比下降1.04%，降幅较上年收窄8.24个百分点。中国内地是全球最大的家纺辅料产品出口地

区，占全球该产品出口总额的40.47%，2017年实现该产品出口额7.48亿美元，同比下降2.81%，占比份额较上年却扩大1.03个百分点。全球该产品出口额排名前十五位的国家和地区实现出口金额占全球该产品出口总额的89.12%（2017年），占比份额较上年扩大5.03个百分点。十五个国家和地区中有十三个国家和地区2017年该产品出口额占比份额较上年有所扩大。见表5。

表5　全球家用纺织品辅料出口额排名前十五个国家和地区占比份额两年对比

国家或地区	2017年占比（%）	2016年占比（%）	份额增减
中国内地	40.47	39.44	1.03
德国	11.64	10.10	1.54
美国	8.09	7.36	0.73
中国香港	5.95	5.51	0.45
韩国	2.98	3.08	−0.10
土耳其	2.71	2.43	0.27
罗马尼亚	2.54	2.40	0.15
意大利	2.45	2.36	0.09
匈牙利	2.21	2.12	0.09
日本	2.06	1.93	0.14
印度	1.86	1.51	0.35
英国	1.84	1.64	0.20
埃及	1.53	1.66	−0.13
越南	1.49	1.39	0.10
捷克	1.30	1.16	0.13

资料来源：联合国商贸统计数据库

十五个国家和地区中，德国和印度是2017年该产品出口增长较好的。德国是全球第二大家用纺织品辅料出口国，2017年实现出口额2.15亿美元，同比增长9.12%，增速在十五个国家和地区中排在第二位；占比份额为11.64%，较上年扩大1.54个百分点。印度是2017年十五个国家和地区中家用纺织品辅料出口额同比涨幅最大的国家，实现金额3435.61万美元，同比增长16.79%，占比份额为1.86%，较上年扩大0.35个百分点。埃及和韩国该产品出口额下降幅度较大，是十五个国家和地区中占比份额有所收减的国家，2017年两国出口家用纺织品辅料金额分别为2822.40万美元和5506.59万美元，同比分别下降12.65%和8.45%。见图15。

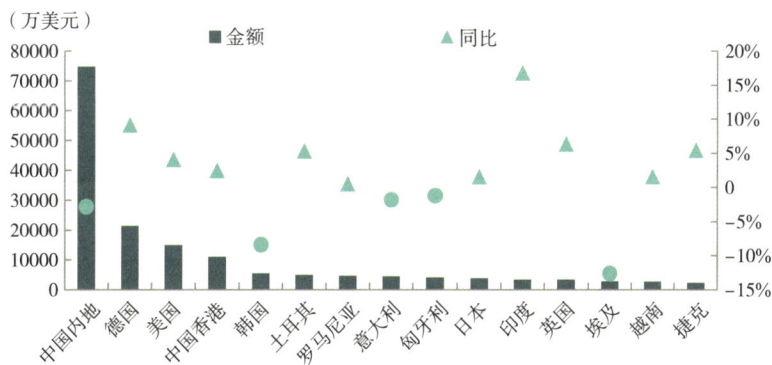

图15　2017年全球家用纺织品辅料出口前十五个国家和地区出口额及同比
资料来源：联合国商贸统计数据库

（十）手帕出口额较上年有所下降

2017年，全球出口手帕2.06亿美元，同比下降2.18%；占全球家用纺织品出口总额的0.25%，份额较上年收缩0.02个百分点。主要受中国该产品出口下降导致。2017年，中国出口手帕1.42亿美元，占全球该产品出口份额的65.15%，同比下降7.80%，从而对该产品出口总额的负增长态势起到了决定性作用。2017年，中国出口额占全球该产品出口额的比重比上年收缩1.4个百分点。意大利是除中国以外出口手帕相对较多的国家，2017年实现出口额1249.04万美元，同比下降5.73%。印度对手帕的出口额排在全球第三位，2017年出口手帕937.17万美元，同比增长21.77%，增势良好。吉尔吉斯斯坦是2017年手帕出口增长幅度最大的国家，出口金额为274.33万美元，同比上年增长14倍，跃居全球手帕出口排名第十位。见图16。

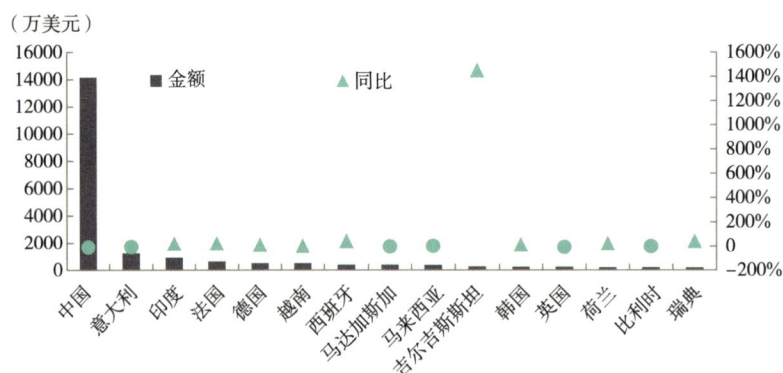

图16　2017年全球家手帕出口前十五个国家和地区出口额及同比
资料来源：联合国商贸统计数据库

综上所述，2017年全球家用纺织品出口总体实现了稳定增长。大类产品增长表现较为突出，出口占比份额较大的国家出口额增长持续保持良好。床上用品、地毯、毯子、窗帘、饰品（装饰带及花边）以及刺绣装饰品等品类都由上年的负增长态势转为了正增长。床上用品出口同比增长良好，增速高于家用纺织品出口总额增速0.31个百分点；地毯出口额同比增长且份额扩大；窗帘出口涨幅在各类家纺产品中位列第二，增势较好；毯子出口涨幅明显；饰品出口贸易增速转负为正；刺绣装饰品扭转了上年的负增长态势，实现稳定增长；毛巾出口增长稳定但增速放缓；厨卫用纺织品依然持续负增长，降幅较上年有所收窄。占比份额小的产品其份额受到侵蚀，如2017年手帕出口额所占份额小于上年。

主要国家出口产品的占比份额进一步扩大，2017年全球家用纺织品出口排名前十五位的国家出口额占份额较上年均有不同程度的扩大，尤其是位列第二和第三位的印度和土耳其，出口额均实现较好增长，涨幅分别高于全球家用纺织品出口总额的涨幅0.12个百分点和2.46个百分点，涨幅分别较上年同期提高4.01个百分点和8.48个百分点。可以看出，全球家用纺织品出口格局在不断的调整变化过程中，逐步显现出了向规模和综合实力分化的趋势。

撰稿人：王冉

国内市场

2018年床上用品消费市场发展运行情况及发展趋势

中华全国商业信息中心

一、全国重点大型零售企业床上用品市场运行情况

（一）床上用品市场继续放缓

根据中华全国商业信息中心的统计数据，2018年全国重点大型零售企业床上用品零售额售额同比下降4.2%，降幅较上年略微收窄0.7个百分点，继续呈现负增长，床上用品零售额增速已是连续第6年负增长。全国重点大型零售企业床上用品销售之所以持续放缓，与消费者习惯改变、房地产市场增速放缓、电商影响等因素有关。见图1。

图1　2006~2018年全国重点大型零售企业床上用品零售额增长情况
资料来源：中华全国商业信息中心

（二）12月零售额增速同比下降9.3%

从全国重点大型零售企业床上用品零售额月度数据情况来看，全年月度增速呈现小幅波动，除年初1~2月同比增长0.7%以外，其余月份增速均为负增长，其中7月增速同比下降9%，为全年次低增速，12月增速同比下降9.3%，为全年最低增速。见图2。

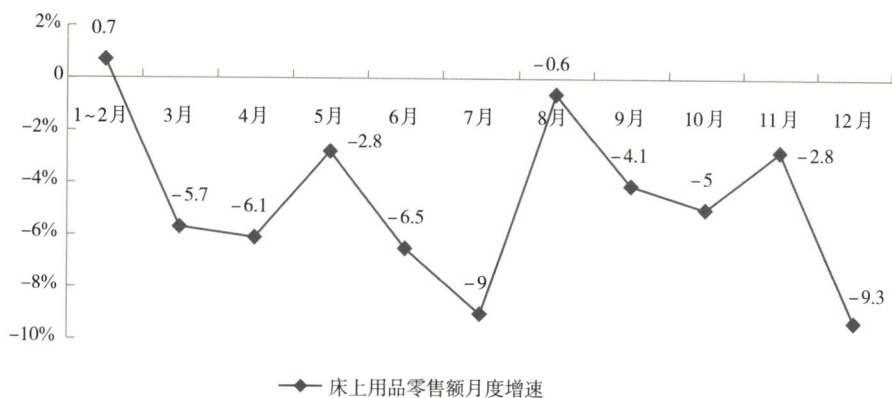

图2　2018年全国重点大型零售企业床上用品零售额月度增速
资料来源：中华全国商业信息中心

（三）零售价格有所上涨

根据中华全国商业信息中心统计，2018年，全国重点大型零售企业床上用品平均单价呈上涨趋势，其中套件平均单价为653元，价格比去年高58元，相比去年上升9.7%；床上用品各种被平均单价为609元，价格比去年高73元，相比去年上升13.6%。二者平均单价均创2009年以来新高，套件价格涨幅略快于各种被。见图3。

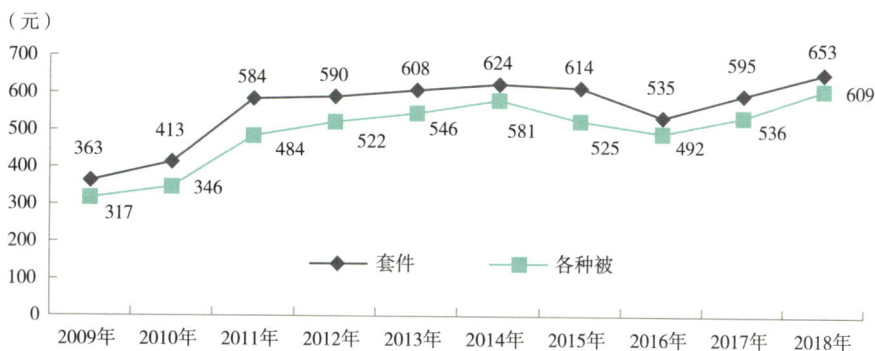

图3　2009~2018年品牌床上用品平均单价
资料来源：中华全国商业信息中心

（四）一线城市零售额增速下降最快

根据中华全国商业信息中心的统计数据，2018年全国重点大型零售企业床上用品类商品在一线城市零售额同比下降17.9%，降幅明显大于二三线城市，二线城市床上用品零售额同比下降7.4%，已经是连续第6年零售额负增长；三线城市床上用品零售同比下降4.6%，低于上年同期4.6个百分点。见图4。

图4 2010~2018年全国重点大型零售企业一、二、三线城市床上用品零售额增速（%）

资料来源：中华全国商业信息中心

二、全国重点大型零售企业床上用品市场品牌情况分析

（一）套件

1. 前十品牌集中度提升1.5个百分点

根据中华全国商业信息中心对全国重点大型零售企业品牌的监测数据，2018年，我国床上用品套件市场集中度继续呈现小幅的上升趋势，其中，前十品牌市场综合占有率之和为38.9%，相比上年提升1.5个百分点，前二十品牌市场综合占有率之和为50.2%，相比上年提升0.4个百分点。见图5。

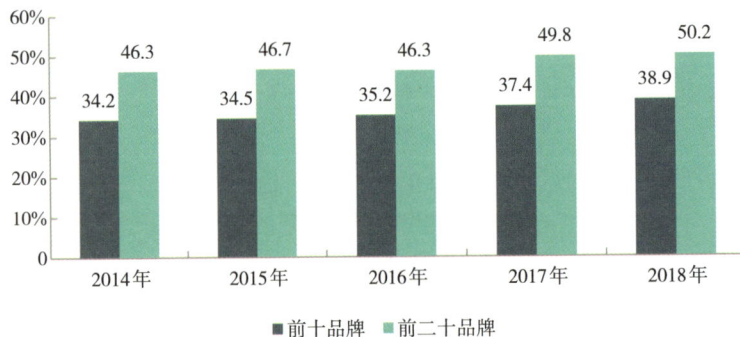

图5 2014~2018年床上用品套件市场集中度情况

资料来源：中华全国商业信息中心

2. 领先品牌间市场综合占有率差距扩大

根据统计，2018年我国床上用品套件市场领先品牌间差距有所扩大，第一名与第十名品牌、第一名与第二十名品牌之间的市场综合占有率的差值相比上年分别上升了0.45和0.54个百分点。见图6。

2018/2019中国家用纺织品行业发展报告

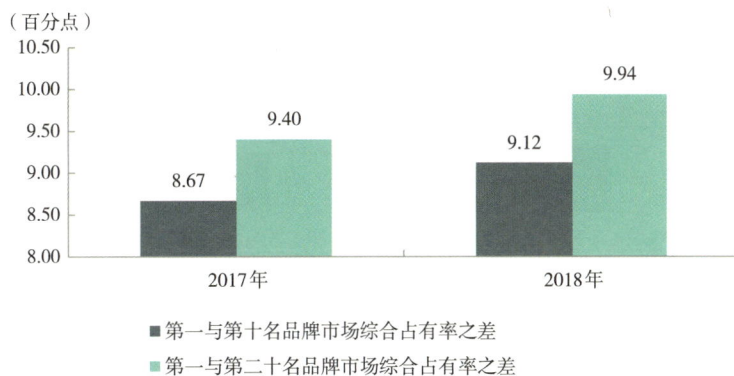

图6　2017~2018年床上用品市场优势品牌间市场综合占有率差值
资料来源：中华全国商业信息中心

3.2018年床上用品套件排名靠前品牌地位稳固

与往年相比，2018年，我国床上用品市场中的优势品牌相对稳定，前六位品牌格局未变，显示了这些品牌较好的顾客忠诚度和影响力，博洋、堂皇、ESPRIT取代紫罗兰、恒源祥、恐龙进入前十品牌。

（二）各种被

1.前十品牌集中度提升2.6个百分点

各种被集中度上升明显，其中，前十品牌市场综合占有率之和为35.4%，相比上年提升2.6个百分点，前二十品牌市场综合占有率的之和为48.0%，相比上年提升2.9个百分点。品牌集中度的提升，一是消费者的消费升级需求；二是来自大量的百货开始优化升级品牌结构；三是一大批缺乏核心竞争优势的中小品牌逐渐退出市场，将市场份额腾出来给到更具市场竞争力和满足用户需求的品牌。见图7。

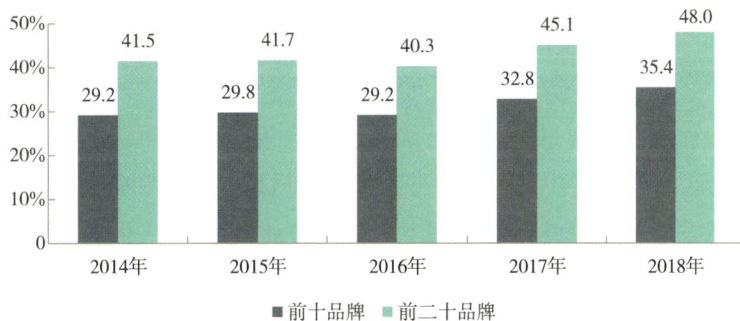

图7　2014~2018年床上用品各种被市场集中度情况
资料来源：中华全国商业信息中心

2.领先品牌间格局稳定

根据统计，2018年，我国床上用品各种被市场领先品牌格局稳定，第一名与第十名品牌市场综合占领率的差值相比上年略微下降0.04个百分点，第一名与第二十名品牌市场综合占有率的差值与去年持平。见图8。

29

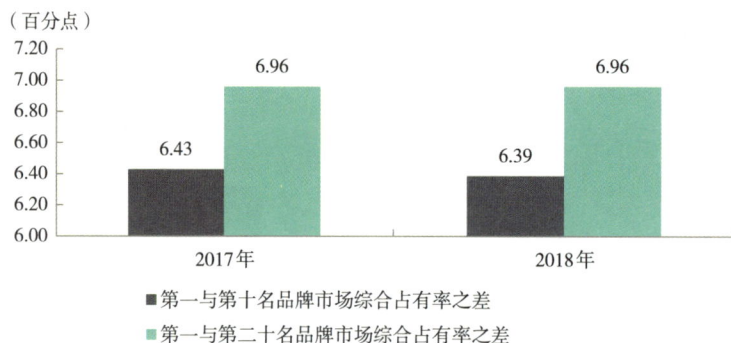

图8　2017年、2018年床上用品各种被市场优势品牌间市场综合占有率差值
资料来源：中华全国商业信息中心

3. 梦洁和水星市占率提升明显

根据统计，2018年，床上用品各种被排名前五的品牌与上年不变，但是梦洁和水星家纺的市场综合占有率提升更加明显，相比上年分别上升0.85和0.72个百分点，恐龙和佳丽斯从上年未进入前十，分别上升至第六位和第十位，市场综合占有率分别为1.96%和1.49%。ESPRIT从上年的第九位上升至第七位，市场综合占有率为1.90%。

4. 企业多品牌战略抢占市场

随着我国床上用品市场竞争的日益激烈，消费需求不断细化，床品企业纷纷以多品牌战略来实现对床上用品细分市场的覆盖，如梦洁旗下有核心中高端品牌"梦洁"高端品牌"觅"、儿童品牌"梦洁宝贝"，还有平价品牌"平实美学"等，罗莱、富安娜也均采取了"多品牌布局、渗透各个细分市场"的整体布局，针对市场多重需求建设多品牌梯队，不断提升品牌资产和价值。

三、未来床上用品市场发展趋势

（一）品牌集中度将进一步提升

随着城镇化进程的持续推进、消费升级和二胎政策全面放开后生育率的提升，传统的床上用品消费观念逐渐被摒弃，人们更加讲究睡眠的质量、安全和舒适度，对高品质、个性化、浪漫化的床品需求明显提升，加上网上购物的快速发展，人们对床上用品的需求越来越向优质品牌集中，优势品牌的市场份额将进一步扩大，过去一些地方性品牌快速打破区域性，向全国性品牌发展。

（二）新技术加快应用于床上用品

床上用品领域新技术的应用，如面料、工艺、安全性能等方面的创新，将迅速提升产品品质，并改变消费者的消费习惯。未来科技也将整合多种健康、环保材料，不断优化人们的睡眠环境。在行业智能化、与家居融合一体化的趋势下，智能化的床上用品、家具、家纺都是家居智能化不可或缺的一部分。

（三）消费频次加快、品质提升

随着我国人均可支配收入的增长，人们对床上用品的消费也呈现出了新的特征，一方面，消费者的消费频次加快，追逐新产品的欲望增强，越来越多的消费者对产品的设计、面料的选择、保健功能等等方面均提出了其个性化的要求；另一方面，更加注重品牌与质量，愿意为高品质的产品买单。值得关注的是，随着低线城市消费者收入、就业和财富的增长、消费能力的增强，低线城市床上用品消费向品质升级的趋势也明显加快。

（四）消费需求趋向时尚化、艺术化

首先，消费者对家居空间的需求从早期的注重功能性，变得越来越强调装饰性及时尚度，尤其是"80后""90后"和"00后"消费群体的崛起，他们对产品的时尚度更加关注；其次是随着人们生活观念和生活方式的巨大改变，带来了消费者对于家居生活空间环境更高精神层面的需求。艺术与生活结合的产品、场景不断涌现，艺术生活化时代的到来，家纺将更进一步与艺术相结合。

（五）床上用品与家具一体化发展

床上用品和家具因适合销售的地点、消费群体有一定的重合，非常适合一体化销售，将床上用品与床、柜子等家具一体化销售，不但可以让消费者很快找到与家具风格相搭配的床品，享受一站式购物的乐趣，而且二者还可以互带流量，提升彼此的销售。

（六）线上线下融合共赢发展

床上用品线上线下渠道各具优势，二者的融合发展使消费者可以在线上更全面了解商品信息，也可以线下实地感受商品，给消费者带来更好的购物体验。从品牌来看，随着床上用品线上销售占比的不断提高，床上用品品牌线上线下运作日趋成熟，相互支撑发展。从2018年床上用品天猫"双十一"成交排名来看，线上和线下知名品牌的重合度非常高，2018年"双十一"线上床上用品排名前十的品牌有5家与线下排名前十的品牌是重合的。

2018年家用纺织品专业市场运行分析

中国纺织工业联合会流通分会

2018年，我国纺织服装专业市场运行平稳，结构优化不断加深，积极化解了各种风险矛盾，在2017年行业整体回暖的基础上，进一步实现了小幅上涨。

一、总体情况

据中国纺织工业联合会流通分会统计，2018年，我国万平方米以上纺织服装专业市场915家，同比增长1.33%；市场经营面积达到7549.11万平方米，同比增长3.20%；市场商铺数量140.92万个，同比增长3.40%；市场商户数量114.41万户，同比增长1.76%；市场总成交额达到2.36万亿元，同比增长3.85%。

（一）总量规模方面

2015~2018年，我国万平方米以上纺织服装专业市场数量、总经营面积、总商铺数量、总商户数量、总成交额连续多年实现平稳增长，可见我国纺织服装专业市场近年来整体运营良好，稳中有进。从市场数量来看，我国专业市场行业的同质化竞争减弱，定位调整和差异化经营日见成效，在中心城市核心城区纺织服装专业市场外迁、关停、改造、升级的前提下，万平方米以上专业市场总量仍保持逐年上升，结构优化取得初步成果；从成交额来看，2015~2018年，专业市场总成交额年同比增速依次为2.11%、2.81%、5.12%、3.85%，在经历了两年的低潮期后，专业市场从2017年开始回暖，并在2018年实现了健康稳定的增长。见图1。

（二）新市场方面

2018年，新开业万平方米以上纺织服装类专业市场15家，新增专业市场总投资额为165亿元，新增专业市场总经营面积为444.8万平方米。从新增市场情况来看，一方面，我国中心城市核心城区的疏解工作取得阶段性成果，产业转移承接地区新市场数量较多，商户外迁工作平稳推进；另一方面，重要产业集群地的专业市场集群中新增单体市场数量较多，可见我国重点专业市场群正在积极进行差异化竞争和定位调整，资源重组和结构优化取得较好成果。

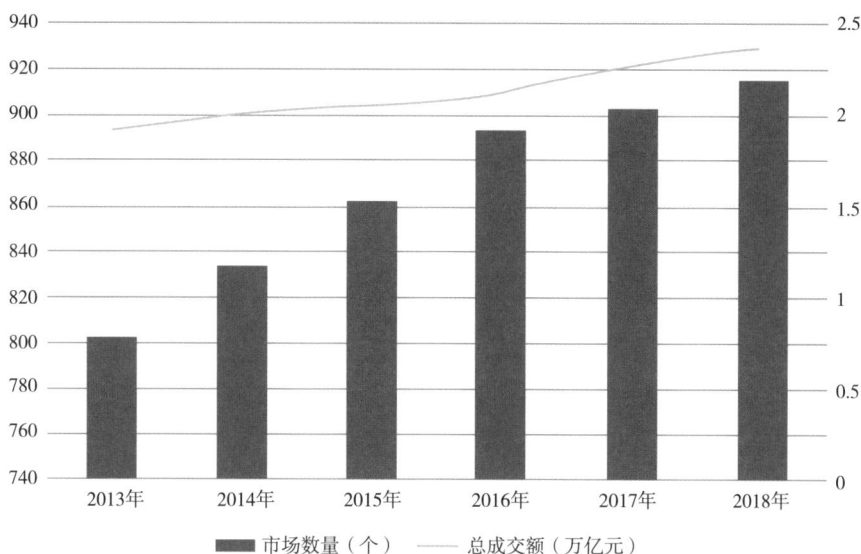

图1 2013~2018年纺织服装专业市场总量规模逐年对比
数据来源：中国纺织工业联合会流通分会

（三）运行效率方面

2018年纺织服装专业市场商铺效率为167.29万元/铺，同比增长0.44%；商户效率为206.06万元/户，同比增长2.06%；市场效率为31228.68元/平方米，同比增长0.64%。市场成交额与市场商铺数量、经营面积总量同步平稳增长，运行效率稳定；商户总量增幅较小，运行效率提高，可见我国纺织服装专业市场中实力较强的优质商户比例正在逐步提高。

（四）重点监测市场方面

2018年，45家重点监测市场（含市场群）总成交额为12093.44亿元，同比增长6.55%。其中，24家市场成交额同比上涨，平均增幅为8.31%；20家市场成交额同比下降，平均降幅为4.08%；1家市场成交额与去年同期持平。从市场全年运行效率看，45家重点监测市场平均运行效率为54797.59元/平方米，同比增长6.55%；平均商铺效率为417.56万元/铺，同比增长7.15%；平均商户效率为463.96万元/户，同比增长9.04%。重点监测市场的市场效率、商铺效率、商户效率高于全国纺织服装专业市场的平均水平，可见我国龙头市场、重点市场转型升级成果显著。

（五）景气方面

2018年，纺织服装专业市场管理者景气与商户景气走势基本一致。春节假期过后迎来上半年销售旺季，6月、7月景气指数下滑，经过8月的调整，在9月、10月迎来全年销售黄金期；专业市场管理者景气指数全年平均值为51.16，商户景气指数全年平均值为50.68。两项平均数均超过50荣枯线，可见2018全年我国纺织服装专业市场运营情况良好。见图2。

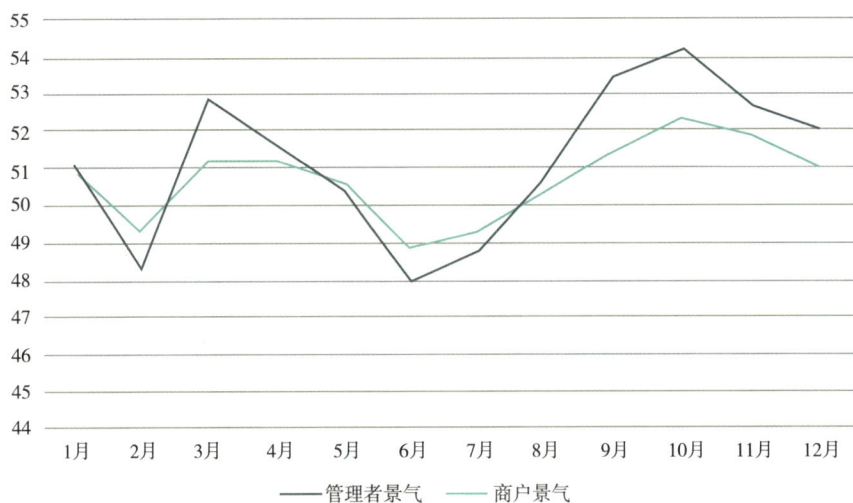

图2 全年景气指数一览
数据来源：中国纺织工业联合会流通分会

二、家纺市场运行情况

据流通分会统计，2018年万平方米以上专营家纺产品的专业市场共计27家，占全国纺织服装专业市场总数的2.95%；市场经营总面积382.19万平方米，商铺总数4.33万个，经营商户总数3.92万户；2018年成交额1467.05亿元，占全国纺织服装专业市场总成交额的6.22%，成交额同比增长5.57%，在各品类专业市场中，增速位列第三，仅次于主营小商品的专业市场和主营原、面（辅）料的专业市场；家纺市场运行效率为38385.36元/平方米，同比增长3.55%，家纺市场的运行效率略高于全国纺织服装专业市场平均运行效率的31228.68元/平方米。

2018年，主营家纺产品的专业市场运行良好，稳中有进；从规模看，经营面积、商铺数量、商户数量均有所增加，商铺数量增幅较小，家纺市场通过积极划行规市、转型升级，提升了市场环境，扩大了单铺面积，大店数量增加；从成交额看，主营家纺产品的专业市场实现5.57%的增长，现已连续三年实现5个百分点以上的增幅；从市场运行效率来看，主营家纺产品的专业市场的运行效率高于全国纺织服装专业市场的平均运行效率，可见家纺市场日常运营良好，稳中有进，抵御风险能力较强，应变能力逐年提高。见图3。

各品类成交额占比和增速见表1。

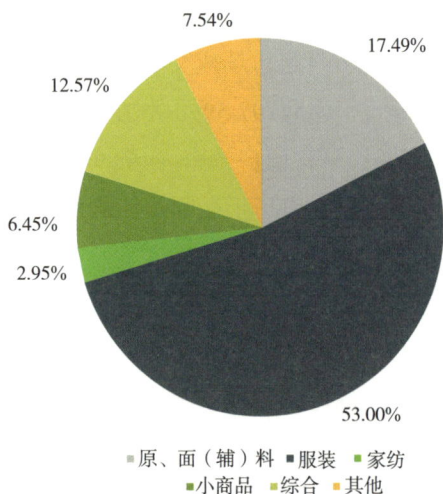

图3 各品类专业市场数量占比
数据来源：中国纺织工业联合会流通分会

表1　各品类成交额占比和增速

项目	成交额（亿元）	占比（%）	增速（%）
服装	10350.74	43.91	1.73
原面辅料	6034.85	25.60	6.23
小商品	2306.21	9.78	8.34
家纺	1467.05	6.22	5.57
综合	2205.90	9.36	2.37
其他	1210.12	5.13	3.33

数据来源：中国纺织工业联合会流通分会

三、三个关键词解读2018纺织服装专业市场

（一）变（竞争环境更趋复杂）

2018年，我国纺织服装专业市场面临着高速变化的复杂竞争环境，一方面，信息技术、消费环境、渠道结构将专业市场带到机遇与挑战并存的转型升级窗口期；另一方面，异常气候、市场外迁、中美贸易摩擦等特殊情况，对专业市场的应变能力提出了新的挑战。

以信息技术为核心的科技革命给专业市场带来了理念颠覆，同时也提供了提升效率的重要工具，从专业市场的日常运营、购物环境，到市场商户的渠道创新、时尚快反，都在被日新月异的信息技术深入、改造、升级，专业市场+互联网、+人工智能的大势正在改变着传统专业市场的运作逻辑；以消费升级为核心的消费环境变化对专业市场提出了更高的要求，年轻化、个性化、更理性的消费者崛起，他们的支付习惯、消费理念、个性崇尚和品质追求，推动着专业市场硬件升级、软环境打造和市场产品的提档创新；以流通渠道扁平化为核心的渠道结构变化，推动了专业市场竞争环境的变化，各商业业态之间的竞争逻辑、价值模式正在重新书写，跨界、竞合、圈层、社区和平台型、供应链竞争成为行业新趋势。

另外，2018年，我国纺织服装专业市场遇到了一系列复杂的内外部形势，对专业市场的应变能力和综合竞争素质提出了更高的挑战。2018年因中美贸易摩擦，我国纺织、服装、小商品等各类专业市场均受到贸易争端的影响，尤其是以外贸订单为主的"买全球、卖全球"型专业市场，面临着一定的困难，在突发情况下积极转变策略，调整产品结构、拓展贸易渠道、适应消费需求、提高原创水平、提高品牌附加值，在对美贸易受阻的情况下，实现多渠道发展；2018年外迁市场"重启"，以北京为主的我国几大核心城市中心城区的纺织服装专业市场完成了外迁，并在落户的新市场重新运营。新市场与新商户面临着一系列磨合问题，在不断调整与适应中，逐渐克服"水土不服"，实现恢复性发展；2018年因为异常气候频发，夏季因为部分地区的连续降雨天气影响了专业市场的正常运营和商户的夏装销售；秋冬季，由于2017秋冬季销售情况良好，导致市场整体对秋冬季销售较为乐观，期待值偏高，加之天气作用影响，使秋冬季市场整体未能达到心理预期。

各种特殊情况带来的新困难，未能阻挡我国纺织服装专业市场稳健前进的步伐，市场人提升了抗风险能力和快速反应能力，在小批量、多批次订单逐渐普及的助力下，实现了灵活应对变化、抵御风险。

（二）稳（稳定增长达到预期）

近年来，随着两化融合的不断深入推进，我国经济进入高质量发展的新阶段，纺织服装专业市场面临着前所未有的新局面。在瞬息万变的行业形势之下，我国纺织服装专业市场深刻洞察、积极应对，不断转换角色、革新理念，于变局之中谋创新，于逆势之中求发展，展现出坚实有力的专业内功，实现了体量规模和成交效益的双增长，展现出我国纺织服装专业市场极大的创新热情、实践精神、竞争意识和专业能力，达到了"稳健发展、温和上涨"的预期。

我国纺织服装业现阶段正处于转型升级的攻坚期，行业完全有条件、有潜力、有能力在合理区间保持继续增长，专业市场行业拥有巨大的发展韧性、潜力，从长远看，纺织服装专业市场长期稳中向好的总体势头没有改变。

（三）进（结构优化稳步提升）

过去一年，在错综复杂的国际国内环境下，我国纺织服装专业市场稳中有进。如果说"稳"直观地体现在宏观数据上的话，那么"进"则更多地隐含在经济结构持续优化、发展方式加快升级之中。

2018年，我国纺织服装专业市场在转型升级、创新发展方面进行了深入实践，并取得了良好成果。市场积极优化管理模式、引入现代企业制度，实现市场运营管理的现代化；积极推进市场划行规市工作，清晰市场定位、打造特色市场，进一步实现了差异化竞争；积极推进商户梳理和提升工作，积极培育优质买手店、集合店、工厂店，打造优质前店后厂商户、组货商户、网货供应商户等多种类型商户主体；大力推进品牌孵化工作，支持各类展会、对接活动，实现大中小型品牌协同发展，打造品牌结构金字塔；积极探索渠道模式的创新，打造市场品牌集合馆等新型模式并在全国积极拓展；大力打造各类服装展、时尚周、创意文化节、采购节、发布秀等活动，提升市场知名度和品牌影响力；加大原创设计力度，打造各类设计师孵化、引进、对接活动，加强产学研合作力度，举办原创设计大赛等活动，为专业市场商户输入原创设计力量；积极探索现代信息技术的创新应用，智慧商城建设初见成效；高度重视公共服务平台的打造，对原有平台进行精细化梳理和强化，为市场商户提供更精准对接的专业服务；积极推动时尚产业投资、海外投资、跨界投资等各类资本运营活动，提升市场实力和影响力。

通过全方位的创新升级，2018年，我国纺织服装专业市场加快了适应新趋势、探索新定位、发展新动能的步伐，在逐年递增的成交数据之下，蕴藏着增长方式的转变。以往损耗式增长的模式正在逐渐被健康、可持续的高质量增长模式取代：由粗放型、能源消耗型增长和低价竞争，向精细化、资源创新型增长和品质竞争转变；由层层分销的传统流通模式向渠道环节扁平化、渠道半径扩大化的新型流通模式转变；从传统批发业态向体验式消费与跨界融

2018/2019中国家用纺织品行业发展报告

合业态转变。专业市场通过不懈的努力，逐步实现新动能推动时尚产业发展，高质量打造新型流通平台。

四、结语

　　未来，我国纺织服装专业市场将继续拉长转型升级半径，加深创新发展内涵，树立新定位、绘制新蓝图。在行业优化采购、生产、销售、物流等资源配置的新流程中，积极转换角色，拓展职能，打造开放、高效、绿色的供应链平台。通过加快技术应用和管理创新，发展"市场+平台+服务"模式，增强定制化生产、一体化服务功能，构建线上线下融合、上下游协作的可持续循环体系，积极推动纺织服装行业的高质量发展。

附　27家家纺专业市场名录

序号	省/直辖市	市	市/区/县	市场名称
1	黑龙江	哈尔滨		哈西家纺城（原哈西商厦）
2	辽宁	沈阳		五爱床品布艺箱包鞋帽城
3	河北	保定	高阳县	高阳县纺织商贸城
4	江苏	南通	海门市	叠石桥国际家纺城
5	江苏	南通	通州区	志浩家纺城
6	浙江	嘉兴	桐乡市	桐乡国际蚕丝城
7	浙江	嘉兴	海宁市	海宁中国家纺城
8	浙江	嘉兴	海宁市	中国布艺一条街
9	浙江	嘉兴	桐乡市大麻镇	杭州湾轻纺城
10	浙江	桐乡		濮院轻纺城
11	山东	淄博		周村轻纺科技城
12	山东	威海	文登市	文登中国工艺家纺城（一期）
13	四川	成都		荷花金池国际窗帘布艺批发城
14	四川	内江		黄角井商城
15	四川	成都	彭州	龙洋·成都家纺城
16	山西	太原		太原服装城床上用品市场
17	山西	太原		山西正大美家家纺购物中心
18	安徽	合肥		宝业家纺广场
19	安徽	合肥		华孚·城隍庙商业广场
20	江西	南昌		南昌华南城窗帘布艺批发中心
21	河南	郑州		郑州床上用品批发市场
22	河南	郑州		宝家隆窗帘家纺精品城
23	河南	郑州		郑州锦荣国际轻纺城床品市场

序号	省/直辖市	市	市/区/县	市场名称
24	河南	郑州		锦艺国际轻纺城
25	河南	郑州		元通纺织城
26	湖南	长沙		金盛布业大市场
27	云南	昆明		螺蛳湾国际商贸城

撰稿人：胡晶

一带一路

新经济，"一带一路"带来新机遇
——高峰论坛，理念与经历的分享

中国家用纺织品行业协会产业部

　　随着消费不断升级、产业要素变化、数字经济带来的变革，家纺行业紧抓由互联网点燃的数字化时代契机，开启家纺无界零售新时代。借力"一带一路"推动海外布局，乘势而上，不断为产业升级发展注入全新的能量。在此背景下，2018中国家纺大会于2018年10月在北京召开。根据行业发展的需求，大会期间举行了"新经济，'一带一路'带来新机遇"高峰论坛。论坛演讲嘉宾有中国国际贸易促进委员会纺织行业分会副会长林云峰、旭荣集团总经理黄庄芳容、江苏东渡纺织集团有限公司董事长徐卫民、山东如意科技集团有限公司CEO王强、江苏省南通市人民政府副市长徐新民。论坛由中国纺织工业联合会副会长、中国家用纺织品行业协会会长杨兆华主持。论坛嘉宾本着助推家纺企业国际化发展的期盼，与会议代表分享了他们在"走出去"过程中的经历，分享他们在国际化进程中的经验与理念，有感而发，内容精彩务实。❶

　　新时期，产业面临着更加复杂的发展环境，国际化布局的需求更加紧迫，家纺行业如何更好地把握"一带一路"倡议带来的发展机遇。

　　"一带一路"倡议的提出，这几年在整个行业引起了极大的关注，过去家纺行业也在讨论，但是却没有真正提到重要的议事日程。在国际上现在又有中美贸易摩擦的出现。2017年我国家纺产品及辅料对美国出口105亿美元，9月1日开始实施增加10%的产品中，涉及家纺产品的约为12.7亿美元，其中5.9亿美元的产品是地毯，2.5亿美元的是装饰面料，床上用品将近

　　杨兆华，中国纺织工业联合会副会长、中国家用纺织品行业协会会长、中国纺织工业联合会品牌工作办公室主任、国际纺联家纺生产商委员会主席。

❶ 本文根据2018年中国家纺大会"'一带一路'高峰论坛"内容整理。

1亿美元。这只是第一批，如果这次和美国合作不成功，接下来可能会影响到105亿美元家纺产品，这样对今后的国际化布局提出会有更加紧迫的需求。

国家倡议提出以后，我们在对外交往中加大了"一带一路"沿线国家的联系和研究，有大家都关注的特点或优势，如产业政策、劳动力、能源、贸易优惠等。另外，我想还补充一点，其实"一带一路"沿线国家本身的市场潜在着较大的空间。目前，我国家纺对"一带一路"的出口规模为130亿美元，其中"陆上丝绸之路"为50亿美元，"海上丝绸之路"为80亿美元。且近几年增幅稳定。除了中东动乱的影响及前几年俄罗斯货币的贬值和对它的制裁，影响到我们的出口，整体来说还有很大的潜力。应该说"一带一路"沿线国家是家纺领域今后国际产能合作的广阔空间。

在过去的八年里，中国家纺协会协同企业组团考察了很多国家，其中"一带一路"国家达20多个，考察过程中大家都觉得收获颇多，但回来后真正深思和行动的却很少。今天我们应该好好思考，面临着这么复杂的环境，接下来的出口贸易应该怎么来做，国际产能布局或者国际产能合作要怎么做。谈到国际产能合作，不仅仅是出口，今天在座很多都是国内的品牌企业，我们能不能也像国外的大买家一样，在优化国内采购的同时，考虑到综合成本和企业品牌质量和影响，国际采购是不是今后的一条出路。"一带一路"倡议的提出，不仅仅鼓励单一的出口，应该是双向的。在这样的背景下，在今年的企业调查过程中，很多企业说我们一定要走出去，企业面临的发展背景更加复杂，正因为众多的企业有此呼声，"一带一路"高峰论坛是后来加上的，在座的几位纺织服装行业"走出去"国际布局的企业家，可以说是纺织产业国际化发展的领头羊，他们做得非常好，有许多成功的经验。今天，他们推掉自己行程，专门赶到家纺大会为我们传经送宝，非常感谢他们。

一、中国纺织业"一带一路"最新进展与展望

打造"中国+周边国家+非洲"的全球快速反应制造基地布局模式，维持和提升中国纺织工业在全球供应链中的国际领先优势。

"一带一路"倡议提出五年来，中国与沿线国家货物贸易达5.5万亿美元，对沿线国家非金融业的直接投资超过800亿美元。从政府方面来讲，"一带一路"的顶层设计已经完成，双

林云峰，中国国际贸易促进委员会纺织行业分会副会长、中纺联国际贸易办公室主任，纺织产能国际合作的联盟秘书长。主要从事国际贸易研究、市场开拓，国际产能合作等工作。中国纺织国际产能合作企业联盟是国际产能合作重要的组成部分，是根据国家发改委的要求组成的，主要目标是建立企业和政府间的桥梁，开展投资促进活动和信息研究、信息发布等功能。联盟会员、成员主要由"走出去"的优秀企业及相关协会、研究机构和媒体组成，目前拥有107个成员；24个在行业中"走出去"的领军企业的董事长和总裁担任副理事长。

边合作、框架、多边机制、高峰论坛、三位一体的国际合作。最重要的是，"一带一路"倡议及其核心理念被纳入联合国、20国集团（G20）、亚太经济合作组织（APEC）、上海合作组织等重要国际机制成果文件，得到了社会的认可和国际社会的共识。

（一）回顾我国纺织行业"一带一路"倡议五年来的发展进程与成绩

纺织业是最具历史渊源的产业之一，也是国际化高度融合和高度市场化的产业。2000年左右，纺织骨干企业就已经开始陆续走出去。自2013年"一带一路"倡议提出以来，全行业进入了全球布局的加速阶段，骨干企业已经由"被动布局"向"主动布局"逐渐转变，投资形式多种多样，包括绿地投资、股权并购、资产收购和合资等各个方面。2015年、2016年投资加速。因2016年下半年政府出台了一些对境外投资的管理和投资真实性的相关的规定，所以2017年的数字相对回归，但2018年比2017年有一定幅度的增长态势。

（二）中国纺织业"走出去"的总体态势与特点

据商务部统计，2003~2017年，我国纺织业对外投资80多亿美元，但是考虑到很多骨干企业是通过境外上市公司和境外融资渠道进行投资的，所以实际投资额将会超过200亿美元。经过多年国际布局的不断纵深发展，行业涌现出一批国际化的领军企业。纺织业走出去有两条主线：一是生产力布局，通过绿地投资合作进行生产力的跨国布局，打造"中国+周边国家+非洲"的全球快速反应制造基地布局模式，维持和提升中国纺织工业在全球供应链中的国际领先优势；二是价值链的投资并购，通过海外直接投资与并购，对产业链两端的原料、设计研发、品牌和市场渠道资源进行全球范围内的垂直延伸和掌控，带动行业整体朝产业价值链的高附加值领域渗透，例如,如意集团是价值链布局的一个样板。

（三）中国纺织业"一带一路"的行业分布与投资选择

从行业投资分布来看，涵盖了棉纺织业、针织服装、印染面料及纺机等各个方面。其中棉纺织业的投资占据较大比重。目前我国棉纺已在越南投资250万纱锭，占比将近越南棉纺织业总量的28%。针织、服装行业也是以东南亚为投资重点地区，申洲、即发、东渡等企业都在柬埔寨、越南进行了绿地投资和国际定单配置。印染和面料方面，鲁泰加大了在越南的投资，产能3000万米色织面料项目已经正在试运行。现在状况是越南的纺织产业链将会日趋完善，从而对中国整体的国际竞争力造成一定的压力。化纤行业"走出去"向上游产业链优势延伸，如江南化纤在美国投资，恒逸石化等企业在文莱投资。纺机领域是向科技型收购的方向，金昇收购了欧瑞康，恒天收购了立信、奥特发等。家纺方面，南通大东在越南广宁省海河县天虹工业园区投资的6500吨高档毛巾项目已经在2018年2月投产；滨州亚光从2004年在纽约设立工厂分公司之后，由代工到自主研发产品，直接自己出口，完成了华丽的转身。

（四）未来行业国际布局重点

要探讨中国—东南半岛、中巴经济走廊、孟中印缅通道、中国—中亚、中国—非洲的生产力布局合作机遇。在产业链的优质资源合作层面，行业应具有全球眼光，以全球视野进行

2018/2019中国家用纺织品行业发展报告

产业链上下游优质资源、先进研发能力和技术、终端渠道等具体细分领域的投资并购。让中国纺织骨干企业能够通过全球优质资源的配置和协同较顺利地成长为具有持续盈利能力和创新能力的全球企业。

（五）对中国纺织企业在"一带一路"沿线国家的建设提出了几点建议

一是战略层面要与企业的中长期发展目标相一致（企业的目标市场和企业的中远期发展规划相吻合），企业要积极稳妥，对净值调查和可行性研究要认真细致。各国有很多有利条件，有关贸易数据显示，越南占美国的市场份额上升很快，且美国相对越南比较照顾；非洲对欧盟、美国都是免税的；埃塞俄比亚和埃及政府比较发力；缅甸的目标市场更偏重日本。同时应注意不利条件，埃塞俄比亚的物流、埃及各方面的办事效率等还有所欠缺。二是尊重文化差异，注重文化沟通。企业"走出去"要注重与当地企业的融合，并且要注重国际化、本地化人才培养。三是如果以中国为市场，一样需要对外投资走出去。目前中国进口纺织品的来源，越南是第一位，意大利第二位，孟加拉国第三位。孟加拉国以低端的成品占优势，意大利以高附加值产品占优势。越南很多订单其实是中国投资的企业生产的。如果以中国市场为目标，走出去也会有优势。如有些中国企业，在人民币急涨的情况下，把订单放出去做，这样就平衡了汇率损失。中国是最大的消费品市场之一，中国未来市场拥有巨大的发展潜力。

二、旭荣集团全球布局及非洲经营分享

企业成功实现全球化布局，得益于尊重当地文化，在地化人才培养和接班人计划，透明经营，全球化协作以及提高企业的社会责任意识。

旭荣集团43年来，从一个小公司成为一个全球布局的集团，有纺织贸易、印染制造、成衣制造，还有一些其他事业实体。公司遍及中国大陆、中国台湾、北美、越南、柬埔寨以及在非洲，这当中的经历很辛苦。旭荣集团通过4次转型成为全球布局的企业，2002年开拓国内市场，发展短纤、多元化面料；2003年设立成衣厂，实现了针织一条龙带动企业的国际化布局。

黄庄芳容，旭荣集团总经理。旭荣集团1975年创立于中国台湾，专注生产各类高档针织面料，以"品质、创新、快速反应、企业社会责任"为企业经营使命，经过四十多年的辛勤耕耘和海外扩张，从一家中小企业跃升为横跨纺织贸易、染整织造、成衣、策略联盟四大事业实体的大型企业，企业遍布中国大陆、中国台湾、北美、越南、柬埔寨、非洲等地，全球员工近万人。在针织服装行业，尤其在功能性服装方面，是一个标杆，也是一面旗帜。

（一）要尊重并融入当地文化，尊重每一位员工

旭荣集团不论到哪里投资，都尊重每一位员工和当地人。对员工尊重，员工会对企业更好。旭荣在非洲有员工六千人。品管人员、生产干部来自斯里兰卡，车工由当地培养，用当地的大学生负责所有财务。在符合当地法律，并且让企业能够生存的前提下，对优秀员工给予特别奖惩，送给他们在当地珍贵的礼物。如在非洲，对当地来说羊、牛、马是最珍贵的家当，过年时用羊、牛、马奖励优秀员工，他们会非常努力工作。

（二）注重培养当地接班人计划

只有培养的员工才是自己的。希望员工能够有一个持续的发展，接班人的计划要事先考虑好。旭荣国际化的布局是让工人本地化。为提高非洲工人的生产效率，要采用适当的方法加以训练，如提拔当地的工人干部。在实际工作中学习，在工段中现场教授，每个厂进行关键绩效指标（KPI）的绩效评估，员工出于荣誉感，都希望能做到最好。非洲工人通过培训，效率是可以提高的。

（三）企业要始终坚持正派经营，透明管理

旭荣是全国五一劳动模范厂、绿色制造工厂、和谐企业、两化融合的第一批企业、3A红名单企业。当企业运营需要大笔资金时，银行会为红名单企业解决贷款。2000年，由于常州政府招商很热情，旭荣集团落户常州。事实证明，只要企业正派，公开透明经营，一样做得很好。非洲的工会非常强势。在非洲一些国家投资，一定要合法、公正地经营，不能做任何违法的事情。

（四）企业要重视社会责任

关于污水处理，越南要求A级排放50COD，污染了土地会有非常大的赔偿力度，但是为了子孙后代永续经营不是坏事。大家回到正常的轨道，合法经营，这样企业才能长久。到非洲投资，当地贫困简陋，如果投资人能够帮助一些需要帮助的人，也是好事。2017年，旭荣集团在上海发布了企业责任白皮书，社会责任是所有企业家都应该尽到的。

三、新形势下中国纺织企业走出去的思考

如果企业"走出去"的目的是获得更低的劳动力成本或宽松的环保标准是行不通的。

企业为什么走出去？怎么走？怎么做？新加坡是东渡纺织集团走出去的第一步。由于信息、成本等企业发展的瓶颈，在2000年之前，集团将贸易中心、投资中心、财务结算中心放在了新加坡。新加坡作为一个桥梁，相对信息较快。在外汇管理上比较放开，投资结算的限制较小，投资成本比较低。2004年，集团在越南和柬埔寨建立加工中心，合理进行区域配置，取得了很大成效；2014年，集团销售110亿元，十年来集团年销售额一直排在我国针织服装行业前三位；2015年以来，集团营销保持较好的增长态势。集团布局国内、国际两个市

徐卫民，江苏东渡纺织集有限公司党委书记兼董事长。江苏东渡纺织集团主要以童装和婴童装两大系列为主，在国际、国内采购份额中占有较大比重。东渡纺织是"走出去"较早的纺织企业，也是纺织行业全球化战略发展的典型企业。20世纪90年代，东渡纺织由原来的国有企业转制。目前总部在张家港，大部分分支机构、工厂产能分布在世界各地。二十年来，东渡人一次次涉险闯关、不断超越，从斥巨资更新装备到自主研发核心技术，从单纯的贴牌到创立自主品牌，从依赖国内资源到布局全球，从资不抵债到超百亿企业，创造了多个奇迹。

场，充分利用国内外资源是企业适应国际化潮流的必然选择。目前已经在马来西亚进行市场销售，具体运作在新加坡，靠马来西亚比较近，根据不同的国家和民族，不同的宗教要求，结合当地的产品，对品牌的运作会更有利。

（一）"走出去"之前要多了解，准备工作越充分，成功的把握就会越大

从一家国有企业到目前在六个国家拥有产业的跨国公司，东渡不断完善产业链并提升服务水平。从纤维到面料到成品，全产业链的运作可以实现品质保证、交货时间以及成本控制。同时，要不断研究国外市场，高度关注客户，东渡在美国、加拿大、韩国等都设立办事处，主要的功能就是研究这些地方的市场发展趋势以及更好地为客户提供服务。不只是走出去，更要走得稳、走得好，这其中产业配合和服务十分重要。

（二）"走出去"要坚持适合的结构调整，有国际化的视野和布局

企业"走出去"要先进行结构调整、市场调整，进行技术提升，用品质引导市场。结构调整要坚持适合的才是最好的。选择比较好的市场、人才，而不是简单地将设备转出去。办企业要找准合作伙伴，充分发挥对方在当地的资源作用。

（三）"走出去"以后，国外的法律法规实际上比中国要求更严

我国政府给企业时间、宽容，甚至有时候还是在帮企业过渡，但是国外不会。在当前中国纺织行业转型的关键时刻，尤其是最近中美贸易摩擦，"走出去"不要因为一时的政策优惠，如为了劳动力成本低、为了关税问题而走出去。"走出去"一定要有国际化的视野和布局。

（四）"走出去"要和谐可持续，要考虑到产业链的完善

东渡集团从面料到服装一体化，配套相对比较完整。与印度的工厂进行了产业链的配套，进行投资。原来落后的用纱方面现在企业用自己投资的工厂生产，为交期、成本控制提供了有利条件。所以如果单纯做服装、家纺，如果没有面料，接下来的发展就可能出现问题。非洲是现在中国纺织业在新形势下走出去最后的机会。埃塞俄比亚环境非常好，但是目前在产业链的配套，尤其在工厂运输的成本各个方面，还不尽如人意。另外低水平、低产能的重复走出去也

是不行的，可持续很难。如果在国内做不好，或者还没有做好，走出去肯定要失败。

（五）"走出去"要不断研究市场，为客户和市场做好服务

东渡集团现在在美国、加拿大、韩国，包括在其他一些国家和地区，都有自己的办事处，主要的功能是研究该国家和地区市场的发展趋势。同时对产品在市场中出现的问题做出判断。要为客户做好服务，不光走出去，还要走得稳，更要走得远。没有很好的配套和服务，想要走得远是很难的。不仅要包容，更要主动、要换位、要更好地服务，企业就能走得更远。

（六）在化解工人罢工和工会矛盾方面的经验和方法

首先，到国外投资，尤其到东南亚，工会非常强势，工厂成本的增加绝大部分是源于工会操作的增加。要注意企业到当地以后，当地政府、工会组织所需要的，一定要积极配合，千万不能抵触。员工注册时要向当地相关组织要一份名单。在招工时对曾经闹事的人，一定要当心。另外，罢工从某种意义上来说，对企业是帮助。因为国内由于过去对企业约束较少，有时在管理各方面可能没有做到位。到了国外，罢工从某种意义上来说是政府认为企业的管理存在一些问题，应该做的没有做到，可能是引起职工罢工的原因。同时，要注意企业的人性化管理，要尊重员工。解决境外企业罢工的关键就是坚持尽到社会责任。

如何"走出去"，可以采取跟随行业大企业走出去的方式，有经验的大企业由于已经做了大量的调查和实践，比如申州、旭荣这样的企业已经"走出去"且做得很成功，跟着大企业走出去，跟随并且学到位相信就会成功。

四、如意集团在"一带一路"沿线国家的布局情况

"走出去"要符合企业发展的需要，并且按照企业的布局去发展。

王强，山东如意控股集团执行总裁、如意科技集团CEO。山东如意集团于1999年由一个老的国有企业改制成立，涉及纺织领域的毛、棉、丝、麻、牛仔、衬衣、化纤、针织，包括棉纱等一系列的全产业链。经过46年的发展，如今如意集团拥有全球最大的两条垂直产业链：一个毛纺产业链，从澳大利亚，从养羊开始，研发生产出全球最细的羊毛、世界顶级的面料，从最细纤维的羊毛直到西装；另一个棉纺产业链，纺纱、制造、衬衣、床品，包括袜子等全产业链产品。在家纺领域涵盖了毛巾、床品等。集团连续三年位列"中国纺织服装企业综合竞争力500强"首位，在全球服装品牌位列第11位。在全球13个国家拥有19个控股公司。在80个国家和地区目前拥有将近6000家品牌零售网点。是拥有中国A股、中国香港、日本、法国四个主板的上市公司。在整个全球服装及奢侈品排名中，2017年排在前16位。

总部位于山东省济宁市的如意集团经过四十余年的发展，其综合竞争力高居中国纺织服装企业竞争力五百强第一位。随着国家"一带一路"倡议的实施，如意集团加速在"一带一路"沿线国家的市场开发和布局，在提升企业经济效益的同时，给当地民众的生活也带来了福利。

要出去投资，第一是符合企业发展的需要，第二是必须要按照企业的布局去发展。如果到一个非常动荡、没有生命安全的地方，虽然成本较低，利润较高，也不符合企业的发展。如意科学实施全球布局，目前如意是全球最大的制造型品牌运营商，连续三年排在中国纺织服装五百强排在首位，在全球服装品牌目前排在第11位，在全球13个国家拥有19个控股公司。如意在80个国家和地区目前有近6000家品牌零售网点；目前公司在中国A股、中国香港、日本、法国四个主板上市；在全球服装及奢侈品排名中，2017年已经排在前16位（包括LV、迪奥等全球服装的奢侈品）。在国际布局中，目前已以200亿人民币完成了对美国莱卡的并购。 2013年在英国收购了两个企业，2017年主板在法国上市，还包括德国、保加利亚的羊毛基地，并且在意大利和巴基斯坦建立了纺织产业园。前期项目从能源开始，建立一个能源电厂，目前如意集团的三大总部：生产总部——济宁，金融总部——北京，品牌运营总部——香港，同时运行。

（一）在国内围绕着"一带一路"倡议和智能制造展开布局

在国内，如意集团积极响应"中国制造2025"，围绕"一带一路"倡议，围绕智能制造，推进智能制造生产体系布局。如意集团在新疆的石河子，在喀什、中亚、巴基斯坦、印度，包括中西部的宁夏进行国内产业及周边产业的布局。建设了如意科技示范产业园的项目。在宁夏建了一个投资近200亿人民币的如意科技示范产业园项目，在宁夏贺兰、银川综保区进行了布局，建设有贺兰数字化智能基地、宁夏生态园，为电动车值守新时代、数字化生产管控和3D量体定制系统等。如意集团响应国家号召并结合集团发展，2014年开始投资新疆，重点投资的地区包括南疆的喀什、英吉沙、疏勒还有石河子。2018年在阿克苏的厂房动工，全面推行智能化系统。其中新疆石河子项目有三个板块，100万纱锭、4000万米面料和4000万吨毛巾。

（二）未来将着重于互联网+智能制造+品牌零售的整合

第一，专注科技纺织，把科技纺织作为一个核心优势，坚持科技创新，加强研发。第二，强化时尚品牌，赢取时尚话语权，目前收购了二十几个品牌，在全球的品牌价值达到两百多亿，如意未来在亚洲要做一个非常高端的市场品牌。第三，聚焦互联网新零售，打造时尚新生态，与京东全面进行战略合作，打造整个互联网时尚新生态。第四，扩大国际化布局，提升综合竞争力，整个产业布局和市场网络化的高度国际化。如意在中国纺织服装跨国经营目前是第一位，整个海外营业收入超过了三分之二。下一个全球化布局非常明显，抗风险能力非常强，下一步有利于一些政策、市场货币的调整。第五加速产业资本化，促进健康持续发展，如意两年内市值达到300亿元，五年内超过500亿元，降低风险，提高盈利能力，推动企业持续发展。

（三）共同的价值观使如意集团与国际大品牌合作良好，并且让被收购公司继续成长

如意集团在企业并购过程中始终坚持"爱惜员工""从严求实"的理念。集团从国有企业改制以来，为了企业快速发展，董事局主席只保留了决策权，把收益权全捐给工会。连续15年，把收益全部供应给职工，使每一个职工对企业都有家的感觉。进入国际化进程之后，对于优越感强的全球著名奢侈品大牌，要注重尊重和沟通。邀请被收购品牌的创始人到如意集团总部进行洽谈，介绍中国，介绍孔孟之乡，像家人一样对待。并且全部保留原来拥有丰富经验的制作班底，包括设计师、运营总监及CEO。通过尊重和沟通，让被收购的企业认可如意，有一颗如意的心，成为如意的人。拥有共同的价值观，围绕一个共同目标，就可以成为一家人。这样的运作模式在日本、意大利、法国都运行得非常好。为了梦想，为了未来成就一番事业，共同努力，在这个过程中尊重各地的文化风俗，尊重每一个人。

五、发挥政府在推进"一带一路"倡议和促进行业转型升级过程中的积极作用

（一）南通在"一带一路"沿线开展经贸合作的三大优势

一是产业发展优势。近年来南通经济持续快速增长，2017年实现生产总值7735亿元，财政收入590.6亿元，分别位列全国地级市第二位和第八位，且最近几年一直稳步提升。

二是区位交通优势。南通靠江靠海靠上海，位于长江的出海口，黄海与东海的交汇处；是"一带一路"与长江经济带的交汇点；处在"长三角"一体化发展、江苏沿海开发等诸多叠加区；上海自贸区的辐射区，有着独特的区位优势。

三是对外开放载体平台优势和侨乡品牌优势。南通拥有五个一类开放口岸，六个国家级开发区，11个省级开发区，14个跨国跨江合作园区，南通是新侨之乡，港澳同胞总数12万，遍布全球120多个国家和地区。

（二）支持企业"走出去"的三大举措

一是引导企业积极走出去。南通积极围绕产业发展和区域结构调整，引导企业建立境外产能合作机制，加速融入全球价值链，市委市政府出台了一系列企业走出去的政策和意见，

徐新民，江苏省南通市人民政府副市长。南通地处"一带一路"T型交汇处，在改革开放40年以来，尤其是2013年底中央提出"一带一路"倡议以来，南通以其与沿线国家悠久的历史渊源和文化积淀及区位、经济、产业、实体、载体、开放、侨乡等先行优势，深入与"一带一路"沿线国家交流与经贸合作，大有作为。

并且制订了行动方案，大力鼓励企业向"一带一路"沿线国家走出去。特别是围绕现代家纺和物流，扩大南通商品的出口。2017年全市纺织服装累计出口485亿元，同比增长6.4%，占全市出口总量的28.7%，其中服装类同比增长7.6%，占全市的16.1%，江苏联发、南通大工等骨干企业瞄准境外，先后在美国、意大利、柬埔寨、越南、印度等地建立工厂。

二是助力企业便捷走出去。2015年7月经国务院批准，叠石桥形成了一个集报关保检、现场查验、国际物流、通关出口等多种功能于一体，同时又是低成本、高效率、便捷化的国际新平台，截至2018年6月累计报关4.9万票。

三是保障企业放心走出去。合力构建走出去企业安全的协调机制，中心自成立以来，共发出预警提示两千余条，组织侦破国外侵害南通商人权益两百余起。

（三）实现"走出去"的三大努力方向

一是做优产品。以科技为引领，坚持创新驱动，完善创新体系。以标准为引领，提升产品质量，推动全市纺织企业采用国际标准和国外的新型标准，支持企业参与国际、国家和行业标准的制定，鼓励企业积极参与国际上行业领先企业开展对标，通过大力实施标准化战略，优化传统产业的结构，助力经济转型升级，以需求为引领，优化品种供给，以市场需求为导向，推进个性化、规模化、高端化定制，支持相关机构研究和发布南通家纺流行趋势，在舒适健康、生态时尚、智能功能产品上求突破。

二是做强企业。实施品牌战略，充分发挥企业创品牌的主体作用，做大企业优势品牌，推动品牌的多元化、系列化、差异化。推动品牌企业"走出去"，提升国际市场份额和品牌价值，打造具有国际影响力的南通品牌。推动智能制造，提高劳动生产力，降低成本，建设智能化的车间和智能化的工厂。坚持绿色制造，推进清洁生产体系建设，推广先进节能减排技术开发绿色纺织产品，加强资源循环，推行绿色消费模式，强化企业社会责任建设，打造绿色供应链。

三是做大市场。全面优化产业布局，借助"一带一路"倡议发展推进世界采购贸易方式建设，通过更多人流、信息流、资金流促进市场向大家居、大纺织发展，构建高端供应链体系，以文化、资本、技术、网络、责任为纽带，实现行业联动发展，延伸出行业发展新模式与新业态。

结束语

企业"走出去"要根据企业的特性、与企业中远期的目标相吻合，选择不同的区域和目标市场。借助"一带一路"倡议的平台，积极稳妥地开展全球布局，在尊重和沟通的基础上塑造企业共同的价值观，拓宽国际视野。企业坚持规范经营、透明管理，注重社会责任，积极走出去，获取发展新机遇。

撰稿人：王冉　魏启雄

构建纺织业"一带一路"命运共同体
——中非纺织业产能合作发展现状与未来展望

中国纺织工业联合会国际贸易办公室

2018年9月，中非合作论坛北京峰会隆重举行，再次将全球目光聚焦于非洲这片生机盎然的土地。会上提出了八大行动，中非产业对接和产能合作是其中的重要组成部分。当前，非洲的工业化之路方兴未艾，而纺织服装产业是非洲工业化成功进行的必选行业。部分非洲国家凭借人口红利、对欧美出口零关税政策、低廉的能源成本、土地成本等综合优势，正逐渐吸引全球服装品牌采购商和纺织供应链制造企业的目光。同时，非洲凭借其不断增长的购买力，也有望成为未来三十年全球纺织品服装重要的消费增量市场。

中国是非洲诸国纺织产业领域最主要的合作伙伴之一，中非纺织业的贸易投资合作也正在经历快速发展期。中国对非洲54个国家的纺织服装产品出口金额从此前的100亿美元已经增长至近200亿美元，对非纺织产业投资项目种类也在逐渐增多，投资规模不断扩大。可以说，东南亚、南亚等地是中国纺织企业过去数十年来对外投资的首选目的地，而非洲大陆在未来有望成为中国纺织产业国际产能合作的新选择。

一、非洲纺织服装产业发展现状

非洲位于东半球西部，是世界第二大洲，也是人口第二大洲。非洲陆地总面积3020万平方千米，是中国国土面积的3倍多，人口12亿左右，平均年龄20岁，与其他大洲相比，人口结构非常年轻。非洲共有54个国家，按照地理位置分为北非、东非、西非、中非和南非五个地区，各地区优势不同，农业、能源及矿产等自然资源均较为丰富。

（一）非洲拥有多个优质棉产区，但棉花单产能力不高

棉花是非洲最重要的经济作物之一，以贝宁、马里、乍得、布基纳法索等非洲棉花四国为代表的撒哈拉以南、赤道以北的西非地区是非洲优质棉花原料的重要产区，棉花产量约占整个非洲的三分之二。非洲籽棉产量约占全球的6%，目前棉花年产量约140万吨左右，随着非洲棉花种植面积的持续扩大，产量还将有望进一步增加。

虽然非洲棉花的种植面积在增加，但产量增长速度却相对较慢，主要原因在于非洲整体棉花单产能力较弱。与美国、印度、中国等产棉大国相比，非洲棉花的单产水平很低。美国

农业部（USDA）相关数据显示，2018~2019种植季，非洲各重要产棉国的棉花平均单产能力仅为25千克/亩左右（表1），而全球棉花平均单产能力在53千克/亩左右，美国的单产能力超过62千克/亩，中国则已经超过110千克/亩的水平。

表1　非洲部分重点产棉国2018~2019年棉花生产情况预测表

序号	国别	单产（千克/亩）	产量（万吨）
1	布基纳法索	27.1	30.5
2	马里	26.9	29.8
3	贝宁	28.1	18.5
4	科特迪瓦	28.5	15.9
5	喀麦隆	32.3	10.9
6	埃及	48.8	9.1
7	尼日利亚	12.7	5.2
8	津巴布韦	14.5	5
9	多哥	20.9	5
10	乍得	14.5	2.6
11	塞内加尔	23.2	0.9

数据来源：USDA

（二）非洲纺织产业价值链高度分散，整体产能呈下降趋势，产业发展主要靠FDI驱动

非洲大部分国家目前尚未形成完整的纺织产业链，近年来，纺织整体产能也在呈下降趋势。ITMF统计数据显示，2010~2017年，非洲环锭纺纱产能逐年下降，纱锭数从2010年520万减少至350万。转杯纺纱产能也在下降，从2012年的16.9万头减少至15.1万头。无梭织机产能有所增长，装机数量从2011年的1.4万台增加到2017年的1.9万台。因此，尽管部分非洲国家盛产棉花，但仍需大量进口纺织面料及辅料，从而进行服装等成品的生产加工，产品制造周期较长，产品附加值较低，产业技术能力也十分薄弱。终端产品与来自亚洲的进口产品比，品质和价格上均处于劣势。近年来，跨国二手服装在非洲多国的畅销进一步对非洲本土纺织产业的发展造成了巨大压力。

目前非洲的纺织产业发展主要依靠外国投资驱动。随着埃塞俄比亚等国家开始大力吸引外商投资纺织业并取得阶段性进展后，非洲多国政府纷纷开始效仿并推出相应鼓励政策，希望借助外商的资金、技术等力量发展本国纺织业，并提高就业率。

（三）非洲纺织品服装贸易逆差明显，逆差额增长迅速

联合国贸易商品统计数据库（Comtrade）的相关数据显示，2010年非洲的纺织品服装出口总额为148亿美元，进口额为181亿美元，2016年非洲纺织品服装出口额降至136亿美元，进口额则增长为215亿美元。2010~2016年的贸易逆差从33亿美元扩大到79亿美元，增长率为139%，年复合增长率为5.7%。见图1。

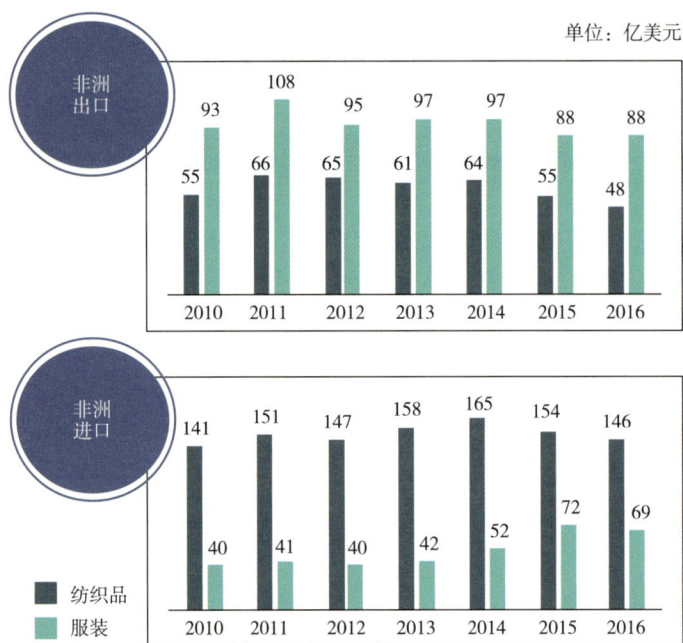

単位：亿美元

图1 非洲纺织品服装进出口贸易统计

数据来源：Comtrade

从纺织品主要出口国来看，2016年位列前五位的国家分别为埃及（14亿美元，占29%）、南非（7亿美元，占15%）、摩洛哥（5亿美元，占10%）、布基纳法索（4亿美元，占9%）和突尼斯（4亿美元，占8%）。五国合计纺织品出口额达到34亿美元，约占非洲纺织品出口总额的71%。

从服装主要出口国来看，2016年位列前五位的国家分别为：摩洛哥，30亿美元，占34%；突尼斯，21亿美元，占24%；埃及，11亿美元，占13%；毛里求斯，7亿美元，占8%；马达加斯加，6亿美元，占5%。其中三个北非国家（摩洛哥、突尼斯和埃及）的服装出口额合计占非洲服装出口总额的71%。上述五国合计服装出口额达到75亿美元，约占非洲服装出口总额的84%。

二、中非纺织业产能合作发展现状

（一）我国纺织产业已经进入全球布局阶段，国际产能合作步伐加快，对外投资增长迅速

十年来，我纺织产业逐步进入全球布局阶段。经过2015年和2016年两年的快速增长期后，2017年以来，全行业对外投资发展呈现"稳中求进"态势。根据商务部统计，2003~2018年，我国纺织产业对外直接投资累计97.96亿美元，年均增速为15.6%，占制造业对外直接投资累计总额的5.2%。

2017年，国内相关部门（发改委、商务部和外汇管理局）为了维护外汇储备采取史上最严格对外投资监管措施后，纺织产业的对外投资明显"降温"。根据商务部统计，2017年纺

2018/2019中国家用纺织品行业发展报告

织产业对外投资总金额11.84亿美元，同比下降55.5%，其中纺织业、服装服饰业及化纤业投资额均呈现超过50%的下降幅度。2018年，随着纺织企业对国家监管政策理解的深入，及时调整国际发展战略，投资总额虽继续微降，但下降幅度较上一年趋缓，且服装服饰业和化纤业的对外投资恢复增长明显。2018年，全行业对外投资总额9.82亿美元，同比下降17%，其中纺织业4.95亿美元，同比下降40.9%，纺织服装、服饰业3.78亿美元，同比增长44.3%，化学纤维制造业1.09亿美元，同比增长28.7%。见表2。

表2　2013~2018年纺织产业对外投资额及同比增长

年份	纺织产业		纺织业		纺织服装、服饰业		化学纤维制造业	
	金额（亿美元）	同比（%）	金额（亿美元）	同比（%）	金额（亿美元）	同比（%）	金额（亿美元）	同比（%）
2013	5.18	-4.78	3.31	29.56	1.50	-32.05	0.37	-45.20
2014	9.50	83.16	5.70	72.14	2.46	63.47	1.34	260.34
2015	14.05	47.96	8.60	50.86	2.52	2.83	2.93	118.15
2016	26.60	89.30	19.26	124.05	5.34	111.50	2.00	-31.83
2017	11.84	-55.48	8.37	-56.52	2.62	-50.59	0.85	-57.60
2018	9.82	-17.02	4.95	-40.90	3.78	44.30	1.09	28.70

数据来源：商务部

（二）非洲新兴市场近年来成为纺织产业国际产能合作热门区域，中国纺织产业对非投资增长明显

近年来，非洲新兴市场开始成为纺织产业对外投资的新热点区域。部分非洲国家相对稳定的宏观政经形势、政府对纺织产业的多项鼓励措施、廉价和规模较大的人口红利以及丰富的原料资源、低廉的能源资源、对欧美出口零关税等综合优势，是非洲成为纺织产业对外投资新热点的原因所在。

商务部统计数据显示，2015~2018年，纺织产业对非净投资额为2.53亿美元（含部分回撤资金）。其中2015年仅为1902万美元，2017年达到近年新高，超过1.1亿美元。2018年纺织产业对非投资额虽回落至6380万美元，但从近年整体数据来看，纺织产业对非投资还是保持了持续增长趋势。从投资类别来看，纺织产业链上游的棉纺行业、化纤行业到下游的服装加工行业均有涉及。从投资区域来看，涵盖区域较广，其中北部、东部和南部非洲国家是纺织产业重点投资目的地。从具体投资国别来看，埃塞俄比亚和埃及是纺织产业最主要投资国别。

位于东非的埃塞俄比亚因其稳定的宏观政经形势、政府对纺织行业的鼓励措施和专业园区建设、廉价和较大规模的人口红利、廉价电力以及对欧美出口零关税等综合优势，近年来成为纺织企业对外投资的新热点。非洲北部的埃及拥有历史悠久的纺织业发展史和质优价廉的棉花原材料，其亚欧非连接处的优越地理位置、国内相对完善的基础设施建设、丰沛的人力资源和较低的生产成本均具备非洲领先优势。埃及国内政局稳定后，政府积极调整经济结

构、重新修订投资法、推出多项鼓励措施并将纺织服装业作为重点吸引外资产业，也成为纺织企业全球布局的新选择。

（三）我国纺织业对非产能合作重点项目

1. 江苏阳光集团—埃塞俄比亚

江苏阳光集团计划投资9.8亿美元在埃塞奥罗米亚州阿达玛工业园建设以毛纺产业为主的综合生产基地。该投资项目将建设一条包含毛条染色、纺纱、织布、面料后整理以及西服生产等工序的完整产业链，建成后预计达到1000万米羊毛精纺面料和50万套西服的年生产能力。

江苏阳光集团于2016年10月与埃塞方面签订了合作协议，2016年12月完成了"阳光埃塞俄比亚毛纺织染有限公司"的注册工作。目前投资3.5亿美元的项目一期正在分步实施，已完成投资3000万美元，首批7万平方米厂房正在建设中，预计2019年可以完工并开始设备安装及试生产。

2. 无锡一棉纺织集团—埃塞俄比亚

无锡一棉纺织集团计划在埃塞德雷达瓦国家工业园投资建设纺织产业生产基地。项目计划征地40公顷，规划投资建设30万纱锭，总投资约2.2亿美元，主要生产配套高档色织、针织、家纺的产品，可提供约3000人左右的就业机会。

无锡一棉于2017年11月与埃塞投资委员会签署正式投资合作协议，2018年1月举行了项目一期开工典礼。该项目一期投资8000万美元、建筑面积约6万平方米，生产规模达10万纱锭，计划于2019年完成厂房建设，并进行设备安装调试及试生产。一期除厂房外，还配套气流纺加工车间、职工餐厅和职工活动中心等相应设施。

3. 内蒙古鹿王羊绒有限公司—马达加斯加

内蒙古鹿王羊绒有限公司1997年在马达加斯加设立针织工厂，至今已20余年，是目前中国在马达加斯加投资最大的纺织企业。鹿王在马达加斯加共建有三个工厂，厂房面积接近3万平方米，累计生产高端羊绒制品超过2000万件，生产产品主要出口欧洲市场。目前公司中国籍员工50多人，其他均为当地员工，解决了当地5000多人的就业，同时为当地培养了一批不同种类的高级技术、管理人才，并为所在国的工业化进程起到了积极影响。目前，鹿王正计划继续扩大在马达加斯加的产能，2019年开始计划新增8000万~10000万米厂房，同时考虑向上延伸产业链，设置纺纱、印染等工作环节。

4. 无锡金茂有限公司—埃塞俄比亚

无锡金茂有限公司在埃塞投资4000万美元创办色织面料与服装工厂。2018年1月18日,无锡金茂(埃塞)纺织厂一期项目竣工典礼在埃塞阿瓦萨工业园举行。

5. 广东慧达科技集团有限公司—埃塞俄比亚

广东慧达科技集团有限公司2016年与埃塞投资委员会签订了合作协议，计划在埃塞首都亚的斯亚贝巴建设占地21万平方米的纺织服装工业园，项目将分期建设，总投资额约1亿美元。慧达计划投资5000台纺织设备用于加工西服、衬衫、牛仔服、特种防护服等产品。目前项目正在进行场地平整，大部分厂房用地即将平整完成。

三、中国纺织工业联合会推动纺织业对非产能合作相关情况

中国纺织工业联合会（简称中纺联）作为中国纺织产业集体利益的代表,一直积极关注和推动中国企业对非产能合作发展。近年来，中纺联通过平台搭建、活动举办，实地调研、信息研究等多种途径，全力支持和协助纺织企业的对非产能合作，取得了一定的成绩。

（一）成立中国纺织国际产能合作企业联盟，借助联盟平台加强对非产能合作推动

2017年3月，中纺联经发改委同意，牵头成立中国纺织国际产能合作企业联盟（简称联盟）。联盟目前共有成员单位107家，囊括了来自纺织服装重点"走出去"企业、全产业链行业组织、纺织高校、研究机构和行业媒体等。联盟成立后，围绕"桥梁协助""投资促进"和"信息研究"三个服务方向开展工作，对非产能合作是其中的重要任务之一。

（二）举办多样化推动对非产能合作活动，为中非纺织产业搭建沟通桥梁

国际产能合作促进活动的举办是中纺联近年来的重点工作之一，多场针对非洲国家的产能合作推介活动取得良好效果。2016~2018年的三次纺织业与埃塞俄比亚政府高层对话为中国在埃塞俄比亚投资奠定了基础。其中，2017年5月12日在"一带一路"峰会前夕召开的埃塞俄比亚总理与中国纺织企业家见面会（图2）受到埃塞俄比亚政府的高度重视，除时任总理海尔马里亚姆·德萨莱尼亲自参加外，埃塞俄比亚外交部、财政部、中央银行等多个部门的官员、投资委员会主席、驻华大使等30余位埃塞俄比亚高层也陪同参会。江苏阳光集团、无锡一棉、江苏东渡、天虹集团等12家纺织国际产能合作领军企业代表30余人参加了此次见面会。

图2　埃塞俄比亚总理与中国纺织企业家见面会合影

2017年9月，中纺联举办的第三届纺织行业"走出去"大会上，埃塞政府高层和投资委员会主席对埃塞投资的详细介绍对后期部分纺织企业投资埃塞起到了重要推动作用。

2018年1月，借助联盟平台，中纺联促成了天津工业大学与埃塞投资委员会关于高级纺织人才培养的合作备忘录签署，助力了中非人才培养合作。

2018年3月及2019年3月，在两次上海春季联展现场，中纺联举办了埃及投资推介会（图3），分别对埃及苏伊士运河经济区和明亚纺织城项目进行了详细介绍，为到场的企业代表了解埃及投资环境、对接埃及可投资项目搭建了桥梁。

图3　2019年3月"一带一路"投资推荐会埃及和东盟纺织产业园专场现场

2018年9月，在中纺联上海秋季联展现场，非洲纺织业专题对话会成功举办（图4）。由中纺联携纺织贸促会共同组织，聚焦近年来纺织业投资新领域——非洲大陆。大会邀请在非投资企业代表、埃塞俄比亚驻华使节以及中纺联领导参加对话会，向参会的100余位嘉宾分享投资非洲的第一手信息，分析比较对非投资优势和面临挑战。专题会效果良好，会后多家企业代表表达了对非投资的兴趣，并积极联系中纺联及纺织贸促会索取更多对非投资信息。

图4　"非洲纺织业崛起"专题对话会现场

2018年11月，受中国常驻世贸组织代表团邀请，在商务部世贸司的安排下，中纺联派员在进博会现场与非洲棉花四国（简称C4,由贝宁、马里、乍得、布基纳法索等四国组成）高层代表—贝宁驻世贸组织大使劳鲁、马里驻世贸组织大使康纳特举行了会谈（图5）。双方就中纺联与C4建立工作联系，共同推动中国与C4在纺织领域合作进行了深入有效的沟通。

图5　中纺联与棉花四国代表座谈会合影

2019年3月，中纺联与联合国国际贸易中心PIGA项目合作，邀请来自肯尼亚、赞比亚、埃塞俄比亚、莫桑比克等国政府投资管理部门、纺织服装商协会代表参观中纺联春季联展，并在春季联展平台下，协助部分有意投资非洲的中国纺织企业与上述国家代表进行了对接。

（三）组织对非重点国家投资考察，实地调研对非产能合作契机

实地调研考察是推动国际产能合作不可或缺的部分，也是重要工作之一。2015年至今，中纺联组织了多个调研团组对非洲进行纺织业产能合作实地考查，调研国家包括埃塞俄比亚、埃及、加纳、摩洛哥、突尼斯、南非、马达加斯加、津巴布韦、肯尼亚等。出访团组成效显著，不仅有企业在随团调研结束后即开始相应的投资落地工作，如无锡一棉，更有企业在出访过程中现场即与到访国的企业签署大额订单和长期合作意向书。

（四）开展深度信息研究，为企业对非产能合作提供信息支撑

2017年，中纺联与埃塞俄比亚投资委联合撰写发布了中英文版《埃塞俄比亚纺织业投资机遇白皮书》，为纺织企业赴埃塞俄比亚投资提供了最新资讯。与此同时，对埃及投资环境及纺织业发展概况的资料整理和分析，也得到了埃及投资企业、我国驻埃及大使馆的关注和支持。除此以外，中纺联还组织专人对津巴布韦、肯尼亚、马达加斯加等国的投资环境进行了系统研究和分析。

四、中非纺织业产能合作未来展望

对于纺织业来说，无论从非洲自身的发展特点来看，还是从中国政府对与非洲合作的支持举措来看，非洲都是当前纺织业全球贸易投资的潜力大陆，并有望成为另一个中国纺织服装企业发展产能合作的热土。

（一）具体来看，目前纺织业投资非洲具有一定的比较优势

首先，非洲拥有大量的年轻劳动力（平均年龄20岁左右），并将在未来很长一段时间保持充沛的劳动力供给水平，且劳动力价格极具竞争力。其次，部分非洲国家拥有石油等能源优势以及棉花供应等原料优势。第三，非洲大部分国家享受美国和欧洲的特惠贸易政策，如美国的"非洲增长与机遇法案"（AGOA）允许撒哈拉以南非洲的近40个国家对美无配额免关税出口纺织服装产品。欧盟与非洲之间的"除武器外全部免税（EBA）"协议相关优惠条件，也允许非洲国家无配额免关税出口纺织服装产品至欧盟各成员国。第四，非洲各国近年来出台了多项优惠激励政策，如出口激励措施、外汇管制宽松、投资免税政策、出口退税待遇等，为外商投资创造了有利的营商环境。第五，非洲目前人均纤维消费量（2.6千克）远低于全球平均水平（12千克），具有很大的增长空间，随着非洲中产阶级的快速增长以及凭借年轻人占主导地位的人口结构优势，非洲自身的巨大消费市场潜力不容小觑。非洲部分国家生产要素价格对比见表3。

表3　非洲部分国家生产要素价格对比

	亚洲国家					非洲国家			
国家	中国	印度	越南	孟加拉	印尼	肯尼亚	埃塞俄比亚	马达加斯加	埃及
劳动力工资（美元/月）	600	175	275	130	300	150	75	100	125
电费(美分/度电)	13	10	7.5	10	9	15	3.5	12	6.5
融资利率（%）	6	7	8	10	12	12	10	10	6

数据来源：ITMF

（二）从现实角度看，纺织业投资非洲也面临着较大挑战

1. 政局稳定性、政策持续性和环境安全性风险是对非洲投资企业共同面临的考验

政局是否稳定、投资相关政策是否可持续以及社会环境是否安全等是纺织企业对非洲国家进行资本投资和产能合作面临的首要问题。如埃及此前的持续政局动荡严重制约了在埃及纺织企业的发展，2018年3月，埃塞俄比亚时任总理突然辞职也对在埃塞俄比亚投资的纺织企业信心产生了影响。政府更迭造成的投资政策变化以及社会治安、恐袭威胁等安全隐患都是影响纺织企业选择非洲作为投资目的地的干扰因素。

2. 部分非洲国家基础设施配套薄弱，纺织产业链尚未形成

纺织产业发展需要配套相对成熟的基础设施，如充足稳定的水电供应、通畅便捷的陆路

交通等，而基础设施相对落后是部分非洲国家存在的困难，以埃塞俄比亚为例，虽然政府正在竭力完善配套，但实际情况仍不尽如人意，目前其物流运输、仓储等效率低下且价格高。同时，纺织产业上下游流程较多，产业链衔接紧密，非洲部分国家纺织产业链不健全，生产原料供应、辅料配备依赖进口，导致制造周期延长，无法满足要求严格的快速反应订单，同时生产成本也相应有所增加。

3. 非洲国家纺织产业一线工人的操作技能有待提高，部分国家高级管理人才缺失

因本国纺织服装业发展缓慢，很多非洲国家纺织企业一线工人操作技能偏弱，专业技能培训师资匮乏。纺纱、服装制造等劳动密集型生产工厂需要的高级管理人才缺失，投资企业前期需要付出的人力资源培养成本较高。

4. 部分非洲国家金融体系羸弱，外汇管制严格，企业在投资所在国当地融资困难、利润汇出也面临阻碍

非洲部分国家自身金融体系羸弱，无法提供金融贷款，或申请贷款手续繁杂，短时间无法获批。纺织产业海外投资前期需要大量资金进行厂房建设，设备采购和原材料筹备等，如所在国无法提供贷款服务，部分企业仅靠国内自筹资金实现项目建设困难较大。同时，很多非洲国家因金融体系脆弱，对海外投资企业的利润汇出要求十分严格。

风险往往与机遇并存，对于中国纺织企业来说，投资非洲，尤为如此。但是，我们必须承认，在当前的国内外政经环境下，投资非洲的时机较好，对很多纺织企业具有极大吸引力。从政府层面看，中非合作论坛为中非关系未来发展指明了方向，同时在政治、经济合作，促进人文交流、保障和平安全等多方面为中国企业开展对非产能合作奠定了良好基础。从协会层面来看，以中纺联为代表的众多纺织业相关协会，都在积极为企业"走出去"进行产能合作，尤其是对非开展投资合作服务，在数据整理研究、投资政策分析、落地项目支持、投资调研考察、政企桥梁搭建等多方面发挥独特作用。

中国与非洲有着深厚的友谊，中非之间在全球新形势下的紧密友好合作，不仅有利于共同应对经济全球化的挑战，更能谋求共同发展，实现"双赢"。在此大背景下，中国纺织企业投资非洲，未来可期。

撰稿人：薛峰　刘耀中

布局"一带一路"，走出去赢得发展新机遇

中国家用纺织品行业协会产业部、市场部

2018年是"一带一路"倡议提出的第五年，这期间，我国贸易投资自由化和便利化水平大幅提升，开放空间从沿海、沿江向内陆、沿边延伸，形成海内外联动、东西双向互济的局面。2018年，我国企业在"一带一路"沿线对56个国家非金融类直接投资156.4亿美元，同比增长8.9%，占同期总额的13%，主要投向新加坡、老挝、越南、印度尼西亚、巴基斯坦、马来西亚、俄罗斯、柬埔寨、泰国和阿联酋等国家。纺织行业是国家国际产能合作优先发展行业，在"一带一路"合作中扮演着重要角色。结合国内制造业发展形势，我国纺织行业"走出去"的步伐不断加快，国际布局逐渐展开。

自"一带一路"倡议提出以来，家纺行业紧抓机遇积极布局，通过加强对其沿线及相关国家的考察了解，加快了"走出去"的步伐。行业多次组织出访团，并有效利用国际展会、国际纺织会议等机会走出国门，实地调研海外市场，深入了解当地投资布局情况，学习先进国家和国际品牌企业的经验，开拓家纺人的国际视野，为我国家纺行业海外布局探路。

近年来，家纺行业走访了26个"一带一路"沿线的相关国家，涵盖"丝绸之路经济带"与"21世纪海上丝绸之路经济带"。其中包含欧洲国家9个、东盟国家6个、西亚国家4个、非洲国家6个及澳大利亚。并且多次访问与我国纺织行业关系密切的土耳其、埃及等国家。

一系列出访活动，增多了我国家纺业国际交流与合作的机会，近距离体验到国际品牌企业运营模式，扩展了眼界与思路，同时了解到"一带一路"沿线国家的相关投资政策与当地工作环境氛围。东盟、西亚、非洲等"一带一路"沿线国家和地区对海外投资建设持热烈欢迎的态度，并给出不同程度的优惠政策，且生产成本较低。其中非洲、西亚因其地理与文化优势，对开拓欧洲市场大有助益。但这些地区纺织行业发展水平参差不齐，劳动力素质及基础设施有待提升。印度、土耳其家纺行业较为发达，是我国交流、合作、共赢的选择。欧洲发达国家家纺品牌运作能力强，家纺消费市场质量好，是我国家纺行业向高质量发展的榜样和目标。近年来家纺协会组织行业出访的主要国家及内容见表1。

表 1　近年来中国家纺协会组织行业出访的主要国家及内容

出访国家	时间	出访内容
东盟		
越南	2015 年	考察天虹仁泽纺织股份有限公司、龙江工业园
柬埔寨	2015 年	考察安达工业园并重点了解江苏东渡纺织集团情况，考察柬埔寨西哈努克港经济特区
印度尼西亚	2017 年	参加 2017 国际纺织制造商联合会年会，参观印尼最大毛巾企业 PT Indah Jaya Textile Induster
南亚		
印度	2016 年	调研阿尔卑斯工业有限公司总部（Alps Industries Limited）、贝拉世纪纺织品公司（Birla Century）、三叉戟集团（Trident Group）
中亚、非洲		
土耳其	多次	2018 年参加"中土纺织服装业对话"，期间参观土耳其国际家用纺织品博览会（EVTEKS），拜访了 ITA 土耳其纺织研发和培训中心、苏尔塔克斯纺织企业（SÖKTAŞ）、产业用纺织品研发中心（Teksmer）【注：展会多年参加】
沙特阿拉伯	2018 年	跟随中国纺织工业联合会团组参观阿拉吉兰服装贸易公司并召开座谈会，参观沙特（吉达）中国城项目
阿联酋	2018 年	跟随中国纺织工业联合会团组参观 Home Center 旗舰店、迪拜龙城
埃及	2016 年 2018 年	2016 年拜访了埃及纺织协会、埃及企业家协会、埃及棉花协会及当地企业 2018 年跟随中国纺织工业联合会与埃及贸易和工业部部长、纺织协会、工业发展署、投资和自由区促进总局代表会谈，参观中埃·泰达苏伊士经贸合作区、当地纺织服装企业吉萨集团（Giza）和阿拉法集团（Arafa）
摩洛哥	2016 年	拜访摩洛哥出口促进中心（M aroc Export），考察位于卡萨布兰卡市中心 Derb omar 市场，参观知名纺织企业 Vasco 公司、Loucham 公司以及 PIF 公司
埃塞俄比亚	2018 年	作为第一个在总统府受到接待的中国代表团与当地政府召开座谈会，并参观阿瓦萨工业园
肯尼亚	2018 年	随中国纺织工业联合会参加议题为"在快速变化时代的供应链和商业模式"2018 国际纺织制造商联合年会
俄罗斯、东欧		
俄罗斯	2018 年	俄罗斯国际家用及室内纺织品展（Heimtextil Russia）
拉脱维亚	2014 年	拜访拉脱维亚发展投资署、纺织服装协会
立陶宛	2014 年	拜访立陶宛纺织工业协会
罗马尼亚	2016 年	参观红龙商场及当地服装企业，拜访罗马尼亚纺织协会、投资署并了解情况
克罗地亚	2015 年	拜访克罗地亚企业家联合会纺织和皮革工业协会
欧洲其他地区		
意大利	2016 年	参观米兰国际家具展，调研 Zona Tortona、科莫市 Fiorete 公司
瑞士	2018 年	在苏黎世召开国际纺联纺织机械研讨会，期间参观了瑞士纺织检定有限公司（TESTEX）和乌斯特技术股份公司（Uster Technologies）
法国	2017 年	参观法国巴黎家居装饰（秋季）博览会（MAISON&OBJET）
英国	2017 年	拜访英国整体家居品牌 DESIGNERS GUILD 总部，参观位于伦敦自治市切尔西海港的设计中心（Design Centre, Chelsea Harbour）
大洋洲		
澳大利亚	2018 年	在悉尼访问了国际羊毛局（The Woolmark Company）、走访 AWEX 澳大利亚羊毛交易所、参观山东亚光集团澳大利亚公司；在墨尔本走访了澳大利亚和新西兰家居用品最大供应商 CAPRICE、连锁零售集团 Spotlight 的总部，另外走访了 MiniJumbuk 公司、米歇尔（Michell Wool）全球总部

一、立足东盟生产优势，整合全球供应链资源

自2014年起，我国向东盟市场出口的家纺产品总额超越日本。东盟成为我国家纺出口的第三大市场（前两大出口市场为美国、欧盟），同时随着"一带一路"倡议的提出，越来越多纺织企业投产东盟，东盟逐渐成为生产与市场双重布局之地。近年来，调研团重点走访越南与柬埔寨了解情况。越南、柬埔寨主要发展指标见表2。

表2 越南、柬埔寨主要发展指标

指标	越南	柬埔寨
领土面积（平方千米）	329556	181035
人口（万）（2018年估值）	9649	1625
政体	议会制	君主立宪制
语言	越南语	高棉语、英语、法语
主要宗教	佛教、天主教	小乘佛教（85%）、基督教、伊斯兰教
2018年GDP（亿美元）	2390	197.2
2018年GDP增长率（%）	7.08	7.3
2018年人均GDP（美元）	2587	1246.2
失业率（%）	2.1（2018年）	0.3（2017年）
2018年纺织行业最低月薪（元人民币）	约1200	约1100
土地使用限制	50年租赁期	禁止外国人拥有土地，租赁
劳工政策限制	严格限制外籍人员	雇佣外籍人员限制多
当地劳动力	劳动力充足，素质较高且年轻化	劳动力充足，素质偏低
政治环境	基本保持稳定	与我国关系友好，华人在当地有较高的经济地位和政治地位
金融环境	经济增速高居世界前列	经济增长较快
全球营商环境排名	68/190	135/190
基础设施	交通较落后 电力供应紧张，政府提价	近年来柬埔寨水、电、路桥等基础设施有较大改善，但仍较落后。以公路运输为主，港口码头吨位较小，远不能满足货运需求。水、电供应不足，经营成本较高

通过对东盟地区的实地调研，考察团深刻感受到两点。

第一，充分利用国内外资源，是企业适应国际化潮流的必然选择。在越南投资建厂的天虹仁泽纺织股份有限公司是"走出去"较早的企业，其装备、技术、管理来自国内，棉花原料从美国、澳大利亚进口，产品绝大多数又出口到中国，在生产运营中充分发挥全球化资源和市场优化配置作用，较好地享受了越南低劳动力成本、低税负环境，享受了价低且稳定的棉花原料；江苏东渡纺织集团也同样是全球化布局的典范，在越南和柬埔寨相继建立加工中心，在新加坡设立贸易中心，实现了从依赖国内资源到布局全球，并逐步自主研发核心装备技术、创立自有品牌。

第二，工业园是发展工业、吸引外资的重要方式，也是中国企业进入的主要途径，调研团走访的越南龙江工业园、柬埔寨安达工业园、柬埔寨西哈努克港经济特区都对外资进入

有诸多优势和便利。一是政府大力支持，给投资者创造了一个相对安全的平台；二是交通便利；三是税收政策优惠，园区企业可享多种减税免税政策；四是劳动力资源丰富，素质高且价格相对较低，而且由于家纺产品工艺相对简单，更容易招工；五是配套设施较好，电费等成本较国内价低明显。

二、发挥东欧区位优势，开拓欧洲大陆市场

东欧地区是我国开辟欧洲市场的重要连接点，并可享受其欧盟国带来的多种税收便利和机遇，最重要的是可以更好地了解欧盟市场的喜好和趋势，但是该地区纺织业规模较小，人工成本高，政局多有波动，"走出去"前要做充分的研究和权衡。考察团通过对罗马尼亚、克罗地亚、立陶宛、拉脱维亚等"一带一路"沿线东欧国家的调研，充分了解欧盟贸易政策、市场结构和需求，利用其欧盟成员国优势，提高产品欧盟属地化，为开拓欧盟市场乃至国际市场另辟蹊径。东欧地区部分国家主要发展指标见表3。

表 3　东欧地区部分国家主要发展指标

指标	罗马尼亚	克罗地亚	拉脱维亚	立陶宛
领土面积（平方千米）	237500	56594	64589	65300
人口（万）（2018 年估值）	1958	416	193	288
政体	半总统半共和制	议会制共和制	议会制共和制	议会制共和制
语言	罗马尼亚语	克罗地亚语	拉脱维亚语、俄语、英语	立陶宛语
主要宗教	东正教	天主教	基督教	天主教
2017 年 GDP（亿美元）	2118.03	548.49	302.64	471.68
2017 年 GDP 增长率（%）	6.95	2.78	4.55	3.83
2017 年人均 GDP（美元）	10813	13294	15594	16680
2018 年失业率（%）	4	9.4	7	8.9
最低工资欧元 / 月	407.45	465.72	430	400
劳工准入限制	外籍员工配额管理	外籍员工配额管理	欧盟以外国家，特别是亚洲国家劳务人员的进入持谨慎态度	持消极态度
当地劳动力	劳动力缺乏初现苗头	劳动力素质较高，资源较充足	劳动力成本高，数量短缺	劳动力成本远低于欧盟发达地区
政治环境	内部趋于稳定，外部环境有利	政局基本稳定	政局稳定	政局总体稳定，对华友好
金融环境	经济增长稳定，连续 3 年居欧盟首位	2015 年转轨以来，金融体系管理健全稳固，经济逐步回升	经济快速增长，奉行自有经济政策	经济发展存在外部需求不足、失业率和银行业不良贷款率较高等问题
2018 年全球营商环境排名	45/190	51/190	19/190	16/190
基础设施	交通有待改善，较其他欧盟成员国落后，通讯发展迅速，电力充沛	公路、铁路系统较完善，海洋运输较发达，通信覆盖较好，电力供给较好	交通运输能力增强	交通设施良好，电力短缺较严重

罗马尼亚作为中东欧第二大国家，因劳动力、土地、税收等方面的优势，成为中东欧地区最有吸引力的投资目的国之一。纺织业是其重要支柱产业，2017年，全国纺织服装企业6000余家，其中5/6为中小企业，从业人数约20万人，并且拥有较好的加工基础，纺织行业工人人均工资为500欧元/月，低于该国工业平均水平。对于家纺行业来说，目前欠缺纺纱、织布以及纺织染整工艺等产业链环节，给我国家纺产业进入带来一定难度。

克罗地亚由于战争和经济不景气，纺织行业市场需求减少，以中小企业为主，贸易方式多为代工，其纺织从业人口逐年下降。2014年，从事纺织和服装行业的人员约2.1万名，整体失业率高达19%，当地的劳动力价格大大低于欧盟平均水平，纺织行业人均工资420欧元/月，水费（1.2欧元/立方米）、电费（0.12~0.13欧元/度），成本低于其他欧盟国家，另外在克罗地亚投资外企可申请享受5年免税。

拉脱维亚、立陶宛两国是欧盟较小的成员国，中国是其家纺产品的最大贸易伙伴，拉脱维亚和立陶宛均可辐射庞大的波罗的海地区、欧盟及独联体，市场消费群体达7亿人口，并且与上述两国有税收协定的国家约40个；投资或合作可以享受当地税收优惠政策，如全年3次研发费用全额报销等优惠政策；在生产成本要素方面，水、电等均与国内水平持平或略低于国内水平，但存在招工难等问题。

三、走进非洲，开启布局与发展新里程

随着"一带一路"倡议的推进和中非合作论坛的召开，我国与非洲的关系日益密切；同时非洲大力发展工业，其中纺织板块又受到格外的重视，出台了一系列境外合作优惠政策；非洲纺织原材料丰富，据统计，棉花拥有180亿美元的价值（2017年），且劳动力成本较低，地理位置便利，有利于我国纺织企业投资合作开辟欧洲市场，实现中非共赢。中国纺织工业联合会考察团走访摩洛哥、埃及、肯尼亚及埃塞俄比亚等非洲热点投资国家，深入了解情况，非洲部分国家主要发展指标见表4。

表4 非洲部分国家主要发展指标

指标	埃及	摩洛哥	肯尼亚	埃塞俄比亚
领土面积（平方千米）	1001449	446550	582646	1104300
人口（万）（2018年估值）	8670	3527.7	4300	9000
政体	半总统共和制	二元制君主立宪制	总统内阁制	多党制联邦调整
语言	阿拉伯语	阿拉伯语	斯瓦希里语、英语	繁多、英语（官方）
主要宗教	伊斯兰教逊尼派	伊斯兰教	基督新教	埃塞正教、伊斯兰教
2017年GDP（亿美元）	2354	1091.4	749	600
2017年GDP增长率（%）	4.18	3	5.8	3.6
2017年人均GDP（美元）	2785	3292.4	1169.3	585
2018年失业率（%）	10	10	6	11.5
纺织行业月薪（元人民币/月）	约580	约1500	约520	约320
主要投资国	沙特、阿联酋、英国		中国、也门、英国	中国、印度、苏丹

指标	埃及	摩洛哥	肯尼亚	埃塞俄比亚
土地使用限制	可购买土地并在5年内建设		私有土地可购买	只拥有使用权
当地劳动力	工资较低，但生产效率低，培训成本高	当地青年受教育程度偏低	劳动力充足，但素质有待提高	劳动力成本较低
政治环境	略有动荡	政局长期稳定	政治生态环境复杂	相对稳定
金融环境	增长乏力	经济基础稳固	增长低于规划	增长强劲
全球营商环境排名（2018年）	128/190	69/190	80/190	161/190
基础设施	公路铁路落后，工业用电供给不足	基础设施完善、经济自由开放	交通待完善，电力算是非洲较好国家，但仍然乏力	公路运输为主，电力供应紧张，通行落后

1. 纺织业发展情况

非洲很重视纺织业发展，并且与我国合作的意愿强烈。埃及纺织业对GDP的贡献率为3%，对埃及工业增长贡献率为16%，占埃及制造业就业率30%，纺织品出口占比前两位分别是服装及家纺，目前埃及有家纺企业2000家，其中只有220家是出口企业，整体规模较小。摩洛哥纺织业年产值约为60亿欧元，其中约66%出口到欧洲市场，纺织业是摩洛哥第二支柱产业，也是就业人数最多产业（20万人）。肯尼亚纺织业发展受到格外重视，2018年国际纺织制造商联合年会就在其首都召开，现已成为东非最大的成衣制造国，而制作成衣的面料大部分都是从中国进口。埃塞俄比亚的纺织行业被作为制造业中的重点行业。

2. 合作优势

近年来四个国家GDP增速总体强劲，政局相对稳定。另外还可享受多种便利，一是原料优势，埃及棉花高品低价，两国企业互补合作，共同开拓国内外市场；二是离欧洲消费者更近，能对市场需求做出更快反映；三是与周边国家签订自由贸易协定，并且享有欧盟部分国家免税政策；四是拥有自由贸易区、经济特区等形式，为投资者提供了各种优惠政策，例如免关税和简化海关手续等；五是劳动力成本低，例如埃塞俄比亚目前处于"人口红利"期，劳动年龄人口占人口总数的50%左右，且工人教育水平较高。

3. 存在问题

技术工人缺乏，工资水平等因素导致劳动积极性不高，管理难度大；对家纺行业来说，很多地区产业链不完整，给生产带来难度，造成成本增加；宗教繁多，政局仍不稳定，多地存在恐怖主义威胁；交通运输、供电、通信等基础设施有待完善。

四、走进生产要地，增进产业互补与贸易合作

印度与土耳其分别是全球家纺产品第二大、第三大出口国家，出口额分别约占8%、5%。拥有良好的生产加工基础，政府扶持力度加大，纺织业快速发展，并在积极转型升级中。近年来考察团重点考察了印度和土耳其，为未来实现更多合作寻求机遇。

继软件行业后，印度政府大力扶持纺织业，近年来，印度纺织业更新升级装备，越来越现代化，先进的、资本密集型企业逐步扩张，另外，印度不仅是纺织生产大国，也是纺织消费强国。2018年，国际纺联会议上说明，目前印度和中国人均纤维消耗量是6千克和15千克，预计到2025年将达到15千克和25千克，两国本土化生产和销售将成为趋势。考察团拜访当地先进家纺企业，一方面学习可取之处，另一方面探索新经济环境下两国合作新途径。考察团参观了三家规模较大的企业——阿尔卑斯工业有限公司（Alps Industries Limited）、贝拉世纪纺织品公司（Birla Century）、三叉戟集团（Trident Group），这些企业颇具规模，产品售往全球，拥有完整的产业链和生产线，并对产品质量及绿色生产非常重视，可以窥见印度家纺行业未来发展趋势与实力。

土耳其在打通和连接欧洲市场上起到了不可替代的作用，两国纺织业可在化纤、棉纺、家纺、服装、产业用等领域加强国际产能合作。2018年，"中土纺织服装业对话"在伊斯坦布尔召开，中土纺织合作到达"黄金时代"。纺织工业联合会会长孙瑞哲发表了"深化合作，共赢发展"的主题演讲，中土纺织业合作不断深化，推动供应链合作两端延伸，构建产业合作发展新格局；优化双边贸易结构，加大双边产能合作力度，共建经贸合作服务平台，积极探索双边合作新路径、新模式、新机制。

土耳其企业依靠对欧洲市场的把握和全产业链发展模式，在产品开发、产品品质和快速反应等方面更具优势；中国家纺业发展迅速，转向"大家居"整体软装，并尝试推出电商平台，设计和整合能力有较大提升；两国应由"封闭竞争"转向"开放合作"。印度、土耳其主要发展指标见表5。

表 5 印度、土耳其主要发展指标

指标	印度	土耳其
领土面积（平方千米）	2980000	783362
人口（万）（2108 年估值）	130000	7981
政体	议会制	议会共和制
语言	英语、印度语	土耳其
主要宗教	印度教	伊斯兰教
2017 年 GDP（亿美元）	25975	8511
2017 年 GDP 增长率（％）	6.62	1.6
2017 年人均 GDP（美元）	1963.55	14933
2018 年失业率（％）	6.1	11.4
低技能工资（元人民币 / 月）	约 1100	约 1700
主要投资国	毛里求斯、新加坡、英国、美国	荷兰、英国、德国
土地使用限制	需获得印度储备银行的预先许可	我国可购买
政治环境	较为稳定	总体稳定，但有诸多不稳定因素
金融环境	保持良好增长势头	放缓，主要依赖出口
世界银行营商便利排名	100/190	60/190
基础设施	公路质量较差，铁路亟待提升，海运、航运能力较好	交通物流发达，电信通讯发达

五、走进世界品牌，探索国际化发展

家纺考察团在寻求国际合作机遇的同时，也在不断学习国际品牌产品设计、品牌营销等先进经验，并实地了解欧洲家纺市场情况，为我国家纺行业国际化探路。

近年来主要走访了意大利、英国、法国等国家，参观米兰家具展及米兰设计周、英国切尔西海港设计中心（Design Centre, Chelsea Harbour）、法国巴黎家居装饰博览会，在展会上，充分感受到先进国家的布展艺术与魅力，从面料的运用到色彩搭配再到细节把控，都体现着消费需求与趋势，可以为我国家纺设计运用开拓思路，为国内行业展会布展带来新的启迪。

同时，还深入考察了许多典型的百年家纺品牌，如意大利的Fiorete、英国的DESIGNERS GUILD（DG）、法国的TEXDECOR GROUP。这些成功的百年品牌有一些共同的特点：一是注重产品品质，配置严格的质检体系，并拥有先进于国内的印染后整理技术，Fiorete产品从订单到出货，要历时8~9周的严格质量管理及监控生产流程；二是注重高端定制，远离库存风险；三是不断研发创新，重视设计师的培养，全球招揽人才；四是将传统气息与现代生活巧妙融合，品牌有自身独特的气质标签。世界百年品牌的成功经验为我国家纺行业的提升发展拓展了思路，大力提高原创水平的同时传承传统文化，这样才能形成独特的风格并立足于国际。

六、结束语

我国制造业面临能源、物流、用地成本较高等因素的影响，过去几年，劳动力成本低是一大优势，但是这一优势也逐渐远去。受人口结构变化、劳动者权益有效保障等因素影响，劳动力供求关系发生较大变化，劳动力成本增幅明显。以2008年到2016年数据来看，我国制造业工资从24192元/年增加到59470元/年，年均增长率达到11.9%。这一增速不仅快于美国、德国等发达经济体，也快于印度、巴西、马来西亚等新兴经济体。面对这样的形势，企业一方面加快转型升级步伐，提升附加值；另一方面大胆布局海外，整合全球资源。

以行业近年来"走出去"调研的经验来看，东盟地区的一些国家如越南、柬埔寨、缅甸等国家是加工、整合全球资源较理想的选择。这里劳动力充足，工资低廉，平均每月折合1000多元人民币，随着"一带一路"倡议的深入，与我国关系友好，并且拥有工业园区等配套设施完善的厂区，劳动能力逐渐娴熟，政局相较欧盟、非洲等地稳定许多，我国许多纺织企业落子于此。欧盟地区属于"一带一路"沿线国家，具有地理位置优势，叫以作为进军欧洲市场的根据地，近距离了解市场喜好，并且能够享受欧盟成员国免税政策。走访过的欧盟国家，罗马尼亚纺织工业相对发达，但对于家纺行业来说，目前欠缺纺纱、织布以及纺织染整工艺等产业链环节，进入成本高，并且欧盟地区工人成本不低，每月450欧元左右。埃及、摩洛哥、肯尼亚等非洲地区在地理上也占据优势，同样可以作为打开欧洲市场的根据地，同样可以享受欧盟部分国家免税政策。另外埃及棉花高品低价，具有原料优势，非洲地区重视纺织业发展，政府大力支持，拥有自由贸易区、经济特区等形式，方便进入，劳动力充足且成本低。埃及、肯尼亚、埃塞俄比亚等国家人工成本每月不到1000元人民币，高一点的摩洛哥人工成本1500元/月左右。纺织业发达的印度与土耳其,是我们学习、合作双赢的地区,印度纺织业积极转型升级,已经拥有发展突出的家纺企业,两国竞争的同时合作也来越多;土耳其在打通和欧洲市场连接上起到了不可替代的作用,可在化纤、棉纺、家纺、服装、产业用领域与其加强合作。

　　"走出去"是趋势,但也不能盲目跟风,要做系统评估分析,另外,"走出去"不能只限于利用廉价劳动力、便宜的原料,低成本优势可能只是暂时的。企业更多的是进行全球化战略运作,充分利用国际市场的优势资源,合理在海外建立研究中心、营销网络、生产加工基地、原料基地等,实现生产要素的全球化配置,同时也要求行业企业家树立全球意识,要有更开放的心态,转变思路,从以住竞争关系转变为竞合关系。在"走出去"的过程中升级,提升中国家纺行业的国际影响力。

撰稿人:刘丹　刘茵蔚　吴永茜　魏启雄

上市公司

2018年家用纺织品行业上市公司经营概况

余湘频

一、在全球主要证券市场上市的家纺企业有13家

截至2018年12月31日，在全球主要证券市场（不含我国新三板）上市的家用纺织品企业为13家，其中上海证券交易所3家（2017年新增1家"水星家纺"）、深圳证券交易所5家、香港联交所3家、新加坡证券交易所1家、澳大利亚证券交易所1家。13家上市公司的来源地区和细分行业分布见表1、表2。

表1　家用纺织品行业上市公司上市地及实际总部分布

序号	上市地及代码	公司简称	实际总部地区
1	HK00146	太平地毯	香港
2	HK02223	卡撒天娇	
3	SZ002083	孚日股份	山东
4	HK00873	国际泰丰床品	
5	SGX：COZ	宏诚家纺	
6	SH600152	维科精华	浙江
7	ASX：SHU	绅花纺织	
8	SZ002293	罗莱生活 i	江苏
9	SH603313	梦百合	
10	SZ002327	富安娜	广东
11	SZ002397	梦洁家纺	湖南
12	SZ002761	多喜爱	
13	SH603365	水星家纺	上海

表2　家用纺织品行业上市公司行业细分

序号	上市地及代码	公司简称	细分行业
1	SH600152	维科精华	床上用品
2	SZ002293	罗莱生活	
3	SZ002327	富安娜	
4	SZ002397	梦洁家纺	
5	SZ002761	多喜爱	
6	SH603313	梦百合	
7	SH603365	水星家纺	
8	HK02223	卡撒天娇	
9	HK00873	国际泰丰床品	
10	SGX：COZ	宏诚家纺	
11	ASX：SHU	绅花纺织	
12	SZ002083	孚日股份	毛巾
13	HK00146	太平地毯	地毯

二、主要家纺上市公司经营指标对比分析

从已取得年报数据的10家主要家纺上市公司的经营数据分析，2018年家纺行业整体运行平稳趋好。

1. 主营业务收入

在10家有数据的公司中，2018年主营业务收入实现增长的有9家。见表3。

表3　家纺上市公司历年营业收入

人民币核算							（单位：亿元人民币）
代码	公司简称	2012年	2013年	2014年	2015年	2016年	2017年	2018年
SZ002083	孚日股份	44.70	44.43	45.54	42.05	43.75	48.20	51.71
SZ002293	罗莱生活	27.25	25.24	27.61	29.16	31.50	46.62	48.10
SZ002327	富安娜	17.77	18.64	19.70	20.93	23.12	26.16	29.18
SZ002397	梦洁股份	12.00	14.23	15.66	15.17	14.47	19.34	23.08
SZ002761	多喜爱	7.98	8.13	6.72	5.96	6.70	6.81	9.03
SH600152	维科精华	29.52	23.22	12.54	7.53	5.39	15.97	16.03
SH603313	梦百合	9.00	9.56	11.62	13.77	17.20	23.40	30.50
SH603365	水星家纺	—	15.90	17.76	18.51	19.77	24.62	27.20
HK00873	泰丰床品（停牌）	24.01	21.48	—	—	—	—	—
	合计	172.23	180.82	157.14	153.09	161.90	211.12	234.83
港币核算							（单位：亿港元）
代码	公司简称	2012年	2013年	2014年	2015年	2016年	2017年	2018年
HK00146	太平地毯	15.03	14.33	14.28	13.13	13.20	4.47	5.41
HK02223	卡萨天娇	4.73	4.93	4.61	3.71	3.57	3.47	3.38
	合计	19.75	19.26	18.89	16.84	16.77	7.94	8.79

2. 主营业务毛利率

主营业务毛利率代表企业在单位产品中新创造的价值比率，可以从一个侧面反映企业产品创新被社会认可的程度。品牌企业的毛利率更多取决于产品的市场定位，而对于生产加工型企业来讲更多的体现的是产品的市场竞争力，所以显得尤其可贵，我们从下表可以看到多数品牌企业的毛利率都有所上升。见表4。

表4 家纺上市公司历年毛利率

| | | 人民币核算 | | | | | | （％） |
代码	公司简称	2012年	2013年	2014年	2015年	2016年	2017年	2018年
SZ002083	孚日股份	15.97	22.36	20.05	22.28	23.43	21.80	19.90
SZ002293	罗莱家纺	42.22	43.98	44.86	48.96	48.46	43.50	45.50
SZ002327	富安娜	48.45	51.38	51.32	51.05	50.24	49.60	49.80
SZ002397	梦洁家纺	43.42	44.19	45.63	47.79	49.41	44.20	42.80
SZ002761	多喜爱	39.23	40.93	43.22	41.60	37.65	38.74	38.96
SH600152	维科精华	9.84	7.73	6.79	9.85	9.21	18.00	14.20
SH603313	梦百合	30.94	30.89	30.04	34.86	33.60	29.50	32.10
SH603365	水星家纺	—	—	—	—	36.94	36.36	35.10
HK00873	泰丰床品（停牌）	39.54	29.22	10.15	—	—	—	—
		港币核算						（％）
代码	公司简称	2012年	2013年	2014年	2015年	2016年	2017年	2018年
HK00146	太平地毯	41.01	45.48	46.65	46.61	44.86	47.60	54.30
HK02223	卡萨天骄	61.80	61.61	60.39	61.79	62.78	64.60	63.20

3. 净利润

在10家有数据的企业中，2018年总体净利润大幅度提升，说明企业发展质量提升。净利润下降的只有太平地毯和卡撒天骄两家。见表5。

表5 家纺上市公司历年净利润

| | | 人民币核算 | | | | | （单位：亿元人民币） | |
代码	公司简称	2012年	2013年	2014年	2015年	2016年	2017年	2018年
SZ002083	孚日股份	0.16	0.93	0.75	3.13	3.81	4.10	4.35
SZ002293	罗莱家纺	3.82	3.32	3.98	4.23	3.40	4.50	5.45
SZ002327	富安娜	2.60	3.15	3.77	4.01	4.39	4.93	5.43
SZ002397	梦洁股份	0.56	0.98	1.49	1.56	0.99	0.81	0.93
SZ002761	多喜爱	0.81	0.60	0.45	0.37	0.22	0.23	0.36
SH600152	维科精华	−1.34	0.07	−2.59	0.36	−0.69	0.10	0.56
SH603313	梦百合	1.15	1.09	1.31	1.65	2.00	1.50	2.00
SH603365	水星家纺	—	1.08	1.19	1.35	1.98	2.57	2.90
HK00873	泰丰床品（停牌）	5.18	2.97	—	—	—	—	—
	合计	12.95	14.20	10.35	16.66	16.09	18.74	21.99
		港币核算					（单位：亿港元）	
代码	公司简称	2012年	2013年	2014年	2015年	2016年	2017年	2018年
HK00146	太平地毯	1.43	0.50	0.26	0.20	−0.38	1.90	−0.43
HK02223	卡萨天骄	0.32	0.11	0.13	−0.16	0.08	0.27	0.06
	合计	1.75	0.61	0.38	0.04	−0.30	2.17	−0.37

4.存货周转天数

存货周转天数，表示企业用于正常生产经营的原材料、在产品、库存商品（产成品）等周转一次所需的天数，不同的企业由于各自的经营销售模式、采购模式、生产流程长短等因素决定了其存货周转一次所需的基本周期，但总体来说，存货周转天数越少说明企业运转越良性健康，特别是对于依靠自主销售渠道销售产品的品牌企业来说，存货的周转效率直接反映企业运转得是否健康有效。

在10家企业中，2018年存货周转天数下降的有5家，上升的有5家。见表6。

表6　家纺上市公司历年存货周转天数

人民币核算							（单位：天）
代码	公司简称	2012年	2013年	2014年	2015年	2016年	2017年	2018年
SZ002083	孚日股份	184	210	207	227	208	186	154
SZ002293	罗莱生活	130	166	156	156	146	114	162
SZ002327	富安娜	188	201	207	187	183	185	190
SZ002397	梦洁股份	231	233	212	209	260	219	204
SZ002761	多喜爱	178	188	198	220	198	207	177
SH600152	维科精华	67	62	74	81	87	69	90
SH603313	梦百合	59	70	71	70	64	60	60
SH603365	水星家纺	—	—	—	—	174	157	156
HK00873	泰丰床品（停牌）	22	17	24	—	—	—	—

港币核算							（单位：天）
代码	公司简称	2012年	2013年	2014年	2015年	2016年	2017年	2018年
HK00146	太平地毯	116	112	112	114	109	145	124
HK02223	卡萨天骄	167	209	182	210	212	186	286

5.应收账款周转天数

应收账款周转天数是指企业应收账款周转一次的天数，和存货周转天数一样同样是反映企业运转是否良性和有效率的重要指标，特别是对那些需要依靠经销商渠道销售自己产品的品牌企业来说显得尤其重要，在10家企业中，2018年应收账款周转天数下降的只有5家，其他5家都不同程度有所提升。见表7。

表7　家纺上市公司历年应收账款周转天数

人民币核算							（单位：天）
代码	公司简称	2012年	2013年	2014年	2015年	2016年	2017年	2018年
SZ002083	孚日股份	27	30	31	35	34	33	39
SZ002293	罗莱生活	21	21	19	26	32	30	36
SZ002327	富安娜	12	13	13	23	39	44	43
SZ002397	梦洁股份	33	31	45	76	100	77	66
SZ002761	多喜爱	6	8	18	26	22	20	16
SH600152	维科精华	23	26	36	34	34	53	96
SH603313	梦百合	41	43	40	40	41	46	56
SH603365	水星家纺	—	—	—	—	20	23	18
IIK00873	泰丰床品（停牌）	80	76					

港币核算							（单位：天）
代码	公司简称	2012 年	2013 年	2014 年	2015 年	2016 年	2017 年	2018 年
HK00146	太平地毯	60	52	52	62	63	99	76
HK02223	卡萨天骄	76	75	70	64	72	82	94

6. 盈利质量

盈利质量是指单位净利润的现金含量，等于经营现金流净额/净利润。由于现行会计制度的原因，企业报表上实现的利润和企业收到的现金并不一致，导致看到许多企业利润表上业绩很好，但企业的真实情况却并不尽人意，为了矫正这一制度缺陷带给人们的错觉，必须把利润表上的净利润与现金流量表上的经营现金流净额两个指标比较起来分析，如果经营现金流净额/净利润的比值长期小于1，则认为该企业的盈利质量不高。

在10家有数据的企业中，2018年盈利质量指标大于1的有4家，小于1的也是6家，说明行业整体盈利质量还有待提升。见表8。

表8 家纺上市公司历年盈利质量

人民币核算							（单位：元人民币）
代码	公司简称	2012 年	2013 年	2014 年	2015 年	2016 年	2017 年	2018 年
SZ002083	孚日股份	48.69	10.67	1.90	2.84	3.06	2.08	1.19
SZ002293	罗莱家纺	0.64	1.25	1.28	0.80	1.49	0.88	0.20
SZ002327	富安娜	1.73	0.69	1.16	0.73	0.96	0.74	0.64
SZ002397	梦洁股份	0.02	1.35	1.51	0.43	1.17	1.26	2.09
SZ002761	多喜爱	0.84	0.84	2.14	0.86	1.16	2.24	2.80
SH600152	维科精华	−0.44	−14.78	−0.19	0.77	−0.33	−5.42	−0.31
SH603313	梦百合	1.28	0.83	0.87	1.01	0.75	0.38	0.89
SH603365	水星家纺	—	—	—	—	1.34	1.19	0.84
HK00873	泰丰床品（停牌）	0.65	1.08	—	—	—	—	—
港币核算							（单位：港元）
代码	公司简称	2012 年	2013 年	2014 年	2015 年	2016 年	2017 年	2018 年
HK00146	太平地毯	−0.03	2.37	5.05	1.87	1.12	0.68	−0.11
HK02223	卡萨天骄	0.41	2.41	4.57	0.65	3.69	1.83	1.36

7. 运营效率

运营效率指标等于主营业务毛利额/（销售费+管理费），它表达的含义是一个单位的固定费用支出能给企业带来几个单位的新价值，它考察的是企业管理团队运营企业的效率，包括对市场开拓和管理提升的精准性。如果这一比值小于1，则表明企业管理团队的运营效率不高，企业处于入不敷出的状态，企业必须采取措施检讨费用的合理性和效率性，同时提高产品的毛利率。

在10家企业中，2018年运营效率大于1的企业有9家，小于1的有1家，即太平地毯，但比去年有了大幅提升。见表9。

表9 家纺上市公司历年运营效率

人民币核算							（单位：元人民币）
代码	公司简称	2012年	2013年	2014年	2015年	2016年	2017年	2018年
SZ002083	孚日股份	1.74	2.21	1.99	2.68	2.96	3.01	3.08
SZ002293	罗莱家纺	1.59	1.53	1.54	1.50	1.40	1.43	1.51
SZ002327	富安娜	1.74	1.77	1.94	1.82	1.88	1.83	1.80
SZ002397	梦洁股份	1.19	1.29	1.38	1.44	1.25	1.22	1.30
SZ002761	多喜爱	1.41	1.31	1.24	1.23	1.16	1.18	1.32
SH600152	维科精华	0.88	0.70	0.38	0.54	0.40	1.23	1.20
SH603313	梦百合	2.16	1.96	1.84	1.70	1.70	1.44	1.74
SH603365	水星家纺	—	—	—	—	1.56	1.55	1.70
HK00873	泰丰床品（停牌）	5.65	4.33	2.51	—	—	—	—

港币核算							（单位：港元）
代码	公司简称	2012年	2013年	2014年	2015年	2016年	2017年	2018年
HK00146	太平地毯	1.04	1.04	1.09	1.07	0.98	0.56	0.85
HK02223	卡萨天骄	1.28	1.07	1.10	0.96	1.11	1.17	1.06

三、主要家纺上市公司经营及资本运作

1. 孚日股份（SZ002083）

2018年孚日股份共实现营业收入51.71亿元，同比增长7.24%；完成出口额4.73亿美元，同比增长10.37%；实现净利润4.35亿元，同比增长5.99%，企业的运行质量、经济效益和综合竞争实力达到历史最好水平。

在国际市场开发方面，实现了在亚洲、欧洲、美洲三大主销市场的逆势增长，充分体现出孚日在国际市场上的竞争优势。尤其是韩国市场、东南亚市场、澳大利亚市场保持20%以上增长幅度，美国市场床品业务实现30%以上增长，有利支撑了国际市场的发展。

在产业升级改造方面，投资建设了高档巾被产品全自动智能化生产项目，项目被列入山东省新旧动能转换重大工程实施规划，并被确定为省重大项目库优选项目。同时投资建设了污水深度处理、中水回用项目，进一步降低水资源消耗，推动企业向集约、绿色模式发展。新项目建成投产有利于公司进一步优化完善家纺产业链，增强企业竞争优势。

在加强内部管理方面，2018年是公司在内部管理上动作最大、成效最突出的一年，在产品质量、生产效率、成本控制等许多关键环节取得了突破性成果，其中产品综合一等品率达到98%的历史最好水平；浆料剩余下降50%；以及推广的各项精益化生产项目也取得了显著效益。这些改善，为企业高质量运行提供了有力保障。见表10~表13。

表 10 孚日股份 2018 年营业收入、营业成本、毛利率及其增减情况

项目	营业收入（元）	营业成本（元）	毛利率（%）	营业收入比上年同期增减（%）	营业成本比上年同期增减（%）	毛利率比上年同期增减（%）
分行业						
家纺行业	4123115499.07	3280285140.82	20.44	6.14	10.21	−2.94
其他行业	1047412133.77	859126567.50	17.98	11.79	8.17	2.76
分产品						
毛巾系列	3443653973.59	2669833780.79	22.47	1.47	5.46	−2.94
床品系列	679461525.48	610451360.03	10.16	38.40	37.22	0.77
其他	1047412133.77	859126567.50	17.98	11.79	8.17	2.76
分地区						
外销	3140637568.92	2557262331.68	18.58	7.25	12.70	−3.93
内销	2029890063.92	1582149376.64	22.06	7.20	5.36	1.36

表 11 孚日股份 2017~2018 年营业成本构成及其变化情况

行业分类	项目	2018 年		2017 年		同比增减（%）
		金额（元）	占营业成本比重（%）	金额（元）	占营业成本比重（%）	
家纺行业	原材料	1736833516.77	52.95	1632427354.81	54.85	6.40
	辅助材料	288444110.35	8.79	246711467.44	8.29	16.92
	水电气	242635747.38	7.40	207936064.02	6.99	16.69
	职工薪酬	563228622.63	17.17	488138148.05	16.40	15.38
	折旧	151371287.74	4.61	130432606.94	4.38	16.05
	其他	297771855.95	9.08	270726335.62	9.10	9.99
	合计	3280285140.82	100.00	2976371976.88	100.00	10.21
其中：毛巾系列	原材料	1397924967.62	52.36	1375879487.04	54.35	1.60
	辅助材料	232542522.31	8.71	206318635.13	8.15	12.71
	水电汽	191694065.46	7.18	174927824.39	6.91	9.58
	职工薪酬	474963429.60	17.79	428838979.03	16.94	10.76
	折旧	124414254.18	4.66	102273286.62	4.04	21.65
	其他	248294541.62	9.30	243278783.27	9.61	2.06
	合计	2669833780.79	100.00	2531516995.48	100.00	5.46
其中：床品系列	原材料	338908549.15	55.51	256547867.77	57.67	32.10
	辅助材料	55901588.04	9.16	40392832.32	9.08	38.39
	水电气	50941681.92	8.34	33008239.62	7.42	54.33
	职工薪酬	88265193.03	14.46	59299169.02	13.33	48.85
	折旧	26957033.56	4.42	28159320.32	6.33	−4.27
	其他	49477314.33	8.11	27447552.35	6.17	80.26
	合计	610451360.03	100.00	444854981.40	100.00	37.22

表 12　孚日股份 2017~2018 年主要产品产量、销量、库存情况

行业分类	项目	2018 年	2017 年	同比增减（%）
毛巾系列	销售量（吨）	61597	60203	2.32
	生产量（吨）	61845	60492	2.24
	库存量（吨）	9258	9404	-1.55
床品系列	销售量（吨）	13548	10276	31.84
	生产量（吨）	12433	9824	26.56
	库存量（吨）	1413	1020	38.53

表 13　孚日股份 2017~2018 年研发投入及其变动情况

项目	2018 年	2017 年	变动比例（%）
研发人员数量（人）	295	290	1.72
研发人员数量占比（%）	1.86	1.82	0.04
研发投入金额（元）	122024452.09	119577548.71	2.05
研发投入占营业收入比例（%）	2.36	2.48	-0.12
研发投入资本化的金额（元）	0	0	0
资本化研发投入占研发投入的比例（%）	0	0	0

2. 罗莱生活（SZ002293）

2018年，罗莱生活聚焦主业、聚焦主要品牌，对品牌定位重新梳理，针对不同的消费人群，制定更精准的品牌形象和定价体系，不断提升客户满意度。全年实现营业收入48.13亿元，较去年同期增长3.24%，归属上市公司股东的净利润5.35亿元，较去年同期增长24.92%。

聚焦主业，聚焦主要品牌，积极探索全品类家居模式报告期内，公司先后聘请国际知名咨询公司协助参谋，通过严谨分析、反复论证，本着"以客户为中心"、不断提升消费者满意度的企业宗旨，管理层对集团业务进行了梳理与决策，针对公司不同的业务制定了发展计划与策略，并重点针对罗莱品牌和LOVO品牌天猫旗舰店业务进行了平稳切换，电商品牌LOVO实现独立运作。公司持续加强品牌建设，罗莱品牌和LOVO品牌分别聘请品牌代言人并根据品牌定位完成一系列的品牌推广与营销活动，取得良好的市场口碑。与此同时，公司明确廊湾品牌和莱克星顿品牌作为集团探索全品类家居业务的载体，稳步推进"大家纺小家居"业务，由以床品为主的家纺产品逐步向卫浴、餐厨、生活家居等多个品类延伸，向消费者呈现丰富的家居生活场景，满足一站式、体验式购物的需求。

产品研发创新突破，不断引领市场趋势报告期内，公司罗莱品牌策略围绕"超柔床品"的品牌定位，从物理触感和精神内涵两个角度进行延展，从"底层科技—产品—生活价值观"三个层面丰富品牌故事。在不同的消费者触点中，进行多层次的立体式沟通。罗莱柔软的产品质地，是所有沟通的核心，以"粹"系列为代表，去掉繁复的设计元素，通过更加纯粹的视觉来传达卓越材质所带来的柔软体验，同时选用140支匹马棉（Supima）的碧海蓝，代表品牌视觉锤。并通过柔软星级，帮助消费者体会和了解罗莱材质的卓越。公司持续投入研发"柔软新科技"，在2018年确定了罗莱"超柔床品"品牌定位的基础上，公司制定了家纺面料的柔软标准等级，以及可以触摸检测柔软系数的智能化仿手，率先在行业里将家纺面料

的一项重要指标"柔软"实现数据化、可检测化。

加大销售网络建设。一是线下，公司采取直营和加盟相结合的经营模式，在继续巩固一线、二线市场渠道优势的同时，积极向三、四线市场渗透和辐射。截至2018年12月31日，公司各品牌近2700家终端门店，覆盖了31个省、直辖市和自治区。二是线上，在不断加强官网建设的基础上，与天猫、京东、唯品会、苏宁等主流电商平台开展紧密合作，并积极覆盖网易、云集等新兴渠道以及电视购物、微商等其他渠道。报告期内，根据公司品牌战略规划，在充分预计LOVO品牌独立运作可能承受的业绩压力的前提下，为了品牌的长远发展公司完成了LOVO品牌和罗莱品牌天猫店铺的平稳切换。罗莱品牌依托强大的实体渠道以"超柔床品"为锚点，推进全渠道新零售建设；LOVO品牌针对年轻的消费人群，定位"欧洲新锐设计师设计"，并聘请了新的代言人，完成品牌LOGO升级，启动"欧洲100项目"，计划在欧洲合作100位设计师进行设计创新。各品牌着力加强售后服务质量，不断提升品牌在电商渠道消费者的满意度和忠诚度。报告期内，公司各电商渠道业绩稳中有升，天猫渠道稳步增长，京东和唯品会销售收入呈较快增长态势，电视购物与团购渠道快速增长。2018年"双十一"集团电商业务销售规模持续领先同行，建立起了电商渠道的竞争壁垒。

加强员工激励，优化绩效考核和奖励方案文化、机制、人才是公司的核心竞争力之一，报告期内，公司加强员工激励，优化绩效考核和奖励方案，并分两期向94位骨干员工授予1042万股限制性股票，建立公司与员工的事业共同体，让员工分享企业价值成长所带来的收益。公司持续加强内部人才梯队建设，开展人才梯队项目，组织各层级人才盘点，识别人才梯队并实施针对性的培养方案；罗莱大学推出多期培训项目，对经销商及核心管理人员、导购队伍进行能力提升和经验分享。公司人均效率得到进一步提升，人员稳定性达到行业优秀水平。

推进零售转型，推动全渠道发展报告期内公司以罗莱品牌为主持续推进零售转型战略，公司以消费者为中心，加强消费者洞察体系的建设，以提升消费者满意度为运营目标，指导商品企划、产品研发、VMD、营销创新和门店运营。公司以消费者需求为抓手，推动渠道和门店及时调整运营节奏，以期提升商品售罄率。公司持续推动全渠道融合，通过打通实体门店、官方商城、品牌旗舰店、微信公众号等实现会员和商品信息的共享。2018年双11期间，公司和天猫试点新零售业务模式，通过消费者画像梳理与识别、联合广告投放、线上推广线下销售等多种形式，并就线上线下相互引流做了尝试性探索。

深层优化供应链管理体系进一步推动供应链大数据可视化管理，自主开发供应链需求计划GPM系统，有效监控不同事业部不同模式下需求和供应匹配进度，并重点追踪及衡量供应链可靠性、反应及时性以及柔性等重要绩效指标；以零售、终端需求为导向，与核心战略供应商通力合作，全面保障公司超柔"粹"系列新品上市后不断增加的需求数量；同时保证公司电商品牌LOVO独立运作后各项供应链能力不受影响，顺利过渡；强化与核心供应商的合作共赢意识，优中选优签署战略合作协议，并对部分原辅料采取JIT试点以减少库存，持续循环推进采购成本优化；基本完成部署公司中长期的产能规划以满足业务日益增长的需求；报告期内公司还完成2015版ISO 9001质量体系换版认证，新制订成品质量标准14项、修订17项，并在国家标准平台发布。

加强整合，并购业务初见成效报告期内，公司并购的业务实现了平稳较快增长，其中莱克星顿超额完成年初制定的指标，同时因为受汇率影响，对上市公司合并报表层面的利润也产生了额外的增厚作用。见表14~表17。

表 14　罗莱生活分产品、分地区营业收入构成及其变动情况

项目	2018 年		2017 年		同比增减（%）
	金额（元）	占营业收入比重（%）	金额（元）	占营业收入比重（%）	
营业收入合计	4812808573.97	100	4661850865.51	100	3.24
分行业					
批发零售业	4812808573.97	100.00	4661850865.51	100.00	3.24
分产品					
标准套件	1738314069.78	36.12	1606264700.36	34.46	8.22
被芯	1383608664.91	28.75	1390049740.47	29.82	−0.46
枕芯	245587210.48	5.10	261032038.05	5.60	−5.92
夏令产品	128029784.62	2.66	90101044.30	1.93	42.10
其他饰品	507054145.82	10.54	521698968.67	11.19	−2.81
家具	810214698.36	16.83	792704373.66	17.00	2.21
分地区					
华东地区	1999820775.92	41.55	2009929305.25	43.11	−0.50
华中地区	566421443.35	11.77	506019724.47	10.85	11.94
东北地区	266254144.65	5.53	299515700.67	6.42	−11.11
华北地区	471019442.96	9.79	469609250.52	10.07	0.30
西南地区	358925835.25	7.46	277267194.62	5.95	29.45
华南地区	226798526.33	4.71	201751946.46	4.33	12.41
西北地区	82443026.87	1.71	61009412.08	1.31	35.13
美国	810214698.36	16.83	792704373.66	17.00	2.21
国外及中国港澳台地区（除美国）	30910680.28	0.64	44043957.78	0.94	−29.82

表 15　罗莱生活分产品营业成本构成及其变动情况

行业分类	项目	2018 年		2017 年		同比增减（%）
		金额（元）	占营业成本比重（%）	金额（元）	占营业成本比重（%）	
批发零售业	家用纺织品及其他	2622922929.11	100.00	2554029678.97	100.00	2.70
其中						
标准套件	家用纺织品	893520963.88	34.07	825117835.81	32.3%	8.29
被芯	家用纺织品	735560921.85	28.04	730433646.46	28.60	0.70
枕芯	家用纺织品	118197810.83	4.51	138099720.24	5.41	−14.41
夏令产品	家用纺织品	75423940.03	2.88	55476807.31	2.17	35.96
其他饰品	家用纺织品	297588606.76	11.35	276249658.21	10.82	7.72
家具	家具	502630685.76	19.16	528652010.94	20.70	−4.92

表 16　罗莱生活家纺产品产量、销量、库存情况及其变化

行业分类	项目	单位	2018 年	2017 年	同比增减（%）
批发零售业	销售量	套	9132419	8515995	7.24
	生产量	套	7628658	6760066	12.85
	库存量	套	2573405	1854721	38.75

表 17　罗莱生活 2017~2018 年研发投入情况

项目	2018 年	2017 年	变动比例（%）
研发人员数量（人）	309	276	11.96
研发人员数量占比（%）	13.58	14.82	−1.24
研发投入金额（元）	125504440.29	106824300.00	17.49
研发投入占营业收入比例	2.61%	2.29%	0.32

3. 富安娜（SZ002327）

2018年，富安娜实现营业收入29.18亿元，较去年同期增长11.55%，归属于上市公司股东的净利润5.43亿元，较去年同期增长10.11%。报告期内，公司的营销渠道、供应链和商品管理运营、IT管理系统的更新、家居业务等都取得了长足进步。

（1）营销渠道。

一是线下渠道：2018年线下终端管理的提升体现在用数据化的管理分析市场数据，关注经销商结构优化，经销商店面更新，直营团队的梯队建设，会员体系的持续推进等工作。截至报告期末，公司的250平以上的大店占据所有终端店接近一半，直观提升了品牌形象和区域竞争力；基本完成全国直营店和加盟店的形象统一升级，更新和建立了标准化的商品陈列，为提升顾客终端门店的消费和服务体验，优化各级店/柜商品结构，提升单店/柜盈利水平完成了基础工作。公司重点推行了全国新增加盟门店计划，全国新增加盟门店（柜）约129家。公司持续推进"V+"会员营销管理体系的建设，V+会员达到53.2万。经过2018年终端门店结构优化，线下渠道专卖店（柜）约1310家，在全国一、二线城市终端布局占比约53%。未来，公司将会持续巩固、深化一、二线城市的渠道纵深，加速扩大三、四线城市的优质加盟渠道。

二是线上渠道：报告期内，公司电商渠道重点工作为聚焦人（运营团队）、货（产品）、店（电商渠道店铺）的关系重构，优化经营团队结构，打造明星店铺、保证供应链与商品的供给和优化运营过程。2018年，面对线上渠道平台流量红利消失，成本高价格战的市场竞争下，公司电商渠道销售同比增长16%，2018年天猫"双十一"，公司电商团队取得品牌家纺行业增速第一、单店销售排名第二的不俗成绩。截至报告期末，公司电商渠道的销售收入占公司营业收入约29%。

（2）商品、供应链和IT管理。报告期内，公司在智慧门店和供应链数据化管理两个方面加大力度进行投资建设，公司信息管理团队自行研发了"V+"CRM系统，针对会员消费频次、消费金额、到店间隔等资讯进行大数据分析，自动建立会员分析模型，提供精准地会员服务指导数据，为会员的个性化服务提供了大数据平台支持。

升级供应链系统，提高物流效率，精确把控供应，打造快速的供应链管理。报告期内，公司全面推进高级供应链管理系统，实现整合上游供应商的业务数据，提升采购效率，规范采购管理，降低采购成本。

2018年下半年，商品部布局公司2019年商品计划，以降库存、缩周期、调结构为任务重新调整组织构架，为后续公司不断优化商品供应链运营打下基础。

（3）家居业务的推进。报告期内，公司将家居产品系列定位为个性化的轻奢艺术成品家居，并根据目标市场全面优化了组织人员结构。成品家居以VERSAI为轻奢家居品牌，进行产品形象定位和设计叠新。

报告期内，家居业务根据公司整体年度市场推广计划和预算制度的前提下，重点加强制度建设、流程梳理、系统优化三方面推进工作。截至报告期末，公司美家旗舰店已经开业达到12家，涉及的总面积13000平方米。公司VERSAI成品家居已经参加2019年3月在深圳举行的深圳国际成品家具展，已经有行业优质加盟商建立意向合作事项。

富安娜营业收入构成及其变化情况见表18，富安娜分产品和地区的营业收入、营业成本、毛利率构成及变化见表19，富安娜2017~2018年营业成本构成及其变化见表20，富安娜2017~2018年主要产品产量及其变化见表21，富安娜2017~2018年研发投入情况见表22。

表 18　富安娜营业收入构成及其变化情况

项目	2018 年		2017 年		同比增减（%）
	金额（元）	占营业收入比重（%）	金额（元）	占营业收入比重（%）	
营业收入合计	2918494282.55	100	2616208430.02	100	11.55
分行业					
纺织	2818784121.89	96.58	2539825775.34	97.08	10.98
家具	99710160.66	3.42	76382654.68	2.92	30.54
分产品					
套件类	1269617352.18	43.50	1154819877.62	44.14	9.94
被芯类	1084767009.21	37.17	935241718.55	35.75	15.99
枕芯类	206305655.04	7.07	191432895.36	7.32	7.77
家具类	99710160.66	3.42	76382654.68	2.92	30.54
其他类	258094105.46	8.84	258331283.81	9.87	−0.09
分地区					
华南地区	1081697525.77	37.06	1056657390.38	40.39	2.37
华东地区	572544355.03	19.62	468106575.09	17.89	22.31
华中地区	318305946.11	10.91	299258645.00	11.44	6.36
西南地区	417572624.75	14.31	311463000.38	11.91	34.07
华北地区	243978924.44	8.36	230307578.58	8.80	5.94
西北地区	149377557.56	5.12	129549832.03	4.95	15.31
东北地区	135017348.89	4.63	120865408.56	4.62	11.71

表 19　富安娜分产品和地区的营业收入、营业成本、毛利率构成其变化

项目	营业收入（元）	营业成本（元）	毛利率（%）	营业收入比上年同期增减（%）	营业成本比上年同期增减（%）	毛利率比上年同期增减（%）
分行业						
纺织	2818784121.89	1416205193.72	49.76	10.98	10.57	0.19
分产品						
套件类	1269617352.18	593352454.63	53.27	9.94	11.25	−0.55
被芯类	1084767009.21	566880403.01	47.74	15.99	18.55	−1.13
分地区						
华南地区	1081697525.76	548386097.78	49.30	2.37	4.00	−0.80
华东地区	572544355.03	276486248.52	51.71	22.31	21.83	0.19
华中地区	318305946.11	165345668.09	48.05	6.36	2.57	1.91
西南地区	417572624.00	221449531.00	46.97	34.07	28.81	2.17

表 20　富安娜 2017~2018 年营业成本构成及其变化

行业分类	项目	2018 年		2017 年		同比增减（%）
		金额（元）	占营业成本比重（%）	金额（元）	占营业成本比重（%）	
纺织（家纺）/家具	材料	1196054099.44	81.67	1028224922.05	77.95	16.32
纺织（家纺）/家具	人工	125282142.25	8.55	129591477.64	9.82	−3.33
纺织（家纺）/家具	委外加工费	15906752.89	1.09	25545449.28	1.94	−37.73
纺织（家纺）/家具	制造费用	127297604.35	8.69	135756148.26	10.29	−6.23

表 21　富安娜 2017~2018 年主要产品产量及其变化

行业分类	项目	单位	2018 年	2017 年	同比增减（%）
纺织（家用纺织）/家具	销售量	万套/万件/万个/万条/万元	146454	131912	11.02
	生产量		156785	137226	14.25
	库存量		45888	35557	29.05

表 22　富安娜 2017~2018 年研发投入情况

项目	2018 年	2017 年	变动比例（%）
研发人员数量（人）	262	260	0.77
研发人员数量占比（%）	4.62	4.44	0.18
研发投入金额（元）	52209288.49	41987201.01	24.35
研发投入占营业收入比例	1.79%	1.60%	0.19

4. 梦洁股份（SZ002397）

2018年，公司继续全面践行互联网+CPSD（C为顾客，P为产品，S为服务，D为渠道）战略，推进公司变革与突破，全年实现营业收入23.08亿元，同比增长19.35%；实现归属母公司所有者净利润0.844亿元，同比增长64.61%。报告期末公司资产总额33.9亿元，归属于上市公司股东的所有者权益19.863亿元，加权平均净资产收益率4.16%，基本每股收益0.11元。

2018年，公司新增、新开终端365个，全品牌旗舰店达到55个。互联网尤其是移动互联

网渠道、电购渠道等渠道发展迅速，依托强大的信息系统，与线下渠道深度融合。面对新零售的快速发展，公司利用现有渠道网络的优势，整合公司品牌、渠道、服务以及信息系统，"一屋好货"新零售平台应运而生，增加了公司、业务人员与顾客的互动，能为顾客提供更精准的产品与服务。

公司全球定制化采购智能化生产设备，打造行业内领先的智能工厂，公司主要产品从第一道工序裁片开始到最终打包入库，全过程智能化覆盖。2018年，公司智能工厂搭建成型，一期产线顺利投产运行，依靠信息系统联通，公司将进一步对供应链系统与前端销售系统集成，增强对市场以及客户需求掌握能力，合理有序的排产排程，及时、准确的满足顾客需求。

在产品开发方面，公司新品经过公司研发团队、专家团队、市场团队以及销售团队的层层筛选与评估。2018年两次新品订货会推出的产品，订货效果明显，市场反响好，新品销售占比提升。同时，公司加大家庭生活相关的小家居类产品的研发与推广，高颜值、高性价比的"Mendale Home"家居类产品，极大的丰富公司产品线，为顾客提供一站式的家居生活平台，公司产品的消费频次提升明显。

2018年，公司继续推进洗护服务板块布局，"七星洗护"打造环保、绿色的高端洗护工厂，提供高端的服装、家居用品洗护以及奢侈品的维护。"i*wash"布局终端门店，专注于家居用品的洗护。洗护服务与上门除螨除尘、家居收纳等服务有机结合，提供给顾客高品质的家居生活体验，形成"梦洁特色"。2018年，公司家居服务板块服务次数超过20.25万次，增加了客户粘性，与销售形成了很好的协同效应。

为了保持公司核心经营团队的稳定，充分调动核心团队的积极性，保证公司经营目标与发展战略的实现。公司推出了2018年限制性股票激励计划，首次授予55名激励对象1650万股限制性股票。梦洁股份营业收入构成见表23。梦洁股份营业收入、营业成本、毛利率及其变化情况表24，梦洁股份2017~2018年主要产品营业成本构成及其变化见表25，梦洁股份2017~2018年主要产品产、销、存及其变化情况见表26，梦洁股份研发投入情况见表27。

表 23　梦洁股份营业收入构成

项目	2018 年		2017 年		同比增减（%）
	金额（元）	占营业收入比重（%）	金额（元）	占营业收入比重（%）	
营业收入合计	2308092760	100	1933924379	100	19
分行业					
纺织业	2308092760	100	1933924379	100	19
分产品					
套件	954683780	41	818023869	42	17
被芯	761337466	33	545106792	28	40
枕芯	131326213	6	111716328	6	18
其他	460745301	20	459077389	24	0
分地区					
华东	417688074	18	401639162	21	4
华南	237215612	10	188854313	10	26
西南	154674954	7	108451135	6	43

项目	2018 年		2017 年		同比增减（%）
	金额（元）	占营业收入比重（%）	金额（元）	占营业收入比重（%）	
华中	1079369265	47	846228006	44	28
西北	57089295	2	41727201	2	37
华北	180375772	8	142163316	7	27
东北	95295828	4	68432852	4	39
出口	86383960	4	136428394	7	−37

表 24　梦洁股份营业收入、营业成本、毛利率及其变化情况

项目	营业收入（元）	营业成本（元）	毛利率（%）	营业收入比上年同期增减（%）	营业成本比上年同期增减（%）	毛利率比上年同期增减（%）
分行业						
纺织业	2308092760.29	1321278318.84	42.75	19.35	22.40	−1.43
分产品						
套件	954683779.75	515735568.41	45.98	16.71	17.64	−0.43
被芯	761337465.95	457488084.08	39.91	39.67	39.25	0.18
枕芯	131326213.44	71266050.46	45.73	17.55	24.86	−3.18
其他	460745301.15	276788615.89	39.93	0.36	8.37	−4.44
分地区						
华东	417688074.21	263821666.84	36.84	4.00	13.63	−5.35
华南	237215612.44	158482642.03	33.19	25.61	41.77	−7.61
西南	154674954.38	99007224.07	35.99	42.62	48.72	−2.62
华中	1079369264.93	571381364.41	47.06	27.55	32.00	−1.78
西北	57089294.66	27046773.67	52.62	36.82	17.69	7.70
华北	180375772.08	95360000.47	47.13	26.88	18.33	3.82
东北	95295827.76	49642463.79	47.91	39.25	17.91	9.43
出口	86383959.83	56536183.56	34.55	−36.68	−37.43	0.79

表 25　梦洁股份 2017~2018 年主要产品营业成本构成及其变化

产品分类	2018 年		2017 年		同比增减（%）
	金额（元）	占营业成本比重（%）	金额（元）	占营业成本比重（%）	
套件	515735568.41	39.03	438416315.77	40.61	17.64
被芯	457488084.08	34.62	328544309.14	30.44	39.25
枕芯	71266050.46	5.39	57074974.92	5.29	24.86
其他	276788615.89	20.95	255414817.30	23.66	8.37

表 26　梦洁股份 2017~2018 年主要产品产、销、存及其变化情况

行业分类	项目	2018 年	2017 年	同比增减（%）
纺织行业	销售量（万）	2742.89	1813.27	51.27
	生产量（万）	3430.50	3534.16	−2.93
	库存量（万）	2791.40	2103.79	32.68

表 27 2017~2018 年梦洁股份研发投入情况

项目	2018 年	2017 年	变动比例
研发人员数量（人）	423	396	6.82
研发人员数量占比（%）	10.91	10.43	0.48
研发投入金额（元）	75511405.75	59777518.29	26.32
研发投入占营业收入比例	3.27	3.09	0.18

5. 多喜爱（SZ002761）

2018年，公司继续实行多品牌多渠道发展策略，旗下"多喜爱""美眠康""喜玫瑰""乐倍康""HB"五大主打品牌，同时通过品牌升级、产品升级、店铺升级；并坚持在二、三线城市为主力市场以及加强大店拓展以及品牌宣传推广，取得了良好的效果。

报告期内，公司实现营业总收入90282.52万元，同比增长32.61%；营业收入的增长主要得益于公司传统家纺业务保持稳定发展及互联网新业务第二、三季度带来收入增长；公司利润总额4925.84万元，同比增长62.86%，主要原因为营业收入增长带来利润总额增长；实现归属于上市公司股东的净利润2778.48万元，同比增长20.09%，主要原因为营业收入增长带来的利润增长。见表28~表32。

表 28 多喜爱营业收入构成及其变化

项目	2018 年		2017 年		同比增减（%）
	金额（元）	占营业收入比重（%）	金额（元）	占营业收入比重（%）	
营业收入合计	902825220.79	100	680825127.62	100	32.61
分行业					
纺织	813647772.49	90.12	680825127.62	100.00	19.51
互联网及相关业务	89177448.30	9.88	—	—	—
分产品					
套件	364545867.14	40.38	355827725.30	52.26	2.45
被芯	184496396.37	20.44	160028883.03	23.51	15.29
枕芯	40033665.72	4.43	40406138.58	5.93	−0.92
服装	120642051.78	13.36	21497623.10	3.16	461.19
夏凉家饰类	85418769.08	9.46	88082474.47	12.94	−3.02
互联网及相关业务	89177448.30	9.88	—	—	—
其他	18511022.40	2.05	14982283.14	2.20	23.55
分地区					
华中地区	425443600.19	47.12	388652582.82	57.09	9.47
华东地区	182445720.98	20.21	134626520.06	19.77	35.52
华南地区	114962269.53	12.73	61713606.76	9.06	86.28
西南地区	64715925.57	7.17	48656164.16	7.15	33.01
华北地区	84224944.30	9.33	29587503.00	4.35	184.66
东北地区	14272417.20	1.58	9881053.66	1.45	44.44
西北地区	16616657.52	1.84	7215268.11	1.06	130.30
国外地区	143685.50	0.02	492429.05	0.07	−70.82

表 29　多喜爱占比超过 10% 以上行业、产品、地区的收入、成本、毛利情况

项目	营业收入（元）	营业成本（元）	毛利率（%）	营业收入比上年同期增减（%）	营业成本比上年同期增减（%）	毛利率比上年同期增减（%）
分行业						
纺织	813647772.49	500266027.86	38.52	19.51	19.94%	−0.22
互联网及相关业务	89177448.30	50774737.89	43.06	—	—	—
分产品						
套件	364545867.14	229258542.59	37.11	2.45	4.20%	−1.06
被芯	184496396.37	110659288.46	40.02	15.29	16.03%	−0.38
服装	120642051.78	67875929.80	43.74	461.19	495.37%	−3.23
互联网及相关业务	89177448.30	50774737.89	43.06	—	—	—
分地区						
华中地区	425443600.19	252318421.45	40.69	9.47	9.31	0.08
华东地区	182445720.98	119301207.52	34.61	35.52	35.71	−0.09
华南地区	114962269.53	73310022.77	36.23	86.28	92.06	−1.92
华北地区	84224944.30	47995175.77	43.02	184.66	163.27	4.63

表 30　多喜爱营业成本构成及其变化

分类	2018 年		2017 年		同比增减（%）
	金额（元）	占营业成本比重（%）	金额（元）	占营业成本比重（%）	
纺织	500266027.86	90.79	417081478.27	100.00	19.94
互联网及相关业务	50774737.89	9.21	—	—	—
套件	229258542.59	41.60	220014397.19	52.75	4.20
被芯	110659288.46	20.08	95373136.56	22.87	16.03
枕芯	23010860.85	4.18	22599067.27	5.42	1.82
服装	67875929.80	12.32	11400639.17	2.73	495.37
夏凉家饰类	56064433.00	10.17	57709404.60	13.84	−2.85
互联网及相关业务	50774737.89	9.21	—	—	—
其他	13396973.17	2.43	9984833.49	2.39	34.17

表 31　多喜爱主要产品产、销、存情况

行业分类	项目	2018 年	2017 年	同比增减（%）
纺织业	销售量（元）	500266027.86	417081478.27	19.94
	生产量（元）	562183508.81	444358022.29	26.52
	库存量（元）	295872586.29	246495769.49	20.03

表 32　多喜爱研发投入情况

项目	2018 年	2017 年	变动比例（%）
研发人员数量（人）	138	83	66.27
研发人员数量占比（%）	9.71	6.84	2.87
研发投入金额（元）	23969568.74	15875103.55	50.99
研发投入占营业收入比例（%）	2.65	2.33	0.32

6. 维科技术（SH600152）

2018年维科技术从事的主要业务为能源业务和纺织业务。其中能源业务为公司主要业绩来源及未来发展重点，主要包括3C数码类锂电池、动力锂电池电芯、动力及储能应用锂电池模组。纺织业务相关的主要下属子公司基本于2018年10月底完成股权转让，自此公司纺织业务对公司主营业务收入几乎不构成影响。

能源业务方面，公司发挥维科电池多年行业积累，不断优化产品及业务结构，进一步加强与客户合作广度和深度，不断夯实自身产品研发与制造能力，保持公司稳定快速发展；另一方面加快在主要市场的产业布局，设立东莞工厂，建成全新的、具有行业先进水平的全自动生产线，提升公司核心竞争力。在新能源动力电池方面，公司紧盯市场发展形态，深耕细分市场，做好市场布局工作。

纺织业务方面，公司持续调整纺织业务，剥离亏损资产，对实施关停并转的重点企业，处理好资产结构调整、人员结构梳理处置等工作。纺织业务于2018年10月底基本完成相关资产剥离。

2018年公司经营实现盈利，实现营业收入16.03亿元，较上年同期增加0.34%，利润总额6643.69万元，归属于上市公司的净利润5457.96万元。报告期末，公司合并报表内总资产24.71亿元，总负债10.97亿元，分别比期初减少9.10%、17.03%，归属于母公司所有者的权益为13.98亿元，比期初减少0.63%。2018年度公司归属于上市公司股东的净利润为5457.96万元，较上年同期增加241.58%，主要是由于非经常性损益事项中处置不动产取得收益和纺织企业股权转让取得的投资收益以及政府补助等事项所致，合计影响金额约为18628万元。见表33~表36。

表33　维科技术分行业、产品的收入、成本、毛利率构成

项目	营业收入（元）	营业成本（元）	毛利率（%）	营业收入比上年增减（%）	营业成本比上年增减（%）	毛利率比上年增减（%）
分行业						
纺织业	261055780.44	205947779.69	21.11	−29.08	−33.07	4.71
能源业	1158236814.55	1033388898.42	10.78	4.63	13.47	−6.95
其他类	4208441.49	3547691.97	15.7	285.38	168.68	36.62
分产品						
家纺类	165033919.81	126012378.86	23.64	−40.74	−43.37	3.54
纱线类	96021860.63	79935400.83	16.75	258.74	167.6	28.35
服装类	—	—	—	−100	−100	−11.96
聚合物类锂离子电池	870292861.96	758057559.97	12.9	1.77	17.02	−11.35
铝壳类锂离子电池	255540949.99	234238335.59	8.34	4.33	−8.12	12.43
其他电池类	32403002.60	41093002.86	−26.82	373.46	416.95	−10.67
其他类	4208441.49	3547691.97	15.7	285.38	168.68	36.62
分地区						
国外销售	261066982.84	229706583.46	12.01	49.36	56	−3.75
国内销售	1162434053.00	1013177786.00	12.84	−10.68	−5.35	−4.75

表34 维科技术分行业、分产品的成本构成

项目	成本构成项目	本期金额（元）	本期占总成本比例（%）	上年同期金额（元）	上年同期占总成本比例（%）	本期金额较上年同期变动比例（%）
分行业						
纺织行业	材料	84677468.76	48.92	131196383.54	51.91	−35.46
	人工	34524838.62	19.94	39572244.76	15.66	−12.75
	折旧	1491585.16	0.86	8085085.11	3.2	−81.55
	能源	31014496.36	17.92	34724045.96	13.74	−10.68
	制造费用	21399421.76	12.36	39143020.48	15.49	−45.33
	合计	173107810.66	100	252720779.85	100	−31.5
能源行业	材料	623823101.12	70.33	652370245.69	74.18	−4.38
	人工	135240678.19	15.25	115866043.58	13.18	16.72
	折旧	36261511.56	4.09	27599428.91	3.14	31.39
	能源	31710994.24	3.57	26614412.22	3.03	19.15
	制造费用	60001837.74	6.76	56959015.60	6.48	5.34
	合计	887038122.85	100	879409146.00	100	0.87
分产品						
纱线	材料	0	0	16951781.34	65	−100
	人工	0	0	3498667.19	13.42	−100
	折旧	0	0	1192098.02	4.57	−100
	能源	0	0	2642663.79	10.13	−100
	制造费用	0	0	1793537.02	6.88	−100
	合计	0	0	26078747.36	100	−100
家纺	材料	34994542.28	63.08	48634053.17	58.76	−28.05
	人工	8324438.76	15	11581704.28	13.99	−28.12
	折旧	191938.18	0.35	4008583.02	4.84	−95.21
	能源	2823855.45	5.09	4764647.56	5.76	−40.73
	制造费用	9145401.85	16.48	13777363.00	16.65	−33.62
	合计	55480176.52	100	82766351.03	100	−32.97
服装	材料	20690582.66	49.94	37820558.28	61.27	−45.29
	人工	9985747.56	24.1	11894703.89	19.27	−16.05
	折旧	431196.30	1.04	1336547.36	2.17	−67.74
	能源	4869789.48	11.75	5761181.03	9.33	−15.47
	制造费用	5456246.83	13.17	4918491.19	7.97	10.93
	合计	41433562.83	100	61731481.75	100	−32.88
印染加工	材料	28992343.82	38.05	27789990.75	33.83	4.33
	人工	16214652.30	21.28	12597169.40	15.34	28.72
	折旧	868450.68	1.14	1547856.71	1.88	−43.89
	能源	23320851.43	30.61	21555553.58	26.24	8.19
	制造费用	6797773.08	8.92	18653629.27	22.71	−63.56
	合计	76194071.31	100	82144199.71	100	−7.24
电池	材料	623823101.12	70.33	652370245.69	74.18	−4.38
	人工	135240678.19	15.25	115866043.58	13.18	16.72
	折旧	36261511.56	4.09	27599428.91	3.14	31.39
	能源	31710994.24	3.57	26614412.22	3.03	19.15
	制造费用	60001837.74	6.76	56959015.60	6.48	5.34
	合计	887038122.85	100	879409146.00	100	0.87

表 35 维科技术主要产品产、销、存情况

主要产品	生产量	销售量	库存量	生产量比上年增减（%）	比上年增减销售量（%）	比上年增减库存量（%）
纱线（吨）	0	6.04	0	−100	−99.64	−100
家纺（条）	627732	627563	0	−27.99	−42.61	−100
服装（件）	388014	397300	0	−47.73	−47.58	−100
印染加工（米）	24358942.99	24358942.99	0	−11.31	−11.31	0
电池（支）	58730293	61398721	13953809	−13.22	−8.35	−16.05

表 36　2017~2018 年维科技术研发投入情况

项目	2018 年	2017 年
本期费用化研发投入（元）	63975738.43	51076417.25
本期资本化研发投入（元）	0	0
研发投入合计（元）	63975738.43	51076417.25
研发投入总额占营业收入比例（%）	3.99	3.2
公司研发人员的数量（人）	451	551
研发人员数量占公司总人数的比例（%）	20.22	13.37

7. 水星家纺（SH603365）

水星家纺2018年实现营业收入27.19亿元，较上年同期增长10.44%，归属于上市公司股东的净利润2.85亿元，较上年同期增长10.77%；归属于上市公司股东的扣除非经常性损益的净利润2.6亿元，较上年同期增长6.64%；2018年经营活动产生的现金流量净额2.4亿元，较上年同期减少21.62%；2018年归属上市公司股东的净资产21.87亿元，较上年同期增长7.45%。

2018年，公司在专注于家纺主业不动摇的的发展战略指导下，继续坚定围绕家纺主业深耕细作，扩大经营规模，提升经营效率。

品牌形象进一步提升。公司继续强化品牌形象升级与传播。聘请国内影视明星孙俪女士代言，继续提高品牌关注度；采用包括直播、抖音短视频等消费者更为喜闻乐见、更贴近消费者的的多样化娱乐性营销推广，与广大消费者更顺畅的沟通；大力推进第八代门店建设，渠道终端形象得到进一步提升，吸客揽客量显著增加。

基于对消费者深层洞察能力和技术研发创新能力的核心产品开发新模式更趋成熟。公司基于对消费者的深层洞察能力，继续以新材料研发为重点，以开发健康、舒适、生态型家纺产品为基本方向，开展技术研发和科技攻关，获得了大量的技术成果。在羽绒防臭技术研究、纯棉面料柔滑凉感整理技术并复合抗菌技术研究、家纺洗护技术测试研究等方面取得突破；通过"高新技术企业"复评；通过上海市科委"上海家纺新材料工程技术研究中心"认

定；报告期内新申请发明专利20项，取得授权发明专利3项，实用新型专利2项。公司近年来在产品开发中所采取的极致大单品策略继续取得显著成效，并形成一整套成熟、有效的产品"调研—开发—生产—营销"模式。在继"黄金搭档系列""丝路传奇系列"之后，报告期内，又成功推出"彩绘牛皮席系列"，形成持续畅销的局面，这些单品具有市场欢迎度高、产品亮点突出、长生命周期等特点，同时对其他产品的销售起到了良好的带动作用，公司通过产品不断地为消费者创造了价值。

整体数字化转型推动整体运营效率提升。公司深度拥抱数字化，根据发展战略制定了信息化、数字化配套战略，以实施大数据项目为契机，从纵深方向形成：底层建立公司级的主数据治理组织，建立统一的数字化业务流程、管理规范和数据标准；中台通过全域协作交互的开放式网络管理平台，实现业务过程标准化、在线化、协同化、数字化，与顶层的数字化指标体系形成可时时验证交互的，可迭代优化的运营闭环，为精准决策和执行提供全面实时保障；顶层建立可透视企业经营全方位的数字化管理指标体系。报告期内基本完成了大数据项目一期建设，初步实现了一横（财务）三纵（商品，营销，供应链）的业务领域数字指标体系拉通衔接，开始进入边建设边运营的迭代优化阶段。报告期内，持续深化实施供应链看板、供应商管理平台、运营管理协同平台等项目，全面提升供应链上下游和内部协同效率；加快建设现代化仓储物流信息化体系，通过与全球知名的供应链及物流管理软件厂商曼哈特合作，结合在建的智能化仓储物流中心，设计高效自动化、精准化的智能仓储运营能力，并通过整体的信息化部署，整合外部第三方仓配能力，分布配置仓储物流，提升供应链的反应速度，加强消费者的购物体验；建设微信商城、小程序、星动吧、客服工作台等前端应用，并在营销终端销售和服务方面，通过"超级导购""门店视辅系统""AR居室场景模拟"等互联网类整体解决方案和工具引入，打造品牌人货场的三维空间，贴近贴身贴心地服务于广大消费者。

电商业务及时调整积极应对市场环境变化。2018年上半年电商市场竞争结构发生了新的变化。由于拼多多、云集等以社交电商为主的平台呈现爆发式增长，这些平台以低价为主要竞争方式，对阿里、京东、唯品会等传统电商平台流量产生阶段性影响。为了应对这些低价社交电商平台对于市场的争夺，阿里、京东和唯品会三大平台内部分别推出了相对应的产品，如淘宝特价版，京东拼购，唯品会云品仓，同时在平台内部引导消费规则方面偏向于低价产品，致使各大平台年中高客单价家纺产品的销售受到较大影响。受此影响，公司电商Q2和Q3销售额首次出现负增长，针对此市场情况，公司电商快速反应，及时实施了一系列的调整，一方面，积极入驻新兴社交电商，加大在这些平台的业务资源投入，并在这些平台取得业务高速增长；另一方面，在内部业务运作、产品开发方向和节奏、营销策略、内部组织架构、激励机制等方面作出及时调整变革，以更加灵活、针对性更强的方式应对市场环境变化，取得了良好效果，一些重要的细分品类业务得到快速发展，中台专业化程度逐步提升，为后续业务进一步发展打下了良好的基础。Q4电商销售额恢复了增长，2018年双十一再创佳绩，继续取得天猫双十一单品牌、单店销售第一，获得了天下网商"金麦奖"及家纺行业唯一获得天猫"TES年度消费者最喜爱品牌"的品牌。见表37~表40。

表 37　水星家纺营业收入、营业成本、毛利率情况

分行业	营业收入（元）	营业成本（元）	毛利率（%）	营业收入比上年增减（%）	营业成本比上年增减（%）	毛利率比上年增减（%）
分行业						
批发零售业	2695704137.86	1733866218.13	35.68	10.67	13.3	−1.49
分产品						
套件	1176389589.20	737727360.69	37.29	5.48	9.73	−2.43
被子	1192246391.04	788554886.58	33.86	16.38	16.77	−0.22
枕芯	174154348.81	107948410.45	38.02	9.82	15.1	−2.84
其他	152913808.80	99635560.41	34.84	11.23	11.97	−0.43
分业务模式						
电商	1022329203.76	588260262.42	42.46	7.28	12.72	−2.78
分地区						
东北	92393159.88	65361166.90	29.26	−0.8	−1.93	0.81
华北	271486529.40	188992530.55	30.39	17.04	18.34	−0.76
华东	598931757.22	384501951.48	35.8	12.43	13.45	−0.58
华南	85135806.39	57757143.59	32.16	17.12	17.58	−0.26
华中	239429514.88	171835502.72	28.23	13.87	17.27	−2.08
西北	58590789.96	41925096.89	28.44	−11.47	−14.34	2.4
西南	317219882.65	228002034.47	28.12	20.28	19.7	0.35
国外	10187493.73	7230529.10	29.03	−16.5	−11.75	−3.82

表 38　水星家纺分行业、分产品的成本构成

项目	成本构成项目	本期金额（元）	本期占总成本比例（%）	上年同期金额（元）	上年同期占总成本比例（%）	本期金额较上年同期变动比例（%）
分行业						
批发零售业	主营业务成本	1733866218.13	100	1530389234.27	100	13.3
分产品	—	—	—	—	—	—
套件	主营业务成本	737727360.69	42.55	672335948.71	43.93	9.73
被子	主营业务成本	788554886.58	45.48	675286466.69	44.13	16.77
枕芯	主营业务成本	107948410.45	6.23	93785365.43	6.13	15.1
其它	主营业务成本	99635560.41	5.75	88981453.45	5.81	11.97

表 39　水星家纺产、销、存情况

主要产品	单位	生产量	销售量	库存量	生产量比上年增减（%）	销售量比上年增减（%）	库存量比上年增减（%）
套件被子枕芯	万套/万条/万个	1594.78	1627.75	495.79	−5.84	2.69	−6.24

表 40 2017~2018 年水星家纺研发投入情况

项目	2018 年	2017 年
本期费用化研发投入（元）	68960933.12	80909064.59
本期资本化研发投入（元）	0	0
研发投入合计（元）	68960933.12	80909064.59
研发投入总额占营业收入比例（%）	2.54	3.29
公司研发人员的数量（人）	213	222
研发人员数量占公司总人数的比例（%）	5.81	5.16

8. 梦百合（SH603313）

2018年，梦百合实现营业收入30.5亿元，较去年同期增长30.39%，归属于上市公司股东的净利润1.86亿元，较去年同期增长19.39%。

在品牌营销方面，公司紧紧围绕专注做好提升人类的深度睡眠产品并努力成为受人尊敬的世界品牌的使命和愿景进行Mlily梦百合全球化战略布局。2018年，公司全面升级品牌战略，推出最新的品牌口号及品牌视觉形象，并延伸出全新的品牌VI和门店SI，提升品牌形象，积累品牌资产；同时通过"寻找首席体验官"、联合制作并独家冠名纪录片《追眠记》、发布梦百合深度睡眠指数、在美国拉斯维加斯举办梦百合智能睡眠系统全球发布会以及策划举办多场全国性明星门店开业活动和全国性行业展会等方式深入传播0压睡眠理念，进一步提高公司品牌社会知名度，扩大品牌影响力。

在信息化方面，2018年公司全球化战略规划布局提速，数字化建设全面进入快车道。为搭建企业核心数据主系统，构建支持集团战略，适应全球化快速反应的智能工厂和数字供应链，公司启动SAP S4全球最佳业务实践的解决方案，通过对内部数据及流程的标准化改造，利用SAP优秀的内控管理规范，落地了公司多项流程管控措施，提升生产制造与外部客户的产销协同。同时对车间制造执行系统（MES）、供应商管理系统（SRM）、立体仓储管理系统（WMS）、零售分销服务管理系统（DRP）、面向用户的个性化智能定制系统（C2M）、流程审批系统（OA）等诸多系统的搭建与升级，与各软件服务供应商深度协同，打通与SAP的接口交互，全面提升母公司内、外部的数字化管理水平。公司采取全局规划，分区域、分步骤实施上线的计划，确保全公司运行良好，平稳过渡。目前相关工作正紧张有序开展推进。

在人才方面，公司按照多种通道规划员工的职业生涯，提供发展空间并给予培训支持。扎实开展公司绩效考核，突出薪酬管理的激励性、合理性。加强人才梯队建设，引进管理培训生，建立人才储备长效管理机制，进一步优化员工队伍，提升人力资源整体水平，满足公司跨越式发展对人力资源的需求。

在资本运作方面，2017年下半年，公司启动可转换公司债券项目。2018年11月，经中国证券监督管理委员会核准，公司公开发行人民币5.1亿元可转换公司债券，债券每张面值为人民币100元，共计510万张（51万手），实际募集资金净额49865.09万元，用于投资智能仓储中心建设项目、功能家居研发及产业化项目、综合楼建设项目。见表41~表44。

表 41　梦百合营业收入、营业成本、毛利率情况

项目	营业收入（元）	营业成本（元）	毛利率（%）	营业收入比上年增减（%）	营业成本比上年增减（%）	毛利率比上年增减（%）
分行业						
家居用品	3032013077.87	2062542655.05	31.97	30.04	25.35	2.54
分产品						
记忆绵床垫	1690827834.51	1145844035.63	32.23	29.67	26.11	1.91
记忆绵枕	466190824.94	340920493.19	26.87	5.11	5.56	−0.32
沙发	237376938.67	179975229.67	24.18	12.16	10.31	1.28
电动床	231594848.19	161823905.29	30.13	70.05	66.6	1.45
其他	406022631.56	233978991.27	42.37	71.83	52.4	7.35
合计	3032013077.87	2062542655.05	31.97	30.04	25.35	2.54
分地区						
境内	514738941.00	294563228.88	42.77	22.6	22.95	−0.16
境外	2517274136.87	1767979426.17	29.77	31.67	25.76	3.3
合计	3032013077.87	2062542655.05	31.97	30.04	25.35	2.54

表 42　梦百合营业成本构成

项目		本期金额（元）	本期占总成本比例（%）	上年同期金额（元）	上年同期占总成本比例（%）	本期金额较上年同期变动比例（%）
分行业						
家居行业	直接材料	1650887943.24	80.04	1369577290.31	79.79	20.54
	直接人工	259158327.75	12.56	223594745.60	13.03	15.91
	制造费用	152496384.06	7.4	123299195.67	7.18	23.68
	合计	2062542655.05	100	1716471231.58	100	20.16
分产品						
记忆绵床垫	直接材料	953456822.05	83.21	807626753.65	84.16	18.06
	直接人工	124782415.48	10.89	100368584.36	10.46	24.32
	制造费用	67604798.10	5.9	51620112.38	5.38	30.97
	合计	1145844035.63	100	959615450.39	100	19.41
记忆绵枕头	直接材料	248531039.54	72.9	231964598.49	73.04	7.14
	直接人工	66411312.07	19.48	61106787.97	19.24	8.68
	制造费用	25978141.58	7.62	24525219.50	7.72	5.92
	合计	340920493.19	100	317596605.96	100	7.34
沙发	直接材料	121310480.00	67.4	111367179.40	68.68	8.93
	直接人工	30532659.56	16.96	28881246.28	17.81	5.72
	制造费用	28132090.11	15.63	21906373.66	13.51	28.42
	合计	179975229.67	100	162154799.34	100	10.99

项目		本期金额 （元）	本期占总成本 比例（%）	上年同期金额 （元）	上年同期占总成本 比例（%）	本期金额较上年 同期变动比例（%）
电动床	直接材料	142806079.75	88.25	83343933.01	87.51	71.35
	直接人工	8813174.82	5.45	6911526.30	7.26	27.51
	制造费用	10204650.72	6.31	4984147.93	5.23	104.74
	合计	161823905.29	100	95239607.24	100	69.91
其他	直接材料	185241167.39	79.17	135274825.76	74.38	36.94
	直接人工	28826211.72	12.32	26326600.69	14.48	9.49
	制造费用	19911612.16	8.51	20263342.20	11.14	−1.74
	合计	233978991.27	100	181864768.65	100	28.66

表 43　梦百合产、销、存情况

主要产品	生产量	销售量	库存量	生产量比上年 增减（%）	销售量比上年 增减（%）	库存量比上年 增减（%）
记忆绵床垫（万件）	373.49	373.89	22.13	26.51	22.35	−1.91
记忆绵枕（万件）	1055.82	1047.94	108	2.84	6.3	7.85
沙发（万件）	45.28	44.97	1.7	88.67	16.05	22.37
电动床（万件）	15.45	15.02	0.59	86.14	84.98	264.62

表 44　2017~2018 年梦百合研发投入情况

项目	2018 年	2017 年
本期费用化研发投入（元）	88848871.30	80134216.20
本期资本化研发投入（元）	—	—
研发投入合计（元）	88848871.30	80134216.20
研发投入总额占营业收入比例（%）	2.91	3.43
公司研发人员的数量（人）	135	116
研发人员数量占公司总人数的比例（%）	10.19	11.47

9. 卡撒天娇（HK02223）

截至2018年12月31日，卡撒天娇实现营业收入为3.376亿港元，对比2017年同期的3.474亿港元减少2.8%，公司拥有人应占溢利为780万港元，对比2017年同期的2700万港元下跌71.0%，主要由于对批发客户销售的减少、自营零售及分销业务之销售相关开支增加、 2018年年中人民币兑港元急剧贬值，导致汇兑亏损净额及以股份为基础的付款。

2018年的主要工作包括：优化线上线下销售管道及增加销售收入来源。报告期内，自营零售收入依然是本集团的主要收入来源。近年持续进行的线下网点布局调整大致完成，中国港澳地区网点数量及国内网点数量基本保持平稳。截至2018年12月31日，公司共有224个网点（2017年12月31日：232），当中包括120个自营网点及104个由分销商经营的网点，覆盖大中华地区共64个城市。公司在2018年加大力度增加中国内地的分销商数量，期望提升公司品牌在内地二、三线城市的渗透率。报告期内，公司与多个有丰富零售管理经验的分销客户签订合作协议，为公司在中国内地市场作深度布局。另外，公司继续以在线限定优惠、在线优先订购等措施，推广公司的自营香港购物网店，有效提升香港购物网店的浏览量。在2018年第四季，公司将内地电子商贸部团队迁移到惠州生产基地，以提高发货效率及加快货品规划应对市场需求。为了减低对零售收入的依赖，公司继续投放资源开发商业客户市场，并提升公司在商业客户市场的地位。

持续研发睡眠产品及展开家居用品和家俬业务。公司一直在产品设计上以"时尚、创意、功能"作为核心理念，为市场提供精美优质而附有健康功能的床上用品，巩固本集团的"健康睡眠专家"形象。在2018年年初于香港市场推出成人驱蚊产品，产品尤其适合温暖潮湿的华南地区，产品大受市场欢迎。另外，公司也推出"零压磁疗枕"测试科技枕头市场，产品使用来自土耳其Comfytex的矿物磁疗物料，通过矿物中的铁质促进血液循环及放松肌肉，提高用者的整体睡眠质素。在授权产品方面，公司一直支持香港原创卡通设计，年内公司在卡通授权产品组合加入柴犬工房、Squly & Friends 等本地原创卡通。此外，公司还针对年轻人市场，开拓"快时尚"床上用品及家居用品业务，以提升消费者购物体验及增加零售销售收入。公司致力发展与床上用品业务有协同效益的产品市场，包括家居用品及家俬业务。为配合内地年轻而高消费力的家庭对于外国设计风格的产品需求，公司在2018年第一季于惠州市一个大型新住宅项目开设首间"家居生活馆"。店内除了提供床上用品、床褥、卫浴用品、睡床、沙发、橱柜、餐桌等配套产品，还提供一体化的家俬订制服务，为内地追求生活品味的都市人提供一站式购物体验。截至2018年12月31日，公司在内地共设有 4 间"家居生活馆"，分别位于广东省的惠州、深圳及顺德、及福建省的厦门。

庆祝品牌成立25 周年及加强市场推广。2018 年是公司品牌成立 25 周年，公司以"意艺传承 25"为主题，推出各项增加与消费者互动的宣传活动，其中包括于Facebook 专页邀请公众参与"我最爱的卡撒经典"投票活动及有奖问答活动，与消费者重温公司成立 25 年来最受欢迎的经典产品并推出经典复制产品。

10. 太平地毯（HK00146）

2018年为太平地毯经营历史的重要里程碑，继2017年底出售其商业品牌业务后，管理层开始全面专注于核心手织工艺品牌业务。

截至2018年12月31日，年度之综合营业额约为5.41亿港元，较2017年的约4.47亿港元大幅增加21%。毛利率由2017年48%增加至本年度54%。分销成本随着销售额上升而增加3%至约1.87亿港元，而行政开支下降20%至约1.58亿港元。上述种种改善带动本年度亏损大幅减少至约0.43亿港元，而2017年则约为1.59亿港元。

在出售商业品牌业务后，去年年报所述之内部重组于2017年第4季度启动。区域销售及分销管理架构的精简工作于2018年上半年基本完成。综合经营业绩，包括执行交易及关闭本公司先前位于广东的生产设施时产生的非经常性支出约0.22亿港元。不过，相比2017年的约0.59亿港元，一次性成本已大幅减少。扣除非经常性影响后，太平地毯的核心业务亏损约为0.21亿港元，而去年则约为1亿港元。公司拥有人应占亏损净值约为0.34亿港元，而2017年在扣除出售商业品牌业务收益约3.51亿港元后拥有人应占亏损净值为约1.56亿港元。公司已基本完成内部重组及将制造业务迁移到厦门的新工艺工作坊。

地毯业务。2018年度营业额约为5.2亿港元，较2017年的约4.21亿港元增加23%。美洲营业额约为2.22亿港元，较去年的约1.71亿港元增加30%，随着住宅及私人航空行业的发展而增长。欧洲、中东及非洲的营业额亦增加29%之2.02亿港元，而2017年则约为1.56亿港元。有关增加是受惠于豪华精品店分部业绩的增长，也得益于本年度进行的多个大型游艇项目。于亚洲之营业额约为0.96亿港元，较2017年的约0.94亿港元增加2%。值得指出的是，豪华精品店部分业绩增长强劲，但酒店销售因减少商业品牌业务而下滑，大幅抵消上述增长。毛利率为56%，而去年则为50%，因一次性开支减少、制造成本改善等。

非地毯业务。其他业务主要为太平地毯在美国从事染纱业务的附属公司Premier Yarn Dyers，占总销售额约4%。2018年仍处于亏损。

四、市值

市值是指一家上市公司的发行股份按市场价格计算出来的股票总价值，其计算方法为每股股票的市场价格乘以发行总股数。是市场通过交易对某一企业形成的市场估值。它反映一个企业在通过充分的市场对价交易后形成的在某一时点上的总价值。

在2018年12月28日这一交易日交易价格为基础计算的11家家纺上市公司市值见表45。

表45 2012~2018年主要家纺上市公司市场价值（市值）

人民币核算								（单位：亿元人民币）
代码	公司简称	2012年	2013年	2014年	2015年	2016年	2017年	2018年
SZ002083	孚日股份	37.73	38.77	44.76	72.64	64.20	60.65	44.76
SZ002293	罗莱生活	60.71	66.84	72.31	128.01	94.39	110.25	65.26
SZ002327	富安娜	53.02	48.18	55.82	103.62	74.95	91.03	65.42
SZ002397	梦洁股份	17.81	22.26	29.61	69.36	55.20	51.60	32.06
SZ002761	多喜爱	—	—	—	51.02	49.03	42.42	37.07
SH600152	维科精华	12.85	13.27	19.90	36.39	36.69	34.06	25.40
SH603313	梦百合	—	—	—	—	92.14	64.39	50.42
SH603365	水星家纺	—	—	—	—	—	61.63	39.81
港币核算								（单位：亿港元）
代码	公司简称	2012年	2013年	2014年	2015年	2016年	2017年	2018年
HK00146	太平地毯	4.03	4.22	4.99	4.77	4.92	3.25	3.08
HK02223	卡萨天骄	4.60	3.26	3.93	9.02	3.23	2.92	2.58
HK00873	泰丰床品（停牌）	21.20	17.80	12.30	—	—	—	—

中国纺织建设规划院

2018年新三板家纺企业表现

中国家用纺织品行业协会产业部

2018年，新三板市场整体活力不足，挂牌企业调整加速，家纺行业受大环境影响，挂牌企业减少，但质量稳中见升，盈利能力与偿债能力表现良好，并能反映出行业发展趋势。

一、新三版市场活力不足，挂牌企业调整加速

从挂牌公司数量、融资情况、换手率、做市指数等数据表现来看，2018年是新三板表现较为冷清、投资信心不足的一年。

退出企业明显增多，而新增企业力量不足。2018年，新三板挂牌公司数量为10691家，较2017年减少939家，这一年中新增挂牌公司只有577家，而摘牌公司却达到1516家。从质量上来看，新增优质企业数量远没有退出企业多，摘牌的公司中，营收超1亿元的多达798家，占比超过50%，而新挂牌的公司中，营收超1亿元的公司只有161家，占比只有27.9%。原因除头部企业因IPO或并购而摘牌、底部企业因不符合规范而被淘汰外，大多数企业苦于成本和收益不匹配，难以得到资本融资市场的支持，而信批义务、监管要求压力大，影响企业经营，最终纷纷推出。

"向下"是2018年新三板的状态。融资金额604.43亿元，跌破1000亿元，同比下降54.98%；全年换手率只有5.31%，较最近4年的平均值下降十多个百分点；股票转让成交量236.29亿股，同比下降45.46%，成交额888.02亿元，同比下降60.91%；在2018年最后一个交易日做市指数收盘于715.13点，较年初下跌28%，市值蒸发1281亿元，在1070只做市股票中85%处在下跌状态，其中跌幅超过一半的多达33%。见表1。

表1 2014~2018年新三板市场主要统计指标

项目	2014年	2015年	2016年	2017年	2018年
挂牌规模					
挂牌公司家数	1572	5129	10163	11630	10691
总股本（亿股）	658.35	2959.51	5851.55	6756.73	6324.53
总市值（亿元）	4591.42	24584.42	40558.11	49404.56	34487.26

项目	2014 年	2015 年	2016 年	2017 年	2018 年
股票发行					
发行次数	330	2565	2940	2725	1402
发行股数（亿股）	26.6	230.79	294.61	239.26	123.83
融资金额（亿元）	134.08	1216.17	1390.89	1336.25	604.43
优先股发行					
发行次数	—	—	3	8	9
融资金额（亿元）	—	—	20.2	1.49	2.59
股票转让					
成交金额（亿元）	130.36	1910.62	1912.29	2271.8	888.01
成交数量（亿股）	22.82	278.91	363.63	433.22	236.29
换手率（%）	19.67	53.88	20.74	13.47	5.31
市盈率（倍）	35.27	47.23	28.71	30.18	20.86
投资者账户数					
机构投资者（万户）	0.47	2.27	3.85	5.12	5.63
个人投资者（万户）	4.39	19.86	29.57	35.74	37.75

但是在严峻的环境中，众多挂牌企业仍然在新三板土壤中不断成长。截至2019年4月26日，共计7124家新三板挂牌公司披露了2018年年报，其中，175家营收过十亿元，4693家企业实现营收增长，1010家企业营收同比增长超50%；107家企业净利润过亿元，3680家公司净利润实现增长，1309家企业净利润同比翻番。新三板市场助力民营中小微企业成长，挂牌融资有效降低了资产负债率，扩大了经营规模，并购重组优化资产结构从而实现创新发展，数据显示，2018年，有融资的挂牌公司平均营收、净利润分别是全市场的1.33倍、1.25倍，发生过并购重组的公司平均研发费用是全市场的1.27倍。

二、家纺挂牌数量减少，质量稳中见升

截至2018年，挂牌新三板的家纺企业有16家，主要分布在江苏省、浙江省，分别有7家和3家；床品（件套、芯被类）企业居多，有10家，布艺企业3家，另外还有从事毛毯、毛巾、家纺零售的企业。见表2。

表 2　截至 2018 年挂牌新三板家纺企业情况

公司名称	股票代码	挂牌时间	成立时间	办公地点	细分市场
中天丝路	872989	2018	2015	江苏	毛毯、毛绒套件
澳迪森	872608	2018	2003	山东	母婴家纺，毛巾
中健国康	872256	2017	2008	天津	健康枕、被
富米丽	871878	2017	2008	浙江	布艺
利洋股份	870727	2017	2011	浙江	布艺

公司名称	股票代码	挂牌时间	成立时间	办公地点	细分市场
百思寒	870854	2017	2012	浙江	羽绒床品
馨格股份	870531	2017	2007	江苏	床上用品
雅美特	870293	2016	2003	江苏	卷帘、百叶帘
名品实业	838032	2016	2015	湖南	床上用品
太湖雪	838262	2016	2006	江苏	丝制床品
远梦家居	835735	2016	2000	广东	床上用品
优雅电商	836093	2016	2010	北京	家纺零售
斯得福	834810	2015	1993	江苏	酒店布草
凯盛家纺	833865	2015	1996	江苏	床上用品
咏鹅家纺	832622	2015	2012	安徽	床上用品
苏丝股份	831336	2014	2010	江苏	丝制床品
亿倍股份	停盘	2017	2016	江苏	家用清洁用品
杜玛科技	停盘	2016	2004	上海	手动、电动窗帘
富亿达	停盘	2016	2003	浙江	床上用品
汉哲股份	暂停转让	2016	2004	河北	毛毯
新丝路	暂停转让	2016	2015	山东	布艺、床品
芙儿优	停盘	2016	2011	上海	婴童家纺
宝威纺织	停盘	2015	2011	浙江	地毯、挂毯
华辰股份	暂停转让	2015	2014	浙江	遮阳产品
晚安家纺	停盘	2015	2010	湖南	床上用品

2018年挂牌新三板的家纺企业新增2家，新增企业显著减少，较2017年减少67%，较2016年减少78%，而退市（或暂停转让）企业多达9家。流失的9家企业营业收入过亿的有4家，其中山东新丝路工贸股份有限公司达7.75亿元（2017年数据）；营业收入超5000万的（但不过亿）的企业有4家。退出企业规模整体较大，但是退出的9家企业净利润指标呈现不理想状态，5家企业同比大幅度下降。

2018年新增两家企业为淄博澳迪森母婴用品股份有限公司和无锡中天丝路云联纺织股份有限公司，澳迪森主营各类婴幼儿家纺用品以及成人巾被类产品，中天丝路以跨境电商模式主营拉舍尔毛毯、毛绒件套。其中中天丝路盈利能力强劲，2018年，主营业务收入6.44亿元，同比增长29.89%，实现净利润3196.15万元，同比增长180.6%，毛利率达30.64%，较2017年增长8.94个百分点，主营业务收入与净利润能力都名列第一，毛利率也居于高位。澳迪森2018年主营业务收入排在挂牌新三板家纺企业名单第7位，为1.51亿元，同比下降15.08%。

1. 股票发行融资能力较弱

年报中披露了融资情况的12家企业2018年融资共计2.64亿元，其中通过普通股发行融资3141万元，占比10.59%，通过银行借款等方式融资2.31亿元，占比89.41%，目前家纺企业通过发行股票融资能力较弱，募集来的资金主要用于偿还银行贷款以及补充流动资金。见表3。

表3 2018年新三板家纺企业融资情况

公司名称	融资金额（万元）	方式
利洋股份	1009	普通股发行
富米丽	936	普通股发行、银行借款
馨格股份	570	普通股发行
斯得福	504	普通股发行
雅美特	272	普通股发行
远梦家居	8250	银行借款
苏丝股份	5500	银行借款
澳迪森	4507	银行借款、固定资产融资
名品实业	2480	银行借款
凯盛家纺	1455	银行借款
优雅电商	778	银行借款
中健国康	100	银行借款

2. 盈利能力整体良好

据年报显示，2018年挂牌新三板的16家家纺企业完成主营业务收入29.22亿元，同比增长6.08%，其中9家企业实现主营业务收入两位数增长，规模较大的中天丝路和斯得福同比分别增长29.89%、14.35%。16家企业完成净利润8752.76万元，同比增长27.7%，11家企业实现净利润增长，其中8家企业实现主营业务收入与净利润双增长。毛利率在30%以上的企业有9家，毛利率可以在一定程度上反映出企业产品附加值能力，近年来，这9家企业分别积极开展丝制产品开发、致力健康睡眠研究、建设线上线下双渠道、打造线下体验店等建设，可见不断创新研发提升产品、为消费者提供细致服务的企业毛利率相对较高。见表4。

表4 2018年新三板家纺企业盈利能力情况

公司	主营业务收入		净利润		毛利率	
	万元	同比（%）	万元	同比（%）	本期（%）	上年（%）
中天丝路	64373.15	29.89	3196.15	180.60	30.64	21.70
远梦家居	44617.99	−9.47	913.29	−27.98	49.75	50.14
斯得福	36458.59	14.35	1240.23	102.68	18.15	17.27
凯盛家纺	21977.40	17.48	994.66	67.00	30.38	29.86
太湖雪	19638.52	22.03	1416.37	26.02	42.13	44.12
苏丝股份	19571.03	19.41	584.09	8.97	32.36	34.97
澳迪森	15105.69	−15.08	−516.75	−373.01	12.40	14.35
雅美特	12657.41	15.74	799.26	389.35	23.63	20.79
富米丽	12227.97	−4.65	150.03	155.49	9.67	1.92
咏鹅家纺	10422.66	−23.71	442.38	27.06	18.18	19.05
利洋股份	9923.37	10.10	707.63	7.85	37.41	40.08
优雅电商	9325.52	−14.78	−491.01	8.06	23.58	19.82
名品实业	5203.40	−8.13	−330.40	−393.08	32.69	34.52
中健国康	4493.59	3.25	289.82	−43.40	32.75	33.37

公司	主营业务收入		净利润		毛利率	
	万元	同比（%）	万元	同比（%）	本期（%）	上年（%）
百思寒	3567.80	44.51	−48.74	50.91	37.56	34.17
馨格股份	2662.74	−54.97	−594.25	−2410	8.09	14.48

注 净利润指归属挂牌公司股东的扣除非经常性损益后的净利润

3. 偿债能力合理健康

据年报显示，挂牌新三板的家纺企业资产共计22.96亿元，同比增长2.81%,净资产共计10.95亿元，同比增长11.35%，在16家企业中，资产与净资产较上年实现增长的有12家。资产负债率反映在总资产中有多大比例是通过借债筹资的，一般健康区间在40%~60%，家纺企业绝大多数处于此区间，行业负债合理。流动比率用来衡量流动资产在债务到期以前可以变现偿还负债的能力，一般大于2说明资金流动性好，家纺行业7家大于临界值2,3家接近临界值2，整体资金流动性健康。见表5。

表5 2018年新三板家纺企业债偿能力情况

公司	资产总计		净资产		资产负债率	流动比率
	万元	同比（%）	万元	同比（%）	本期（%）	本期（%）
远梦家居	48633.09	−2.00	27912.77	2.12	42.61	2.18
苏丝股份	27738.99	0.43	10282.69	8.07	57.93	1.06
斯得福	25378.03	15.75	8847.46	14.14	60.64	1.33
中天丝路	23681.00	3.06	6556.98	113.95	72.31	1.29
凯盛家纺	17388.05	4.35	9396.94	14.47	45.96	1.97
太湖雪	15962.91	16.84	8467.62	26.52	45.96	2.07
澳迪森	13389.77	0.57	3177.12	−11.97	74.87	0.67
名品实业	8328.95	4.77	4683.26	−11.26	43.77	1.79
富米丽	7405.82	8.99	2854.25	65.02	61.46	1.40
雅美特	7254.24	22.56	3070.16	35.17	57.68	1.22
咏鹅家纺	7216.23	−9.81	6100.51	9.74	15.46	4.82
利洋股份	6535.12	9.06	5787.42	14.95	11.44	5.71
百思寒	6276.62	29.30	4085.20	0.64	34.91	2.04
馨格股份	5959.40	−24.05	2256.70	−2.64	62.53	2.02
中健国康	5904.27	10.99	4836.91	13.57	14.95	5.92
优雅电商	2594.43	−47.14	1224.03	−27.32	52.88	1.87

三、从三板企业看行业趋势

1. 出口型企业逐渐扩大内销比重

挂牌新三板的家纺企业以外销为主的主要有——淄博澳迪森母婴用品股份有限公司、宁波立洋新材料股份有限公司、安徽咏鹅家纺股份有限公司、浙江富米丽家纺股份有限公司。

澳迪森、利洋股份、咏鹅家纺2018年内销收入占比较上年分别增长2.61、6.26、3.49个百分点，内销比例逐步提升。近年来，国际环境复杂，国内家纺产品需求日益增加，部分以外销为主的企业在稳固国际市场的同时加大对国内市场销售力度，通过多渠道营销提升品牌影响力。见表6。

表6　以出口为主的主要公司内外销情况

公司	外销销售收入	内销销售收入	本期占比 (%)	上年占比 (%)	增幅
澳迪森	8356.31	7068.68	45.83	43.22	+
利洋股份	5873.61	4049.76	40.81	34.55	+
咏鹅家纺	8455.91	1966.75	18.87	15.38	+
富米丽	11789.17	438.79	3.59	4.86	-

2. 努力开拓"线上"渠道

目前，新三板多数家纺企业"直营+加盟"销售渠道发展成熟，互联网深刻的改变了消费者的消费方式，也促使行业销售渠道多元化。凯盛家纺、百思寒、太湖雪、远梦家居、中健国康等企业根据自身发展需要，大力开设线上渠道。太湖雪和百思寒分别是生产丝制家纺产品和羽绒寝具的企业，从年报披露的主要线上渠道销售收入来看，线上收入占比分别为约37%与26%，与上市公司富安娜（29%）、水星（37.6%）比例相当。见表7。

表7　百思寒与太湖雪主要线上平台销售收入情况

平台	百思寒		太湖雪	
	销售额（万元）	占收入比重（%）	销售额（万元）	占收入比重（%）
天猫	1224	34.29	2505	12.75
京东	107	3.01	2356	12.00
唯品会	—	—	323	1.65
合计	1331	37	5184	26

3. 增强"线下"体验感

家纺行业正朝着"大家居"方向迈进，全品类、一站式体验购物模式的应用在行业中逐渐增多，以远梦家居用品有限公司为例，2018年该公司持续加大对原有营销模式的升级投入，推进体验式家居一体化营销模式的建设升级转型，全国完成场景化体验式的销售点超过900个。并且继续推进产品优化升级和扩充品类战略，扩充到小针纺、卫浴、服装及其配饰等家居生活用品，为消费者提供一站式购物服务，2018年完成了100家"远梦生活馆"的开设，倡导自然简雅的生活方式，进一步提升了消费者购物体验，树立品牌形象提高产品附加值。

4. 重视研发创新

在披露了研发费用的12家公司中，上千万的有3家——远梦家居、斯得福、苏丝股份；8家研发费用呈两位数同比增长，其中凯盛家纺同比增长55.13%。12家企业研发费用占主营业务收入比重平均值为3.34%，较高的苏丝股份占到7.04%。见表8。

2018/2019中国家用纺织品行业发展报告

表 8　新三板挂牌家纺企业研发费用投入情况

公司	研发费用		占主营业务收入比重（%）
	万元	同比（%）	
远梦家居	1316.39	10.92	2.95
斯得福	1170.15	20.97	5.32
苏丝股份	1063.26	12.08	7.04
太湖雪	796.69	18.84	4.07
凯盛家纺	620.13	55.13	3.16
雅美特	546.75	10.00	4.47
利洋股份	532.33	−6.46	4.21
咏鹅家纺	446.32	−19.58	4.79
中健国康	352.75	36.89	3.38
名品实业	295.33	13.74	2.98
中天丝路	182.94	−17.40	3.52
馨格股份	37.43	−41.15	0.83
澳迪森	0.00	0.00	0.00
优雅电商	0.00	0.00	0.00
富米丽	—	—	—
百思寒	—	—	—

　　行业越来越重视研发创新，在"自主研发+客户导向"的研发模式基础上，重视产学研结合，2018年，咏鹅家纺研发了远红外、负离子防螨抗菌功能被；名品实业专注结构性家纺产品；远梦家居相继研发了芯类产品的零压技术、持续优化"远梦静音澳洲羊毛被"产品、推出环保健康的竹草系列产品，另外多个企业在2018年获得专利和认证，行业研发激情高涨。见表9。

表 9　2018 年部分企业获得专利与认证成果

公司	专利	认证
咏鹅家纺		安徽省高新技术企业证书
中天丝路	—	1. 获得国家知识产权局颁布的一项"一种毛毯的压花装置及该毛毯的生产方法" 2. 获第 28 届华东进出口商品交易会（中国上海）颁发的创新奖项
名品实业	2018 年申请了 8 项实用新型专利和软件著作权 3 项，授权发明专利 1 项和外观专利 2 项	—
斯得福	新增授权发明专利 3 项，新增申请发明专利 6 项，实用新型 1 项	1. "水 . 墨"主题系列产品获得 2018 年"张謇杯"设计大赛了产品设计金奖 2. 完成国家高新技术企业的重新评定，并通过江苏省知识产权贯标体系和江苏省两化融合体系的评定
雅美特	2018 年获专利 7 项，其中发明专利 1 项、实用新型专利 6 项	—
中健国康	2018 年新增发明专利 1 项，实用新型专利 13 项	1. 被评为"国家科技型中小企业" 2. "深睡健康寝具"获天津中小企业"专精特新"产品

　　注："—"并不代表该公司没有专利或认证

5. 探索健康睡眠

"健康睡眠"有巨大的社会价值和经济价值，或将成为继饮食和运动之后的第三大可催生高利润产品的健康议题，世界各国都在睡眠领域投入了巨大的技术资源和产业资源——2010年欧洲睡眠医疗产业市场规模为558.5亿美元，2015年增长至767.3亿美元；韩国2010年市场规模为95.9亿美元，2015年增长至137.2亿美元；日本2010年市场规模为145.6亿美元，2015年增长至203.3亿美元。

我国在2017年市场（包含寝具、家居等）容量已经达到1000亿元。挂牌新三板家纺企业中不乏致力研究人们健康睡眠的企业，健国康在石墨烯纤维、托玛琳纤维、远红外纤维、磁纤维、大豆蛋白纤维、竹纤维、远红外牛奶蛋白纤维纺丝技术及抗菌纺织品技术领域取得进展的同时，开发个性化定制产品，为消费者提供差异化服务，并与天津工业大学合作建立联合实验室打造"互联网+睡眠大数据"平台。

6. 丝制家纺产品绽放活力

随着国民经济的发展，中高等收入群体不断扩大，中高端消费需求快速增长，纺织品消费结构升级步伐持续加快，丝制消费市场前景看好，同时丝制品有传统文化符号与情节，是传统文化与现代时尚融合的良好载体。从事丝制产品研发生产的新三板家纺企业有苏丝股份和太湖雪，苏丝股份主营苏丝系列高端桑蚕丝家纺和服饰，利用公司现有的工程技术中心平台，开发适应市场需求的多项新产品，整体经营状况良好，实现营业收入2亿元，同比增长37.85%，年报中显示主要得益于苏丝成品订单增加。太湖雪主营蚕丝被，传承太湖流域五千年的蚕丝制被技术，产品涵盖蚕丝被芯、真丝床品、真丝家居、真丝丝巾、真丝婴童，秉承"融汇中西"的设计理念，开创了别具特色的中国式高级定制模式，2018年营业收入1.96亿元，同比增长22.3%，净利润1416万元，同比增长26.02%。2家企业盈利能力良好，主营业务收入在16家家纺新三板企业中排名第5、6位，丝制家纺产品势头良好。

四、结束语

2018年，新三板经历了高增长后归于沉寂，面对二级市场流动性不足、挂牌企业质量参差不齐、投资者退出通道不畅等诸多问题，市场不断改革进步，2018年迎来集合竞价转让模式、推出"新三板+H"上市路径、发布三大存量改革组合拳（股票发行、并购重组便利化、做市商激励政策），新三板市场将会逐步完善。对于中小企业而言，新三板确实是融资、重组、提升品牌竞争力的有效平台。

家纺行业，挂牌企业数量减少，但质量稳中见升，盈利能力整体良好，偿债能力合理健康，重视创新研发，努力开辟线上销售渠道的同时增强线下购物体验，为消费者提供更多服务的同时提升产品附加值，同时积极打造健康睡眠、深度挖掘传统文化工艺并与现代技术相结合，行业转型升级的道路上步伐稳健。目前家纺企业在新三板融资情况不容乐观，但随着行业向科技时尚产业转型的步伐加快，消费者观念的改变，会有更多投资者选择家纺企业，也会有更多家纺企业选择新三板来实现成长。

撰稿人：刘丹

研发创新

跨界创意　融合创新　多元创美的大舞台
——"海宁家纺杯"2018中国国际家纺创意设计大赛综述

贾京生

　　第十六届"海宁家纺杯"2018中国国际家用纺织品创意设计大赛评比工作于2018年7月13日在海宁落下帷幕。大赛组委会针对"新时代"背景下的创新设计、创新产品、创新品牌的要求与趋势，为推动中国家用纺织品设计的新时代转型与可持续发展，提高家用纺织品原创设计的国际化水平，增强家用纺织品创意设计的品牌化竞争力，扩大中国家用纺织品创意设计的国际化影响力，16年来，执着于以赛事搭建创意设计的交流、学习、竞争、展示的平台。力求以赛事增强原创意识、拓宽国际视野、提高中国家纺创意设计整体水平。

　　本届大赛创意设计主题为"新·趣"。"新"是每个创意设计大赛的主旨之一。在创造"未见过"内容之"新"、形式之"新"、时尚之"新"的基础之上，还要创造"美好""适用""可持续发展"的生活用品。"趣"是此次创意设计大赛的赛点之一与亮点特色。即在创意设计出"新"的基础之上，还要求有品位的"趣味性""情趣化""个性化"，通过大赛"新·趣"主题的引领与拓展，使参赛作品增强设计趣味的个性化、特色性、情趣性。本届设计大赛，共收到国内外参赛作品2156幅。其中，创意画稿组作品1561份，来自71个单位，院校54家，企业及个人工作室17家。整体软装组作品595份，来自39家院校和企业。在浙江省海宁市公证处的全程公证下，经过专业评委的层层遴选，件件斟酌，分组分类，最终，创意画稿组评出金奖1名、银奖3名、铜奖5名、优秀奖20名；整体软装组评出金奖1名、银奖3名、铜奖5名、优秀奖20名（图1）。

图1　2018年大赛评比现场

综观本次大赛活动，突出展现如下几个特点：一是激发家纺创意设计的最权威、最专业的大赛，二是全方位、立体化地呈现家纺创意智慧的大赛，三是挖掘家纺创意的资源、赋能综合平台的大赛。

一、激发家纺创意设计的最权威、最专业的大赛

第16届"海宁家纺杯"2018中国国际家用纺织品创意设计大赛组织机构更具权威性、引领性、前瞻性、落地性与公正性。大赛由作为中国最专业、最权威、最具影响力的家用纺织品创意设计大赛组织者——中国家用纺织品行业协会、中国国际贸易促进委员会纺织行业分会、法兰克福展览（香港）有限公司、海宁市人民政府、中国布艺名镇许村共同主办；由中国家用纺织品行业协会设计师分会、中国布艺名镇许村承办；海宁中国家纺城股份有限公司协办；海宁公证处承担全过程的监督与公证。此次大赛有家纺专业协会的主导、企业和行业的把脉、政府的精心组织、设计师的作品"说话"、市场和消费者的互动，构成了中国家纺创意设计重大的主题赛事与竞智竞艺的舞台。大赛始终强调民族文化融入的创意设计，倡导回归自然田园的创意设计，秉承家纺创意设计的可持续发展理念，全面激活与提升中国家纺设计的原创能力、时尚趣味与国际水平。这是大赛主办的主旨与目的。这从已经历时发展16年大赛的创意设计上一步一步提升、飞跃可窥得一斑（图2）。正如本次大赛评委、广州市纺织服装职业学院党委书记、副教授黄素欢所说，"正是中国家用纺织品行业协会的积极作为和大力推动，使得中国家用纺织品的原创设计形成了一种全新的概念，呈现出一种常变常新的美。"

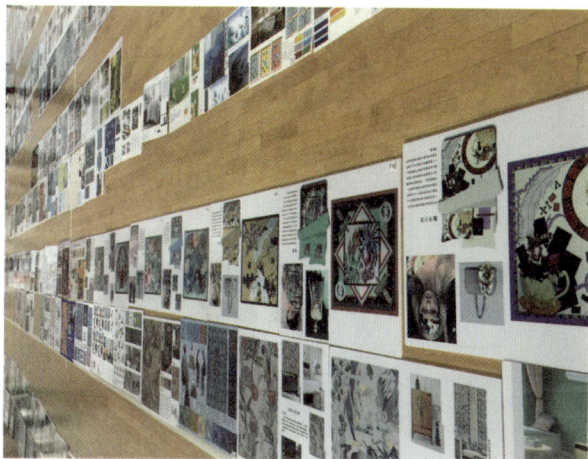

图2　2018年大赛作品在体育场呈现

本次大赛评审委员会由行业协会领导、行业协会总设计师、中国家纺生产企业基地领导、艺术设计院校专家教授、家纺企业总裁及董事、国外流行趋势研究专家组成评审团队，使创新作品水平的评审角度、高度、广度、适用度、时尚性、国际化更具权威性与专业性。大赛评审委员会成员有：大赛评审委员会主任、中国纺织工业联合会副会长、中国家纺行业协会会长杨兆华，大赛评审委员会执行主任、中国家纺行业协会总设计师、高级工艺美术师王易。大赛"创意画稿组"评审委员会专家有：浙江洁丽雅股份有限公司CEO石晶，浙江玛雅布业有限公司总经理、Maya Fab & Harmel Home品牌创始人沈建春，中共海宁市许村镇党委书记杜莹池，香港理工大学纺织及服装学系教授、博士生导师姜绶祥，江苏悦达纺织集团有限公司副总经理、江苏悦达家纺有限公司董事长、副总经理、高级工程师凌良仲，湖北美术学院纤维艺术设计教研室主任崔岩，广州市纺织服装职业学院党委书记、副教授黄素欢。

大赛"整体软装组"评审委员会专家有：浙江纺织服装职业技术学院纺织学院环境艺术设计（软装设计方向）专业主任、副教授付岳莹，山东省工艺美术协会软装艺术专业委员会常务副主任、青格锐软装设计机构创始人 & CEO孙锐，鲁迅美术学院（大连校区）软装饰设计工作室主任、副教授吴一源，《国际纺织品流行趋势——软装mook》期刊执行主编郑亚男，亚振家居股份有限公司软装设计总监、中国建筑装饰协会、高级陈设艺术设计师徐英。大赛新闻发言人由清华大学美术学院长聘教授、博士生导师贾京生担任（图3）。真可谓国际的视野、多元的角度、不同的层次、多样的行业精英，组成了强大而专业的评审阵容。作为大赛新闻发言人，目睹了今年整个大赛评审过程，为了作品评审的公平性、公正性、公开性，在各个环节的讨论、争议都是自始至终在浙江海宁市公证处的全程公证、监督之下，经过专业、行业、权威的专家评委评审：纵横比较、幅幅斟酌、慧眼识珠、优中选优，最终评出大赛的金奖、银奖、铜奖、优秀作品。大赛的评价体系科学，评价方式合理，评审结果公正。

图3　2018年大赛评审委员合影

　　从本届大赛获得各类大奖的参赛选手构成来看，参赛范围之广、参赛作品之精、参赛选手之强、参赛组织之多，都达到了前所未有。本次大赛共收到来自国内、国外的参赛作品1561幅（创意画稿组），其中包含71家单位、院校54家、企业及个人工作室17家。国内参赛的高校几乎涵盖了各类相关院校；既有"985""211"国内一流名校，如清华大学、东华大学、苏州大学、江南大学等；有国内专业性美术院校与设计院校，如鲁迅美术学院、天津美术学院、湖北美术学院、四川美术学院、广州美术学院、南京艺术学院、北京服装学院、山东工艺美术学院等（图4）。

　　尤其是获得金奖、银奖、铜奖等大奖的院校分布，均呈现普遍开花、竞争白热化的局面。既有专业美术院校——湖北美术学院（银奖）、鲁迅美术学院（银奖）等学生作品，也有综合大学——清华大学美术学院（金奖）、青岛大学美术学院（铜奖）、景德镇陶瓷大学（金奖）艺术设计专业的学生作品，还有纺织服装职业学院——广州纺织服装职业学校（银

图4　家纺行业协会会长杨兆华亲临现场评比

奖）、江苏工程职业技术学院（铜奖）、浙江纺织服装职业技术学院（银奖）的学生作品。既有在校的本科生、研究生作品参赛，也有在专业、行业的设计公司和生产企业的设计师参赛作品，还有一些国外作品的参与。可以毫不夸张地说，这次大赛每个学位层次、不同专业方向的学生参赛作品，以及不同职业、不同行业设计师的参赛作品，都呈现多元化、高水平、多视角的竞争态势，这是非常好的发展趋势与极为可喜的现状。此次最年轻的大赛评委、浙江洁丽雅股份有限公司CEO石晶说到：“'海宁家纺杯'大赛作为国内创办的第一个家纺设计类比赛，为家纺设计人才提供了一个很好的展现自我和同台竞技的平台，同时促进了中国家纺行业设计创新的整体发展。本次大赛主题'新·趣'，体现了当下家纺设计行业对创新、多元、时尚的追求。在大赛中涌现出的众多优秀作品，都说明了中国的设计师们不管是在设计语言、表现手法，还是在流行趋势的把握，全球化融合方面的能力越来越突出。”

二、全方位、立体化呈现家纺创意智慧的大赛

第16届“海宁家纺杯”2018中国国际家用纺织品创意设计大赛作品，与往届相比，在创意主题、题材选择、表现手法、艺术格调上都有所创新与超越。大赛主题“新·趣”富有创意，作品呈现“新·趣”多姿多彩，艺术探索“新·趣”趣味十足，方法表现“新·趣”个性丰富，主题挖掘“新·趣”深入浅出、百花齐放。

参赛作品之“新”，充分展现了创意设计大赛评选中的重中之重，强调参赛作品的全面创新与推陈出新。获得此次大赛金奖作品《珊瑚岛》（图5），以海底礁石和海洋生物为灵感来源，避开常规的写实题材与具象描绘，采用综合材料、融合手法相结合的表现技法，运用手工纸艺手段，营造出斑斓魅人的海洋世界，给人一种全面之“新”面貌。同时，设计作品注重层次性与结构关系性，每一层纹样与主题之间都映衬有致、疏密得当而又趣味横生。整体色调冷静而澎湃，隐含的灰色基调与有彩色系的搭配，时尚活泼又不失稳重。局部数码设计语言的运用，使得作品的气氛更加突出，形式变化更加活泼自由，突出了大赛“新·趣”

图5　金奖作品《珊瑚岛》（清华大学　俞婷）

的创意主题。该系列作品从选材、立意，到视觉呈现效果及实际应用模拟方面，均表现出相对完整的"新"与成熟的"新"，这是艺术创造出"新"的一个典型案例之一。

大赛的创意设计作品之本在于"美"，而"美"的创意设计之基，首先在于"新"。创新，既是大赛主旨与最终目的，也是大赛活动生生不息的生命源泉。"新"，一是"从无到有"的全面创新，二是"化古为今""化传统为时尚"的传承创新。后者的创新是以传统文化为基础，不做"无根之木、无源之水"的创新，而是站在人类文明成就肩上的创新，是通过传统文化再发现、再思考、再设计、再转换、再提炼的推陈出新。这在大赛参赛作品中，可以发现很多作品做的非常优秀、恰到好处。如铜奖作品《花地》（图6），以人类工艺美术史上的花卉为主题，这是常见的、永恒的、传统的经典题材。作品似乎是最直接的叙事者、言情诗、田园画、告白书——将美、爱、包容、温馨、生命……，所有的美好几乎都得到最佳的表达与呈现。尤其在家纺设计领域的花卉图案，虽然常见，但可以常见常新，常见常

2018/2019中国家用纺织品行业发展报告

美，可以轻松营造自然、舒适的家居气氛与意境。该作品正是选择了最熟识、最传统而又最有意义的花卉图案进行主题创作，进行再发现、再思考、再设计、再转换、再提炼。尤为可贵的是年轻设计者扎实的绘画基本功，采用中国传统工笔花卉造型方法，主纹样虞美人花型的塑造饱满有力，枝叶穿插合理，层次丰富明晰，构图新意十足。作为底纹的花卉搭配疏密且有致，造型严谨且轻松，色彩素雅且清新，晕染和渐次的效果使主体突出，画面层次丰富，适合印花工艺生产。这是本次大赛推陈出新的典型作品之一。

参赛作品之"美"，全面展现了创意设计大赛评价体系中的永恒方向和不变趋势，即极力倡导参赛作品的时尚之美与多元之美。因为"美"的创意设计，是家纺创意设计产业赖以可持续发展的产品基础、商业基础与消费基础，也是时代审美的要求、新业态发展的趋势与可持续生活方式的基础。因此，本次大赛专家眼中评审的作品之美与参赛选手呈现的作品之美，在大赛评审过程中、结果里产生直接互动与美感共鸣。获得此次"整体软装组"金奖的作品《雪中歌》（图7）。

人与境的关系所营造"诗意的栖居"之美作品，打动了评审专家。正如专家点评所说的那样："好的软装设计不是产品的堆砌，而是巧妙的描绘人与空间的关系。设计者能够将生活中的所见、所感、所思巧妙的融入到空间设计中,对生活进行升华。作品整体搭配紧随当下'贴近自然、绿色环保'的设计理念，配色方面以大自然为师，不同浓淡的绿色在灰色的对比中愈发显得生机勃勃。造型简洁的家具、肌理感强的面料、主题突出的挂画、绿意盎然的植物……，抛开繁杂的形式化，运用简单物品打造出一个纯净、空灵、自然的心灵归所。去繁从简，心之所向，素履以往，雪中长歌。"

在画稿组的参赛作品中，追求自然田园之美的作品，鹤立鸡群般的脱颖而出。如获得画稿组银奖作品《梯影》（图8），以贵州的梯田自然景观元素为设计灵感，以水彩撒盐技法来营造自然肌理为手段，展开了巧妙的设计构思与艺术表现，使整体画面达到了自然而然的艺术效果与节奏美感，表现出一种自然之新颖性与随意之趣味性。色彩搭配上整体色调突出、局部色彩变化到位，既有整体统一感，又有细节微妙性。当然，作品也存有不足之处：应用

图6　铜奖作品《花地》
（江苏工程职业技术学院　许颖）

图7　金奖作品《雪中歌》
（景德镇陶瓷大学　肖珺）

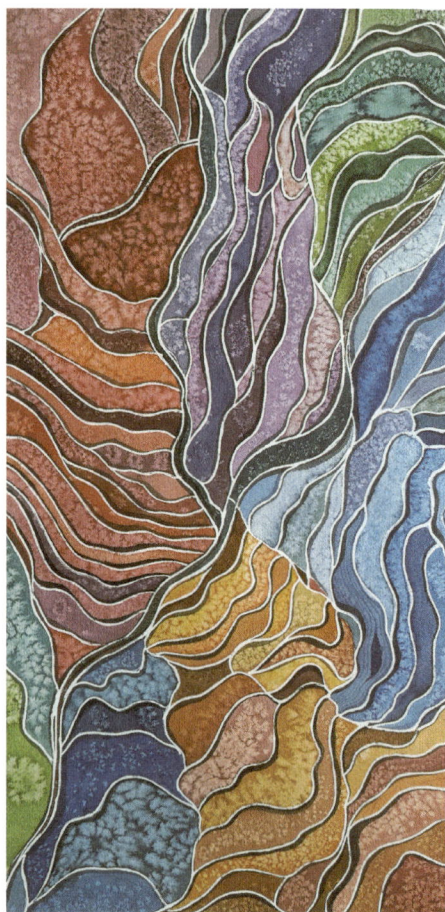

图8　银奖作品《梯影》
（湖北美术学院　石晨）

图9　银奖作品《如花美眷 似水流年》
（鲁迅美术学院　于婉宁）

性的延展设计方面显得单薄，辅助纹样设计显得简单，陈列设计没有得到有效的展开。

参赛作品之"适"的要求，即"适用性"，是融入创意设计大赛评价体系中所要达到的最终目的之一。作为家纺创意设计产品的要求，必须具有许多的特性，即产品的功能属性、商业属性、文化属性和审美属性。这四个属性，分别为创意设计产品的使用价值、交换价值、文化价值和艺术价值。大赛作品的赛点之一，就是力争为此赋"能"、为此赋"美"、为此赋"适"，即家纺创意设计全面的"适用性"。创意设计大赛的最终目的之一，就是要使创意设计产品变为设计的商品、设计的用品，即适合消费者需求，适应市场流行趋势，适宜企业创新发展。当然，参赛作品尽管在这方面还存在这样或那样的不足，但是，评审中的"适用性"考量也是本次大赛的要旨之一。

获得大赛银奖作品《如花美眷　似水流年》（图9），在这方面的亮点受到评审专家的肯定。《如花美眷　似水流年》作品以花卉与植物为设计元素，在设计表现中融入了自然、随意的晕色效果，以此营造出整体画面的清新、有趣的意境。花卉是家纺设计中最常用、最常见的题材，也是消费者最喜爱、企业最投入、市场最受欢迎的题材，在这幅作品没有选择大花大朵的名贵之花，而是选用了很少使用的无名野花野草。通过作者的精心组织与巧妙排列，构成了一幅浑然一体、一气呵成的家纺创意设计佳作。不仅如此，整体色彩的灰色调与延展设计的丰富性，又使得此作品更加含蓄、高雅、自然、沉稳而耐看。

本次大赛企业评委、浙江玛雅布业有限公司总经理、Maya Fab & Harmel Home品牌创始人沈建春对于作品评价："这次大赛令我感到惊喜，许多参赛作品不仅创新能力强，前瞻性突出，还很接地气，非常符合企业的需求。有的作品设计水准很高，和我们在欧洲选购的画稿水平相当，而且完全可以运用到企业的产品开发中去。接下来如果参赛的院校能够与海宁的当地企业进行深度的校企合作，甚至

2018/2019中国家用纺织品行业发展报告

学生的毕业设计能够围绕海宁的企业来开展，让院校能更多地了解我们的家纺企业和市场需求，将这些优秀的作品应用到企业中，把作品转化成产品，将是一件非常有意义的事。"

在另外一幅获得铜奖的参赛作品《溪子》中（图10），"山水之美"是艺术家畅意抒怀的经典题材，该作品将传统题材同多种元素结合在一起，山水、烟云、树、鱼、城市，前后层叠、穿插，形成了蒙太奇般的画面效果，线面分割表现活泼而丰富，塑造了良好的层次空间，色彩运用轻盈愉悦，呼应了画面的梦幻主题。这幅作品在"适用性"方面，做出了较好的探索。这正如企业评委代表江苏悦达纺织集团有限公司副总经理、江苏悦达家纺有限公司董事长、副总经理、高级工程师凌良仲所说："今年'海宁家纺杯'创意设计大赛已是第十六个年头，参赛作品题材广泛，创意新颖，表现手法多样，令人目不暇接，可谓'百花齐放''百舸争流'。大赛的组织也更加有序、规范和严谨，彰显公开、公平、竞争的原则。"

图10　铜奖作品《溪子》
（青岛大学美术学院　林宇）

本次大赛主要有以下几个特点：一是作品灵感来源广泛，不拘一格。一草、一木、一个故事、一句名言、一个自然现象……皆可化为创作者的灵感。二是表现手法变幻多样，每个作品都倾注了创作者的汗水和辛劳。有些作品可谓精雕细琢，细节处可见功底和艺术素养。三是作品应用覆盖面广，大多数都能兼顾到创意性和实用性，而且在终端应用上也进行了展示，产品涉及床品、毛巾、装饰布等，一应俱全。

三、深挖家纺创意的资源、赋能综合平台的大赛

历经16年的中国国际家纺创意设计大赛是一个继续深挖家纺创意人才资源、赋能家纺创意行业、源源不断储备人才的综合性大赛平台。大赛以交流、对话活动为核心，以参赛作品的创意、创新为重点，以激励原创思维、原创设计、原创作品为最终目的，将国内外的设计师召唤过来、汇集在这一平台上，以此展现了他们艺术想象力、设计创造力、智慧创新力，以此形式来发现、推出、储备新人才，源源不断的推出了一届届、一个个优秀的新锐家纺设计师。本次大赛评委、广州市纺织服装职业学校党委书记黄素欢在评选作品过程中感言："'海宁家纺杯'作为每年一度的设计界的'比武'级赛事，本届作品的征集得到了全国纺织企事业单位、院校、纺织设计界的积极响应。大赛秉承创新探索的理念，与今年立意'新·趣'方向执行着同一评审标准。本人有幸作为院校代表参加本次创意组的评审，荣幸

研发创新
· 113 ·

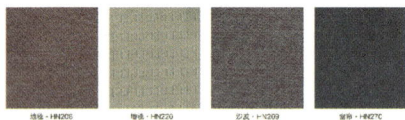

图11　银奖作品《花想容》
（浙江纺织服装职业技术学院　王倩菲）

图12　铜奖作品《桃源》（吴限）

地跟业界大咖交流学习，深感现代家纺人才培养的使命和担当。深为行业协会和集群政府持续重视原创、凝聚人才、荟萃创意、推动家纺产业创新发展的义举感动。"

　　每年的创意设计大赛，是检验艺术院校创意设计教育人才培养、教育水平、教学内容的有效平台。通过大赛的平台，院校可以了解到家纺企业、家纺市场需要什么样的设计人才，以及需要什么样的产品设计，院校可以改进设计教育内容与教学方式，紧接企业需求与市场地气，杜绝闭门造车，培养出创意"顶天"、设计"立地"的真正适用人才。同时，通过大赛各类评奖项目，建立人才竞争机制，激发学生们原创设计的积极性与热情投入度，使学生们看到了中国家纺原创设计空间巨大、前途光明，是值得为之终身奋斗的（图11~图13）。

　　历年的创意设计大赛，不仅是家纺设计企业、家纺设计公司挑选新锐设计师的最佳平台，也是企业通过参赛作品寻找设计创新灵感、创新方法、创新方向的突破口。正如江苏悦达家纺有限公司董事长、副总经理、高级工程师凌良仲所说："大赛作品反映了参赛者整体的创意设计基础和水平，也代表了家纺行业的流行趋势和发展方向，对于提升家纺设计师艺术素养和设计能力有着积极的推动作用。"

　　创新无止境、创意无边界、创造无穷境。这正如中共海宁市许村镇党委书记、本届大赛评委杜莹池所希望的那样："今年是海宁杯大赛举办的第十六个年头。这些年来，大赛一直都在记录、表达、传递当下的生活美学；一直都在尝试拉近、构想、预言未来的流行时尚。这种近乎于使命感的坚持，赋予大赛以生命力，让大赛在时下众多的赛事中保持鲜活的本色。同时来自院校的参赛作品，特别是软装组的作品又为大赛注入了活力和创造力。年轻人的创作理念与追求，在一张张画稿、一个个场景中，勾勒出当代年轻人对'家'的审美趣味，不出几年，这

图13　铜奖作品《一禅》
（景德镇陶瓷大学　王海静）

些创作的年轻人又成为家装市场消费的主力军，这种微妙的关系实在值得推敲和玩味。对于大赛，可以运用互联网思维加以创新。如每年大量的参赛作品，可以建立一个网上作品库，条件成熟之后还可以成为网上交易市场，这样设计成果的转化将会更普遍、更便捷。如可以对作品库的访问量、成交量进行大数据分析，探索流行趋势，打造家纺流行趋势的发布平台。始于比赛，不止于比赛。大赛对于整个许村家纺产业知名度的提升是不言而喻的，对本地企业与设计师的观念引领也起到了至关重要的作用。

清华大学美术学院

研发创新

"张謇杯" 2018中国国际家用纺织品产品设计大赛综述

阎维远

由中国家用纺织品行业协会、中国国际贸易促进委员会纺织行业分会、法兰克福展览（香港）有限公司、南通市人民政府主办，中国家用纺织品行业协会设计师分会、南通市名牌战略推进委员会、南通市通州区人民政府、海门市人民政府、京东家纺承办，中国家用纺织品行业协会床品专业委员会、中国家用纺织品行业协会布艺专业委员会、中国家用纺织品行业协会毛巾专业委员会、中国家用纺织品行业协会经销商专业委员会协办的"张謇杯·2018中国国际家用纺织品产品设计大赛"于2018年9月6日在江苏南通拉开帷幕。

本次大赛主题为"好设计 新需求"。该命题的主旨指明了设计的本质和目的是为了满足人们更多、更高的生活需求，展现出人文关怀的情愫，从而达到为消费者提升生活品质的效果。经过主办方的科学组织、广泛宣传，赛事所产生的广泛影响得到了家纺业高度的重视，并吸引了一大批新人、新秀踊跃参加。设计大赛提升了中国家纺行业研究与设计的整体水平，并使企业和院校通过此空间和平台开展创新、合作、接轨、交流，接受社会的检验。多年来大赛扶持、培养和奖励了一批批积极、努力、具有实践精神的设计人才和担当负责的品牌，推动了我国家纺产业的良性发展。

一、科学组织、引领行业、大赛工作对标国际品质

"张謇杯"中国国际家用纺织品产品设计大赛创办于2006年，每年一届。大赛始终以"公平、公正、专业、创新"为办赛原则，主办方坚持以服务企业为宗旨，凝聚了家纺行业的集群力量，以提升中国家用纺织品的设计水平为目标。2018年的设计大赛在主办方十几年的培养下，已成为家纺品牌文化推广的窗口，海内外设计人员产品设计理念、设计方法交流的平台，大赛催生了设计理念的革新以及极具探索性的设计精品。"张謇杯"设计大赛不仅是国内较权威、较专业的大赛，而且是国际知名的家纺产品设计赛事。

本次大赛分为家纺产品线下实物评比和京东家纺线上产品评比两个部分。来自海内外的品牌家纺企业、设计院校师生、独立设计师的大量实物作品寄送给主办方参加了线下评比，合计341套件；线上评比由在京东商城开设店铺的家纺企业提供作品进行参赛。

大赛组织者科学规划评选规则、程序和组织结构，按照优秀的模式进行总结和实践。大

赛组委会的工作和思路更加务实、先进和科学，今年在招赛内容上对行业发展的方向进行了引领，向大家居范围扩大。今年参赛作品的品类非常丰富，除了床品、毛巾、装饰布这些传统品类，还有很多家居饰品、工艺品和非遗工艺的开发产品参赛。中国纺织工业联合会副会长、中国家用纺织品行业协会会长杨兆华任本届大赛评审委员会主任。中国家用纺织品行业协会副会长王易任本届大赛评审委员会执行主任。大赛评审委员会委员包括（以下按姓氏笔画排序）：鲁迅美术学院教授庄子平、北京服装学院副教授李政、吉林东樱美家纺居室用品有限公司董事长李巍、广州美术学院副教授金英爱、国际纺织拼布协会（I.T.Q.A）会长郑仁淑、孚日集团股份有限公司研发中心经理呼嵩、清华大学美术学院教授贾京生、上海家用纺织品行业协会会长翁和生、江苏工程职业技术学院副教授钱雪梅（图1）。大赛新闻发言人为天津美术学院艺术设计研究院副院长阎维远。经过专业评委的层层遴选，最终评选出设计奖18个（含金奖3个、银奖6个、铜奖9个）。江苏斯得福纺织股份有限公司金桂兰、崔舜婷设计的《水·墨》、烟台北方家用纺织品有限公司贺茜设计的《海天》、韩国设计师金相淑设计的《summer dawn》三件作品获产品设计金奖；上海凯盛床上用品有限公司姜帅设计的《凤冠霞帔》、江苏卓泰微笑艺术家居营销股份有限公司徐婧婧设计的《韵律》、南通大东有限公司汤怀东设计的《让我们的家园变得更美好》、贵州省安顺市西秀区少数民族苗娃服装厂杨学珍设计的《苗族服饰套装》、韩国杨镇国设计的《That year … spring》、江苏工程职业技术学院王储设计的《慢》六件作品获产品设计银奖；南京奥盈纺织有限公司宗成设计的《Tropic of Return》、江苏工程职业技术学院季冬冬和张聪聪设计的《蓝·溯》、苏州宜和家居研发工作室孙海霞设计的《最·绽放》、无锡万斯集团有限公司刘飘设计的《质》、山东孚日集团股份有限公司柴丽艳设计的《行云流水》、海宁市摩卡纺织有限公司瞿林杰设计的《接天莲叶无穷碧》、仁和织绣工艺品有限公司曹美姐设计的《缂绣姚永强山水》、韩国辛弦株设计的《The movie of the memory》、韩国郑素暎设计的《Shangri-la》九件作品获产品设

图1　大赛主办方、组织者和评委

计铜奖。

　　大赛评比全过程在江苏省南通市公证处的公证下进行，根据大赛规则，获奖作品在2018年9月11~20日进行了公示。评选中组织者和每一位评委都认真的恪守着自己的职责，尊重着每一件参赛作品，他们以宗教感的态度把大赛建设成一种指导性的、高层次、充满未来发展性的文化概念。

二、内涵丰富、风格多样、作品水平展现文化精神

　　大赛的设计作品文化性高、实验性强，多元化特点突出。设计贴近精神需求，风格简约、明快、时尚，尤其是一部分作品将东方元素，特别是中国素材作为灵感进行创作，态度指向是在中国设计界长期存在的，从西方截取素材，将西方形式中国化地用"从形式到形式"的方法"宣战"，形成从文化理念到视觉形式的方法提升。在意识上，十分值得大家仰视，在观念上，也十分值得业内借鉴学习，推广实践。尽管水平参差有别，设计者有的是刚刚参加工作的后生新锐，有的是锋芒外露的知名企业家，他们在作品中都展现出文化自信和精神独立的姿态，表现出思想的先锋性。分析、总结设计作品的思想，清晰地看出，设计者更注重情感的表达，在自觉认识、感知自己的意义，呈现出告别商业化和"功利主义"、从而追求鲜明个性艺术的立场，这种思维和行动方式的积极推进了当下中国企业和设计师形成自我"价值"的建树和觉悟的新特点、新高度。这一现象充分体现在大赛中，特别符合国际赛事的定位、品质和影响力。

图2　金奖作品《水·墨》

　　金奖作品《水·墨》（图2）设计灵感来源于老子的 "上善若水，水善利万物而不争"，以水、墨为主题，采用黑、白、灰三色，表现山水意境，洋洋洒洒，气势恢宏。采用数码印花工艺，使色彩层次丰富、清晰，将水的透明感，墨的流动性表现得非常饱满。卫浴套巾及浴衣的设计运用简洁的线条表现山峦的起伏。绣花工艺使纹理更加清新，精致的面料柔软而细腻。该作品在设计、材料、工艺等各个环节进行完美结合，且具有很高的市场价值。

图3　金奖作品《海天》

　　金奖作品《海天》（图3）具有复古且自然气息浓厚的效果。用神秘莫测的色彩表现浩瀚的海洋，充满了梦幻。该作品把人们带进辽阔的海洋、聆听海浪轻轻地拍打，体验大自然和谐的韵律。

该设计用不同层次的灰蓝色表现，仿佛水天相连、浑然一体，给人无限遐想。让喧嚣的都市人期望在假日里走进自然、来到海边、拥抱泛着白色泡沫的海水。设计中几何体的菱形、方块仿佛是阳光下蓝天的折射，波光粼粼；蓝色的线条就像是静谧、温和的海水在流淌，尤其是床尾设计成海浪拍打海岸泛起的浪潮，可谓是神来之笔。

作品面料选用仿亚麻织物的竹节棉面料，具有略带沧桑的纹理效果，整体协调、色彩融洽、色调统一。

但设计总体还略显单薄、单调；艺术气息的整体感不足，尤其在附件的搭配上、大小靠垫、抱枕等细节没有衬托或起到点缀的效果。如加以提升调整，该作品会更加完美。

金奖作品《summer dawn》（图4）利用传统拼布的表现手法，表达出细致的艺术情怀。作品将传统拼布文化与现代艺术形式相结合，使传统技术与现代艺术直接、巧妙地融为一体，体现出设计师的专业水平。

设计通过构成分割法，用线将面划分出有序、繁密的格块，材料选择了带有肌理的黑、红、褐、兰等布块简单重复排列，巧妙地营造出既光艳绚烂又深邃细致的艺术效果。绗缝工艺的运用也增加了作品的张力，合理帮助作品提升了品位。

银奖作品《凤冠霞帔》（图5）运用中国传统婚庆的大红色，展现了婚庆的喜庆和热闹。立体绣花工艺体现了国粹的美感，红色搭配金色刺绣，富丽堂皇、高贵典雅。

作品采用一系列富有寓意的中国传统纹样，搭配多种绣花针法和丰富的绣线颜色，选择大版独幅对称的构图方式，设计出一套寓意美好、大气华贵的婚庆套件。靠垫、抱枕、挂件等配套产品的合理组合，营造出丰富、饱满的婚嫁氛围，极具民族特色。

银奖作品《韵律》（图6），是一件在视觉与触觉上给人非常真诚的作品。形式设计简

图4　金奖作品《summer dawn》

图5　银奖作品《凤冠霞帔》

图6　银奖作品《韵律》

洁干净是该作品传递出的设计语境，朴素的条纹经过设计者的精心布局安排，在纯净的蓝白之间运用折裥工艺，使平面化的被套增添了律动的情趣。干净利落的枕头和抱枕与被面的色彩相呼应，赋予了产品切实的商业化品质，营造出宁静的氛围，使设计贴近了人们的生活。

银奖作品《让我们的家园变得更美好》（图7）毛浴巾套件的设计紧扣本次设计大赛的主题"新需求"，以人们向往美好生态环境为主体，倡导低碳环保、绿色生活的理念，让人们在每天起床盥洗时就能看到、想到绿色环保时时在身边、生态环境处处要保护。

该设计有较强的传统民族风气息，颜色对比强烈，能冲击和吸引眼球。尤其在细节上，蓝色图案中蕴藏着风车、自行车等环保元素；还有双手呵护着地球和绿色家园；用绣花工艺表达的绿叶点缀了设计主题。纹样设计简洁而不单调，织造工艺精致而不奢华，能满足现代大众消费需求，有非常好的市场前景。

图7　银奖作品《让我们的家园变得更美好》

作品设计主题鲜明，能延伸至家纺其他类产品的设计空间，具有一定的推广价值。仔细品味该款设计，在用色方面还不够时尚，如能加以改进，提升总体设计，将会更加完美。

银奖作品《慢》（图8）为室内软装系列组合设计，由垂帘、台布、靠枕、地垫、杯垫等多种品类组成，采用仿蜡染画的手工效果，用印花工艺印制出来，蓝白相间，具有比较浓郁的民族特性和地域色彩；同时图案设计和构成形式，又体现出较为强烈的现代感和时尚气息。

图案设计的元素来源于自然，作者以独特的视角将自然形态的元素进行抽象化、符号化的设计处理，很有新意；并以解构的设计手法进行图样的提炼与再组合，构成形式气韵生动，形成具有一定力度的艺术效果和视觉效应。

在各品类的设计中，图案形态的打散与重组，都具有不同样态的表现，设计元素与图样得到了很好的运用与控制；作品整体性很强，传统形式与现代语言很好地融合，表现出作者较高的设计能力。

银奖作品《苗族服饰套装》（图9）出自

图8　银奖作品《慢》

2018/2019中国家用纺织品行业发展报告

偏远地区辛苦、勤劳地传承祖国民间文化的艺术工作者之手。设计素材来源于生活，个性突出，可赞之处是在大自然中捕捉设计灵感，通过对花、草、鸟、虫、鱼、蝴蝶的艺术变形，结构布组织局巧妙，使纹样造型丰满、生动，图案庄重平稳，形式感强。结合喜庆、吉祥的色彩，在整体视觉上增添了较强的经典、富贵的气质。

银奖作品《That year…spring》（图10）设计灵感源于美丽的济州岛印象。蓝色的海水涌起朵朵浪花，远远望去，海天一片。画面采用蒙太奇的手法，将不同时空的景色用二维的语言在平行的线性结构中置入自然形态，并用三组归纳写实的人物作点缀。采用拼布，用曲与直的线条将写实的图像与几何菱形构成对比。人物形态多姿多彩，生动形象。

作品以客观感受为创作动机，以主观的创作语境创意出高于自然生活的画面。表现出春天的大海容纳百川、胸怀博大，虽有潮起潮落，但有沸腾的理想，惊涛骇浪是对生命极限的考验。在色彩表现上采用自然深浅的海蓝色与金黄的沙滩色组合，结合拼接起伏的肌理元素，表现出光怪陆离的视觉幻象。

铜奖作品、文化概念奖作品也具备同样的设计觉悟和水平，睿智地诠释大赛的思想，无论是观念、创意、表达还是技术、工艺等方面，都表现出认真的实验精神和严肃的创新精神，这些作品从众多参赛作品中脱颖而出，使大赛更加圆满、完美。

图9　银奖作品《苗族服饰套装》

图10　银奖作品《That year…spring》

天津美术学院

"震泽丝绸杯"第三届中国丝绸家用纺织品创意设计大赛综述

张 毅

"震泽丝绸杯"第三届中国丝绸家用纺织品创意设计大赛是由中国家用纺织品行业协会、江苏省苏州市吴江区人民政府主办，中国家用纺织品行业协会设计师分会、江苏省苏州市吴江区震泽镇人民政府承办，苏州吴江丝绸文化创意产业园协办。

震泽丝绸杯大赛组委会

据统计，本届大赛共收到参赛作品2353幅，参赛单位共112家，其中包括80家院校、17家企业、15家设计工作室和来自国内外的独立设计师。整体数量较去年提高了近50个百分点。大赛通过严格有序的评选，最终评选出金奖1名、银奖2名、铜奖4名、最佳创意设计题材奖5名、最佳创意设计应用奖5名、最佳传统纹样表现奖5名、优秀奖30名、百余名入围奖作品，同时还评选出18个优秀组织奖和13个优秀指导教师奖。获奖作品经过公示，在"2019中国国际家用纺织品及辅料（春夏）博览会"上展出。

传承中华文化，绝不是简单复古，也不是盲目排外，而是古为今用、洋为中用，辩证取舍、推陈出新，摒弃消极因素，继承积极思想，"以古人之规矩，开自己之生面"，实现中华文化的创造性转化和创新性发展。丝绸是中华传统文化的最重要载体和标志性的文化成果，"震泽丝绸杯"设计大赛正是中国家用纺织品行业协会为落实 "构建中华优秀传统文化传承体系，加强文化遗产保护，振兴传统工艺"的具体行动。

一、大赛主题倡导中国丝绸家纺创新设计应用

本届大赛设计主题"丝·享"阐明了丝绸文化是优秀传统文化的重要组成部分，是中国丝绸重新成为国际时尚潮流不可或缺的元素，要设计出受人喜爱甚至追逐的创新产品，并被消费者乐于享用，这就需要设计者用国际化的设计语言来演绎中国丝绸的当代时尚故事。

大赛专注于丝绸家纺产品的原创设计，以中国丝绸文化作为产品设计灵魂与灵感源泉，并用国际化的流行语言进行包装和表现，让当代中国纺织设计文化和时尚潮流走向世界，这是中国纺织品设计引领国际家纺流行趋势的必由之路。

大赛汇聚了来自国内外纺织品设计者的智慧，目标紧紧围绕本届大赛设计主题"丝·享"，力图将诠释中国丝绸文化的全新时尚设计转化为丝绸新产品和新商品来服务消费者，扩大丝绸产品在纺织品消费中的份额，使创意设计丝绸产品成为消费者享用的新消费方向。

二、参赛作品引领中国丝绸产品时尚潮流

大赛倡导让传统丝绸文化重新进入人们的生活。本届大赛的参赛作品大都能够很好地切入主题，参赛作品的数量和质量也大幅提升，作品风格多样，设计手法多元，设计题材更加丰富。大赛的评委对本届参赛作品给予了很高的评价。

江苏宝缦家纺科技有限公司董事长陆维祖说："我认为好的家纺设计要体现自然美，要以人与自然和谐为主，此次很多参赛作品都反应出了这一点。从今年的参赛作品可以看出，目前我国家纺行业内已经涌现出了很多年轻优秀设计师，他们的设计水平和设计工艺甚至有赶超国际画稿设计师的趋势。另外，本次大赛的举办对行业具有重要作用，能够促进家纺行业企业健康发展、培育优秀设计人才。更重要的是，通过此次大赛平台能够促进校企合作，帮助家纺企业挖掘优秀设计师；参赛对院校学生来说也有重要意义，能够帮助他们提早了解市场，把握市场流行趋势。"

中国工艺美术大师、乱针绣（苏绣）第三代传承人吕存认为："丝绸文化已经在震泽存在了千年，震泽的大街小巷都承载着丝绸的每一次演变。此次，以丝绸为主要载体的家纺创意设计大赛安排在震泽举办，能够让人身临其境，更好地看到丝绸文化的'前世今生'。我认为，本次参赛的2000多幅作品整体都很不错，许多产品都体现了传统文化与现代艺术的结合。在我看来，传统的文化和技艺一定要融入当下的时代及当下的生活，要创新、要有所改变，这样产品才能获得更强的生命力。如今的很多设计师都很年轻，我建议他们在设计过程中要从多层次、多角度审视传统文化，做创新性设计，此外，设计师也要多看、多接触、多积累，练好基本功，这样才能更好地将传统与现代融合。"

苏州工艺美术职业技术学院服装设计系主任徐雪漫道："今年的参赛作品数量很多，质量也让人欣喜。作为一名专业从事服装设计教学的工作者，我认为纺织与服装本身就是一个整体，可以互融、互通，今年大赛中的很多作品也可以运用到服装设计之中。"

中国美术学院设计艺术学院染织与服装系副主任郎青表示："在看过本次震泽丝绸杯大赛的2000多件参赛作品后，让我感到很震撼。首先，参赛作品的表现方式和主题都很丰富，让人印象深刻。其次，很多作品融入了传统文化元素，同时加入了新的想法和创意，让人感

到比较意外和惊喜。这些作品既保留了传统元素的精髓，又加入了时尚语言，在色彩、工艺、技法等方面也十分有创意。"

三、大赛首次创新性导入网络技术，组织严密评审公正

本届大赛突破创新，亮点频频。开发了大赛专属门户网站，实现了PC端与移动端同步；首创无纸化参赛投稿，大大提高了参赛信息统计的精准性。正如中国家用纺织品行业协会副会长、大赛评审委员会执行主任王易所说："今年大赛不仅实现了官网一键式报名，且取消了由参赛者寄送实物画稿参赛的环节，组委会还增加了大量的资金投入，为参赛者免费打印制作所有参赛作品。目的就是为了给参赛者减负，减轻参赛者的时间和费用成本，能够更高效、便捷地参赛，同时也保证了所有参赛作品的标准化，使赛事的各项环节一体化，大大提高了参赛各类信息统计的精准性。大赛组委会切身从参赛者的角度出发，打造了一个高效率、零成本、高回报的优质竞技平台。因此，今年大赛的报名数量创造了新纪录。"

同时，在评比环节，采用的是实物画稿与电子画稿相结合的方式，能更加高效、灵活地满足评委在各个评比阶段对参赛作品的分类、分级需求，加速与国际上同类赛事接轨的进程。

四、大赛推动震泽丝绸家纺产业迅猛发展

大赛在震泽已经连续举办了三年，对当地的丝绸产业发生着越来越有力的牵引作用。正如苏州市吴江区震泽镇党委副书记、镇长顾全先生在接受记者采访时所说："首先，大赛的诞生和举办是中国家纺协会对震泽丝绸小镇的支持和认可，也凝聚了震泽历届党委政府和震泽丝绸人在振兴丝绸产业时所付出的努力和心血，我们有责任、有义务重视和办好这项比赛；其次，承办好创意设计大赛是为了更好地传扬震泽丝绸文化。震泽自古就是蚕丝之乡，这里有着悠久的种桑养蚕历史和深厚的丝绸文化积淀，可以说丝绸是震泽古镇之魂。把震泽的丝绸文化继承和发扬下去，我们责无旁贷；第三，承办好创意设计大赛是打造好中国丝绸小镇的需要。震泽有着良好的丝绸产业基础，目前全镇共有丝绸企业100多家，已经形成了一个年产值超20亿元的产业集群。办好大赛就是为了更好地助力企业做大、做强，共同经营好震泽丝绸品牌，让'一丝兴三业，三产绕一丝'的美好愿景真正在震泽开花结果。"

大赛的举办在震泽丝绸企业与参赛院校、设计机构和设计师之间不断制造合作契机，以设计助推震泽丝绸产业的创新发展。"震泽丝绸金花"之一的太湖雪丝绸已经成功登陆新三板，成为苏州丝绸家纺行业的第一股，目前正积极筹备主板上市；从农业合作社发展而来的家和蚕业已经挂牌江苏省首批"农业板"；绿中缘丝绸挂牌深圳前海股权交易中心；8家丝绸企业已经与机构开展合作，有效借助资本续薪添力。中国丝绸小镇震泽正逐步成为既有"高原"又见"高峰"的丝绸产业集群。

江南大学

附件：大赛金奖、银奖、铜奖作品介绍

2018/2019中国家用纺织品行业发展报告

金奖 GOLDEN AWARDS

《星宿文化》

设 计 者：倪蔚
就读院校：中国美术学院
指导老师：郎青

设计说明：
二十八星宿是中国古代天文学家为观测日、月、五星运行而划分的二十八个星区，是我国本土天文学文化。此次主题设计是以中国的二十八星宿出发，将星相学、天干地支、奇珍异兽，古代观星工具等融入其中，以相互交叠的表现形式，表现最为直观二十八星宿。纹样设计主要是以东南西北四神兽为表现方向（东方青龙、北方玄武、西方白虎、南方朱雀），然后用星轨星空，星宿链接，贯穿，相互关联，相互纠缠。

专家点评：
该作品取材于星宿文化，是中国传统文化中的重要组成部分之一，包含了中国人对自然万物的信仰与对天体的认识。星宿文化文字佶屈聱牙，内容晦涩难懂，但设计师却能把这样一个难以理解的天文学概念，变为一种图案的形式表现出来，可见设计者在科学、文化、美学方面的素养与在设计上的创造力。图案构成以线造型，千变万化、鬼出神入。刻划精细、气势流畅、有一种独特的形式美。色调以灰色系列为主，成熟、神秘、时尚。色彩变化非常细腻、微妙，土红色系列的注入，使整个画面达到了最完美的平衡。

银奖 SILVER AWARDS

《海派风情》

设 计 者：丁咪咪
就读院校：中国美术学院
指导老师：郎青

设计说明：
"海派"一词，是 20 世纪 20 年代一些作家的创造，用于批判上海某些文人和某种文风。海派的对立面是京派，京派是传统的正宗，海派是叛逆的标新立异、中西结合的产物，充满浓郁的商业色彩和民间色彩。海派文化从属于中国古代的江南文化，而源远于江浙的古吴越文化。吴越文化是水文化，具有极强的变动流动性。上海开埠后，西方文化在上海首先登陆华夏大地，上海由小镇迅速蜕变为全国的商业经济重心，中西文化大汇融的海派文化随之趋渐形成。海派文化是一个比较大的概念，所以在设计的时候需要寻找到一个切入点，我的想法是提取老上海人熟悉的生活场景，即老上海的衣食住行，借此来勾起大家对海派文化的依恋与熟悉感，有熟悉的生活场景、老式的交通工具、女性手中的香烟、精致的生活享受，还有早期的上海广告，女人趋之若鹜的国货化妆品等，所有的这些都是勾起老上海回忆的一个点，串联起来即是体现烟火气质的"海派风情"。

专家点评：
《海派风情》以"老上海"主题视觉元素为创作素材，以归纳的方式表现近代海派文化的都市风貌，设计主版内容丰富，绘制精致，层次明确，布局错落有致。画面色调柔和沉稳，与主版纹样匹配度高。配版有 12 个不同变化，从主题、色彩、纹样角度分别与主版配套，整体来看设计合理，色调含蓄柔美兼具中西风格，设计完成度较高，人群定位明确，有较好模拟效果。建议标注明确的实现工艺，以增加该设计的推广价值、产业化生产的可能性和市场潜力。

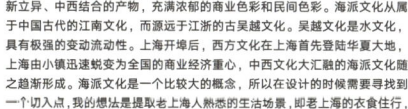

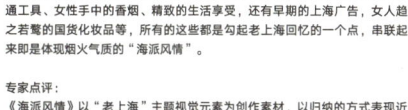

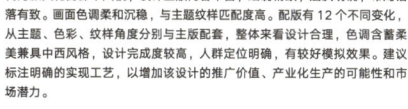

银 奖
SILVER
AWARDS

《鸟语花香》

设 计 者：章云依
就读院校：南京艺术学院
指导老师：王建

设计说明：
灵感来源于童年记忆中，一家人去植物园的场景，那时候母亲告诉我，当心无杂念、感到幸福的时候，才能感受到世间的鸟语花香。

专家点评：
该作品用水彩写实的手法将微妙的色彩把几种花卉与鸟和谐有序地穿插在一起，造型生动，虚实关系、组织错落有致，节奏分明又不失和谐，色彩淡雅温馨，纯净自然，表达了一个极具生命力的鸟语花香世界。同时该作品有很强的实用功能，适用床品、服饰或者服饰用品等。如果在表现或者图形上适当有所创新，在折枝花上的造型适当注意其柔美性，作品会更加的唯美。

铜 奖
SILVER
AWARDS

《江南·印象》

设 计 者：卢紫芸
就读院校：南京艺术学院
指导老师：王建

设计说明：
园林、太湖石、马头墙、乌篷船等都是非常典型的江南水乡物象，是人们对江南最直观的印象。再通过对桃花、玉兰、白鹭等动植物的描绘，为本来没有生命的上述物体增添一丝生机和春色。作品中以蓝橙色调为主色调，互补色加强画面色彩对比同时起到平衡画面的作用，同时运用层叠的圆与半圆解构画面，以增加画面的视觉冲击力和复杂性。

专家点评：
该作品将传统的中国园林、太湖石等江南水乡作为创作的元素，用几何体和传统的窗格在大结构上进行构成表现，并在新的构成中加入具有一定的现代感的表现，图案表现自然随意，色彩柔和，表现者能够将传统元素融入设计中，合理分配线和面，整体和微观之间的关系，对中国传统文化的关注对民族性的传承有推广作用，如果在表现上有一定创新会更好。

銅 獎
SILVER
AWARDS

《沙漠绿洲》

设 计 者：彭子凯
就读院校：中国美术学院
指导老师：李新园

设计说明：

绿洲是沙漠中最有"颜色"的部分，是沙漠中生态成分最丰富的区域，是沙漠植物、动物包括人物的集合地，它就是像是沙漠瀚海上美丽的珍珠，镶嵌在沙漠里，闪烁着神奇的色彩。画面构图以仙人掌枝干作为画面骨骼，将母体元素分为主体元素和辅助元素，围绕骨骼加入设计元素，展现出有故事情节的沙漠绿洲的元素集合。

专家点评：

环境保护是一个全球关注的题材，设计师选择了特定的动、植物元素，用设计语言对它们加以组合，有鲜明而独特的视觉感受。该作品造型高度概括、处理手法极具装饰性、特征归纳准确、层次简化到位、构图巧妙、形象生动、手法多样、结构严谨、各种对象都表现得简洁清晰。仙人掌按一定的形式美规律排列组合，表现出一种秩序化、韵律感的美。在暗底色中显现出来的高级的蓝灰色与暖灰色的相互映衬，勾画出一个高贵而理性的摩登世界，诱人垂爱。

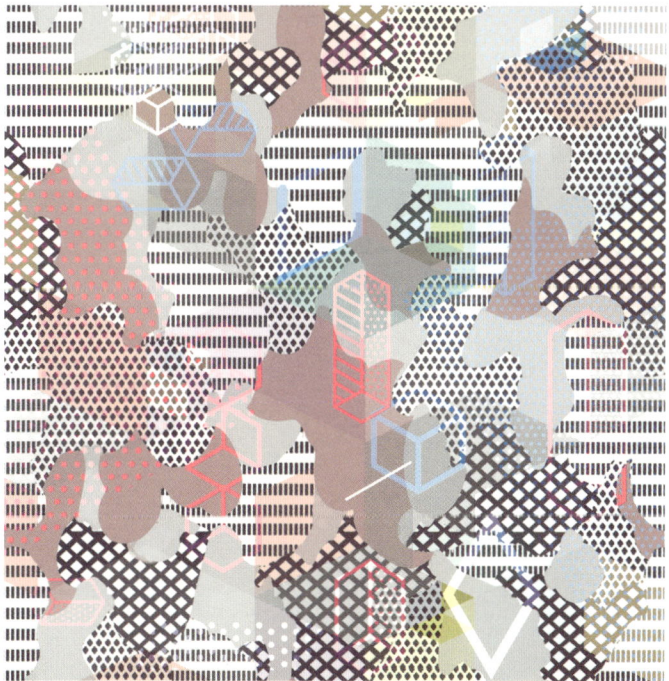

銅 獎
SILVER
AWARDS

《青春手札》

设 计 者·席轩鼐
就读院校：鲁迅美术学院
指导老师：陈雪

设计说明：

在青春飞逝的时候，把最美的印象，在面料上留下来，或清新、或朦胧、或唯美，为当下留得一份安逸清雅。此创意画稿运用了抽象纹作为底纹，融入了孟菲斯几何纹样。再运用立体面几何作为第二层起到调和作用，使画面更加疏密有致。再加上了几何图形进行修饰，进而将比较现代的元素融入进去，会显得年轻一些。中间的色彩用得比较跳跃，为了突出其精彩部分，底纹的色彩进而运用的比较暗一些。

整体画面和谐生动又井然有序，与时尚潮流紧密结合，符合本赛主题"丝·享"，韵味牛动。此次用绦牛花型也设计了相应的辅助花型，增强了其实用性，可加工到家纺、服装及多种衍生产品，涉及的范围较广，很好地将设计与实用性相结合。适合现代简约的室内装饰。

专家点评：

作品整体色调柔和雅致，具有都市时尚文艺气息，从色彩搭配的角度来看，在舒适、雅致，文艺、都会区域，舒适和谐，从图案的运用来看，又具有和谐的色彩组合和对比，图案的运用性极强，适用性广，受众感强，是一款非常时尚且具有设计感和运用性的图案。

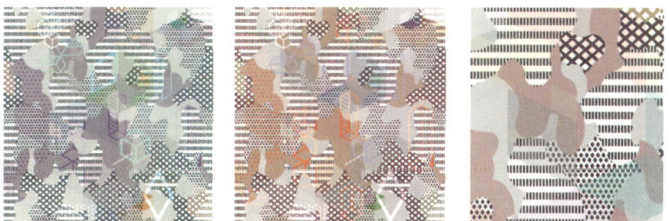

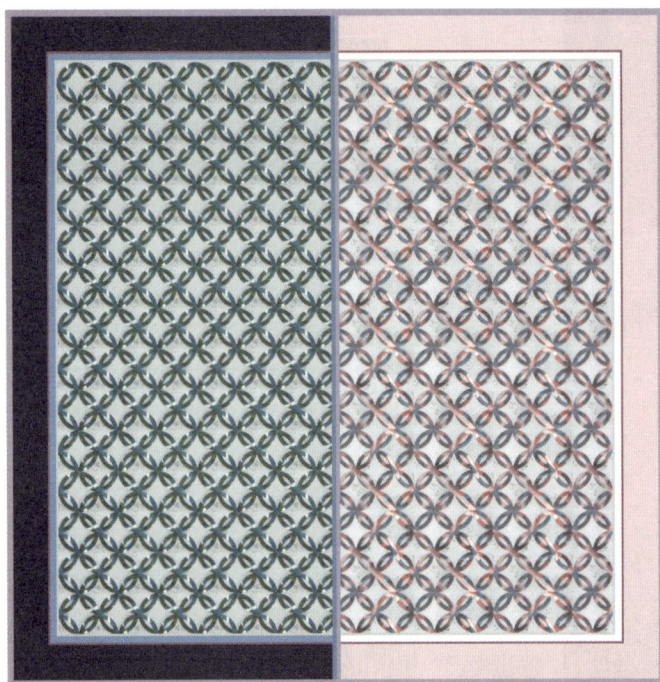

铜 奖
SILVER
AWARDS

《窗·语》

设 计 者：孙宝玉
参赛单位：苏州太湖雪丝绸股份有限公司
指导老师：王阳

设计说明：

一位外国友人 2005 年来到了苏州这座美丽的小城，走在街边透过一扇扇古老的花窗，仿佛看见了过去，但脚步依然是前进的，古老的花窗在现代人的记忆中依然是崭新的、有温度的，他思索着苏州的过去，现在与未来……我受到了感触，根据这位老师的花窗系列的产品，用现代的色彩来赋予古老的花窗这一装饰纹样的新鲜生命。"古老"，"时尚"，"丝绸"等这些词语放在一起自然而然会想到经典，潮流。用丝绸这一最具有灵魂的载体来呈现既古老又现代的花窗元素最合适不过。工艺用数码印花来实现，运用到丝巾，小领巾，手账本等的装饰上，让年轻的"95 后"，"00 后"更容易接受传统的魅力和优雅。

专家点评：

作品以苏州园林花窗为创作元素，善于发现苏州园林的装饰元素，以概括的手法将花窗元素图形化、结构化。传统元素表现形式和色彩多元化，分别应用在服饰、文化创意产品等方面，具有大产品的设计意识。纹样简约又不失变化，符合时下国际国内流行特点。对传统元素的创新最大的难点就是把熟知的元素表现出新气息，花窗元素经设计师的转化成为了有一定结构感的装饰图形，像几何图形一样经典，带有理性色彩，便于工艺实现，利于市场推广。人群定位方面可以考虑搭配更多的配色方案适应不同性别和不同年龄段。

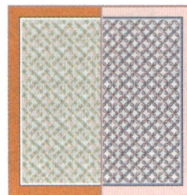

相关产业

2018年中国棉纺织行业运行分析

中国棉纺织行业协会

2018年，我国棉纺织行业面临的内外形势复杂程度前所未有，行业在发展过程中遇到了一定的压力。在全行业稳中求进的总基调下，通过深化供给侧结构性改革谋求高质量发展，全年棉纺织行业运行基本符合预期，主要运行指标、原料供给较为平稳，行业逐步显现出高速增长向高质量发展转变的态势。

一、2018年棉纺织行业整体情况

（一）纱布产量保持平稳

根据中国棉纺织行业协会（简称中棉行协）统计数据显示，2018年，全行业棉纱线产量1914万吨，同比微降0.78%；棉织物产量600亿米，同比下降1.64%，在复杂多变的环境中，我国棉纺织行业纱布生产情况总体保持稳定。见表1。

表1 2018年棉纺织行业纱、布产量

项 目	产量（万吨/亿米）	同比（%）
纱	1914	−0.78
布	600	−1.64

数据来源：中国棉纺织行业协会

棉纺织行业作为纺织工业的基础性行业，其生产情况保持稳定为我国纺织服装行业的可持续健康发展提供了有力保障。

（二）行业运行质效向好

2018年，我国棉纺织行业运行情况总体向好，根据国家统计局快报数据显示，2018年我国棉纺织行业主营业务收入同比下降5.14%，实现利润总额与去年基本持平，同比微降0.72%，出口交货值同比增长2.27%。从协会的跟踪企业来看，2018年，主营业务收入和利润总额同比分别上涨4.17%和4.27%，出口交货值同比上涨1.14%，各指标均保持增长态势。

由于统计口径的变化，2018年虽然棉纺织全行业行业主营业务收入总体上有所下滑，但利润总额与去年基本持平，特别是协会跟踪的优良企业，主营收入与利润都实现了同比正增长，说明在新常态的大环境下，棉纺织行业逐步从"以量取胜"转向"以质取胜"。

（三）固定资产投资趋缓

国家统计局数据显示，2018年，纺织业固定资产投资完成额同比增长5.1%，但传统纺织大省如广东省、浙江省、山东省等地区行业投资均有所下降，主要是受制造成本上涨、环保监管严格等因素影响；新疆纺织行业投资因受产业政策调整等因素影响，增速也回落较快。

二、2018年行业运行影响因素及特点

（一）贸易摩擦形势复杂

2018年，中美贸易摩擦逐渐升级，美国政府的一系列保护主义政策加剧了中美两国在制造业领域的竞争。

在美国对我国的加税清单中，涉及纺织业中多个行业：已征税25%的清单中，包括部分纺机设备；拟加征10%关税清单中涉及全部种类的纺织纱线、织物、产业用制成品以及部分家用纺织品和纺织机械；在对美国进口商品加征25%关税的清单中，涉及棉花等纺织原料。目前新一轮贸易谈判悬而未决，虽然形势有所缓和，但仍然充满不确定性。

（二）行业景气波动加剧

2018年,中国棉纺织景气指数波动幅度较大，从图1中可以看出，1~5月棉纺织行业景气指数上升较快，市场较为活跃。进入下半年尤其是8月以后，受中美贸易摩擦影响，下游市场观察情绪浓厚，行业景气指数不断下行。12月受年底补货及美国推迟加征关税等消息影响，景气指数有所恢复。

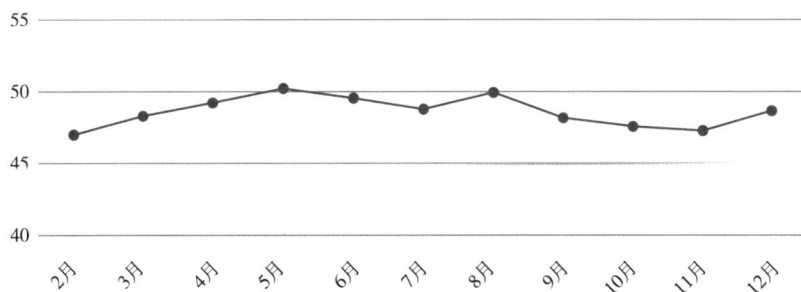

图1　2018年中国棉纺织行业景气指数走势图
数据来源：中国棉纺织行业协会

总体来看，全年的棉纺织行业景气指数只有5月在枯荣线上，其余月份均低于50，行业景气度总体表现欠佳。

（三）原料供给基本稳定

2018年上半年的棉花市场受新疆恶劣气候或影响棉花生产引发供应恐慌，从5月开始棉花价格出现上涨过早、过快，而且涨幅较大，郑棉期货主力合约多次涨停。

从图2中可以明显看出，郑棉期货从5月中旬开始急速上涨，带动棉花现货价格不断走高，给纺织企业的生产造成了很大压力。中棉行协积极与有关部门沟通协商并建言献策，国家及时出台了相关政策调整储备棉交易主体，此后棉花价格出现回落并趋于稳定，缓解了原料市场的紧张气氛。

图2　2018年中国棉花价格走势图

数据来源：美尔雅期货

此外，考虑到棉纺行业用棉偏紧且长期存在的缺口，2018年，国家发改委决定增发80万吨棉花进口滑准税配额，此举对抑制国内棉价过快上涨、稳定棉花市场起到了重要作用，推动棉纺织行业健康发展。

（四）产业结构持续优化

1．非棉纤维用量增加

随着科学技术的不断发展和供给侧改革的逐步深入，各种新型纺织纤维材料不断涌现，为纺织行业差异化的产品开发提供了新的空间。

图3　我国棉纺织行业不同纤维加工量变化图

数据来源：中国棉纺织行业协会

从图3来看，近五年来非棉纤维加工量基本呈逐年增加趋势，其中2018年略有下降，而棉纤维加工量基本稳定。棉纺织企业在逐步加大非棉类纤维的使用，通过多品种、多组分、差异化产品的开发，力图规避棉价波动带来的风险，提升自身竞争实力。

2. 宽幅产品比例提升

机织物按照最终用途的不同，在上机生产时一般可分为常规幅宽产品（幅宽190cm左右）和宽幅产品（幅宽大于250cm），前者主要用于制作服装类制品，而后者则以生产家用纺织品及装饰类产品为主。

从图4可以看出，2018年，棉织物中用于制作家用纺织品类产品的宽幅织物的比重超过了白坯布总产量的三分之一，在21世纪初期这个比例还不足20%。随着人们对美好生活向往的不断追求，对家居产品需求量不断扩大，家用纺织品近年来发展迅速。

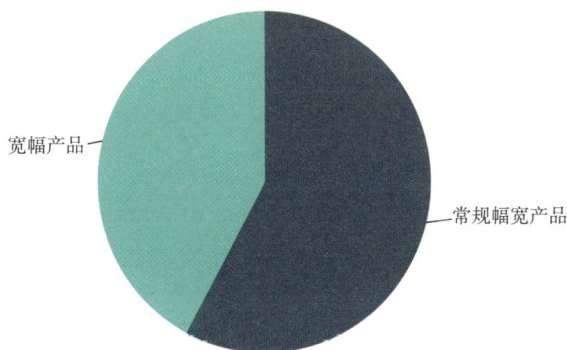

图4　常规幅宽与宽幅织物产量占比图
数据来源：中国棉纺织行业协会

3. 绿色发展已成共识

随着人们对美好生活的追求及环保意识的不断提升，机织产品尤其是用于制作家用纺织品的棉织物在生产过程中绿色、环保的要求越来越高。

从图5中可以看出，2014以来，我国棉织行业浆料消耗量基本呈现下降趋势，且近两年降幅明显。除因梭织物产量减小导致浆料消耗量下降这一因素外，纺织科技的不断进步推动了新型环保浆料的研发及纺织上浆工艺的提升改进，消费者环保意识不断增强也都是推动浆料消耗量下降的原因。

从图6中可以看出，近五年来，棉织产品百米布统扯耗能增速一直保持负增长，虽然能

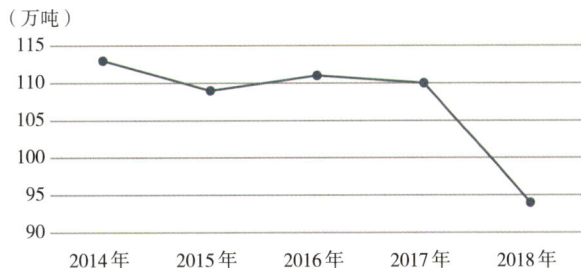

图5　我国棉织浆料消耗量变化图
数据来源：中国棉纺织行业协会

133

| 2014年 | 2015年 | 2016年 | 2017年 | 2018年 |

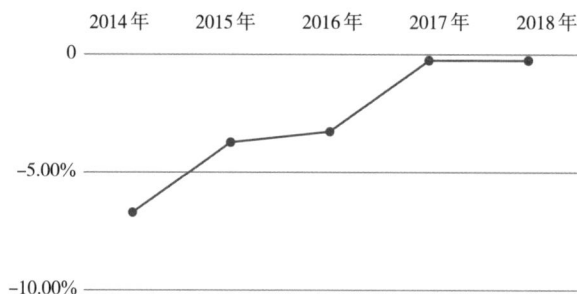

图6　近五年棉织产品耗能增速变化图
数据来源：中国棉纺织行业协会

耗的下降幅度有所趋缓，但能耗绝对值一直在降低。说明在节能减排方面纺织企业通过深挖潜力，在节能降耗方面的举措取得了成效。

三、2019年行业展望

（一）全球经济持续复苏，增速放缓

在世界银行最新发布的2019年全球经济展望报告中，下调了全球经济的增长速度，报告中预计2019年全球经济增速将从上一年的3%下降到2.9%。持续的金融宽松导致全球资产泡沫同步化，国际金融风险上扬，未来出现外部金融冲击的可能性加大。此外，英国脱欧迟迟未决、中美贸易摩擦及美联储加息预期等诸多因素都给全球贸易带来了更大的不确定性和挑战。

（二）中国经济稳中有变，变中有忧

2018年，国内外环境错综复杂，中国经济运行实现了总体平稳、稳中有进，经济社会发展的主要预期目标较好实现。2019年面临的外部环境较此前有所变化，经济运行将呈现稳中有变、变中有忧，外部国际形势的走势不确定性因素很多，经济外部风险进一步加大。我国国内的环境也在变化，长期积累的结构性矛盾仍然是矛盾的主要方面，同时，我国经济正在处于转型升级的过程中，必然会产生转型之痛，而这种矛盾也在不断变化中，也将产生新的问题和挑战。

（三）棉花供给侧结构性改革，持续发酵

在过去的一年储备棉去库存效果明显，进口棉配额管理更加公开、透明；棉花目标价改革补贴政策进一步完善，保护棉农植棉极性的同时稳定棉花市场；棉纱期货、棉花期权相继正式上市交易，有利于帮助棉纺织企业稳健经营；随着棉花产业供给侧结构性改革的不断深化、优化，2019年这一改革的红利还会持续发酵，原料市场的进一步市场化，将会有效提升棉纺织产业的国际竞争能力。

（四）智能制造大势所趋，不断升级

随着劳动力成本的持续增加，纺织企业对设备的自动化、智能化水平的需求也越来越迫切。在这种背景下，智能制造正在成为棉纺织行业新一轮转型升级的重点。粗细络联、自动穿经等自动化、智能化的设备，在提升纺织行业科技水平的同时，为行业吸引人才、解决招工难等问题提供了更加有效的方案，同时也进一步提升了纺织企业的生产效率和产品质量。

撰稿人：王耀

2018年中国麻纺织行业经济运行分析

中国麻纺织行业协会

2018年，全球经济缓慢复苏，国内供给侧结构性改革深入推进，国民经济运行保持在合理区间，总体平稳、稳中有进。纺织品市场需求逐步增加，纺织品服装国际国内市场都实现了增长，支撑了整个纺织行业平稳运行。麻纺织行业主要经济指标相对平稳，主营业务收入平稳增长，利润总额大幅提升。正如在2017年运行分析上的预测，经过2016年和2017年艰难困苦的两年，2018年麻纺织行业呈现快速回升的走势。

2019年，受原料成本、环保压力、劳动力成本、中美贸易摩擦、人民币汇率等影响，存在很多不确定因素，但麻纺织产品国内外市场需求还会保持相对旺盛态势。2019年，麻纺织行业会有小幅波动，但仍会保持相对平稳运行，整个行业发展相对乐观。

一、2018年麻纺织行业运行基本情况

（一）内需消费升级拉动产业发展

根据国家统计局数据，2018年我国居民人均可支配收入28228元，扣除价格因素实际增长6.5%。全国居民人均消费支出19853元，实际增长6.2%，人均衣着消费支出1289元，增长4.1%，占人均消费支出的比重为6.5%。2018年社会消费品零售总额380987亿元，比上年增长9.0%，全国限额以上服装鞋帽、针纺织品类零售额同比增长8.0%。从数据可以看出，消费品支出增加成为拉动内需不可或缺的动力。

从行业协会调研了解的信息，在2018年原料短缺和爆涨情况下，麻纱、麻布保持了出口增长。国内市场的增长也消化了2017年大部分库存，特别是亚麻布的国内需求量增加较快，主要原因就是国内居民消费升级的带动。现在国内消费品市场麻制品越来越丰富，也越来越受到高消费人群的喜爱。

（二）行业经济效益大有改善

通过协会调研了解，2018年以来亚麻纺纱企业运行状况良好，订单充足，产销顺畅，产品基本无库存，骨干纺纱企业效益大幅增加。同时，由于亚麻原料短缺和涨价，带动了亚

麻面料价格整体上升。苎麻由于原料短缺，原料价格上升幅度也相应较大。大麻种植面积减少，需求增加，原料的价格也处于上涨态势。

据国家统计局数据，2018年全国3.68万户规模以上纺织企业累计实现主营业务收入53703.5亿元，同比增长2.90%，实现利润总额2766.1亿元，同比增长8.02%。2018年全国261家规模以上麻纺织企业主营业务收入328.3亿元，利润总额15.3亿元，同比分别增长11.24%和61.67%，在整个纺织行业里表现突出（图1）。

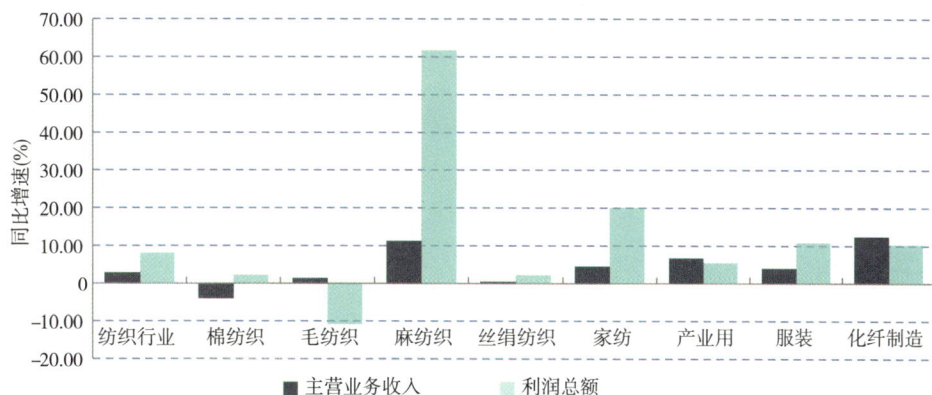

图1　纺织主要行业主营业务收入和利润增长情况
数据来源：国家统计局

比较2017年和2018年麻纺纱、麻织造、麻染整主营业务收入和利润总额同比增长的情况，更能深刻体会到2017年的严峻和2018年的复苏（图2）。

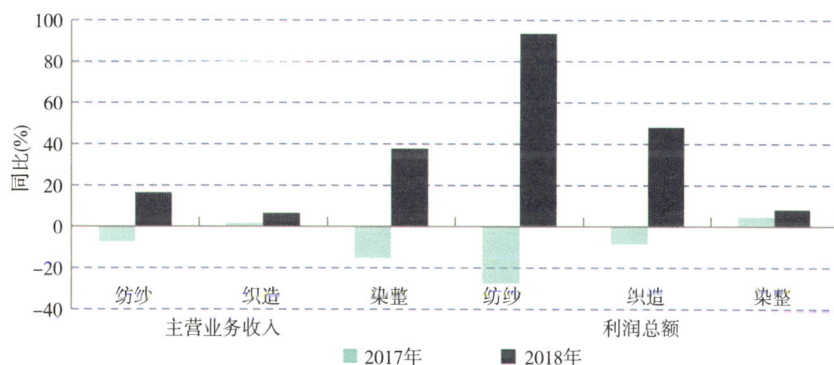

图2　麻纺织规模以上企业主营业务收入和利润同比增速
数据来源：国家统计局

分析国家统计局近五年的数据，麻纺企业经过2016年和2017年连续两年的利润负增长后，终于迎来了2018年的利润增速翻转，利润增长率同比达到61.67%，但从利润总额来看实际增加值并不算太高，远没达到历史较高的水准（图3）。

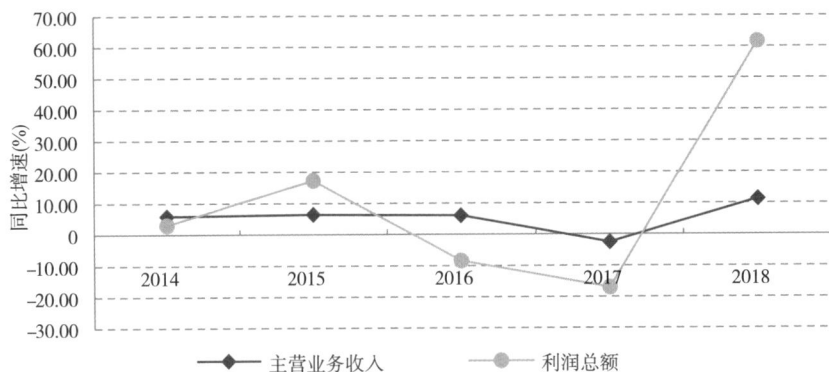

图3　麻纺织规模以上企业近5年主营业务收入和利润同比增速
数据来源：国家统计局

（三）麻纺产品出口额增加较大

1. 规模以上麻纺企业出口稍下滑

2018年，麻纺织及染整精加工规上企业出口交货值34.39亿元，同比下降2.54%。其中，麻纺纱出口交货值同比增加36.12%，麻织造出口交货值同比下滑13.94%。

协会调研了解到，麻纺产品出口在2018年下半年有所下降，特别是织造企业，2018年下半年已不太敢接出口订单。但是，国内市场销售量的增加，让企业销售收入和利润有了一定保障。通过对国家统计局近几年数据分析，2017年和2018年出口交货值同比变化较大（图4）。

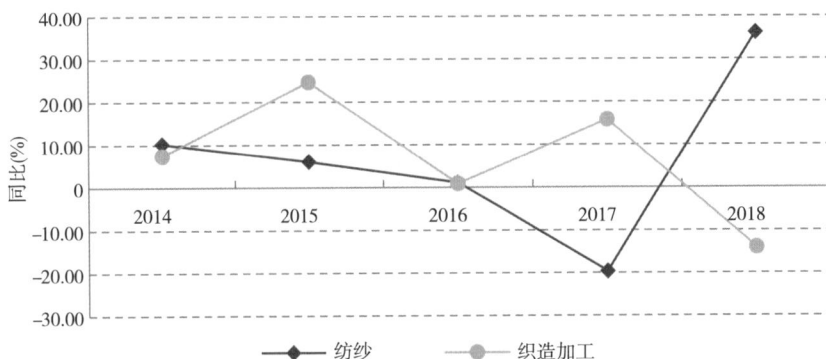

图4　麻纺织规模以上纺纱织造企业近5年出口交货值同比增速
数据来源：国家统计局

2. 麻纺企业总体出口增长强劲

从海关数据分析麻纺企业总体出口情况来看，2018年是相当可喜的。

麻纺产品出口主要还是亚麻产品。据海关数据，2018年，一般贸易亚麻纱线累计出口2.95万吨，累计金额2.66亿美元。亚麻布出口2.61亿米，累计金额7.01亿美元。全国亚麻纱、亚麻布出口累计金额都有增长，特别是亚麻布出口金额增加较大。

从出口品种来看，由于含麻服装的统计数据庞杂没有计算在内，2018年麻织物、麻纱、麻制品累计出口15.75亿美元，比2017年的12.88亿美元增加22.28%。麻纺产品出口金额分布主要还是以麻织物、麻纱、麻制品为主，麻织物出口额占比较大（图5）。

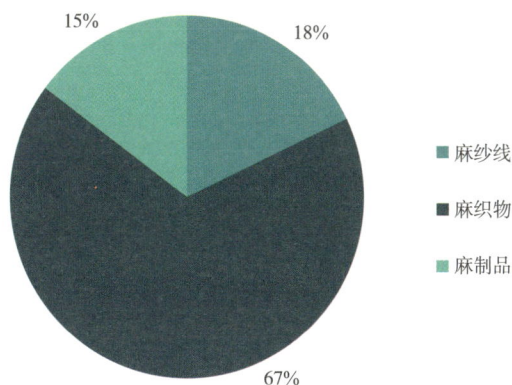

图5 2018年麻纺主要产品出口金额分布
数据来源：中国海关

通过对海关出口数据综合分析，这两年麻纱线、麻织物出口额在回升，特别是2018年麻织物出口增幅较大（图6、图7），麻制品出口额比较平稳，出口额远没达到历史最好水平（图8）。

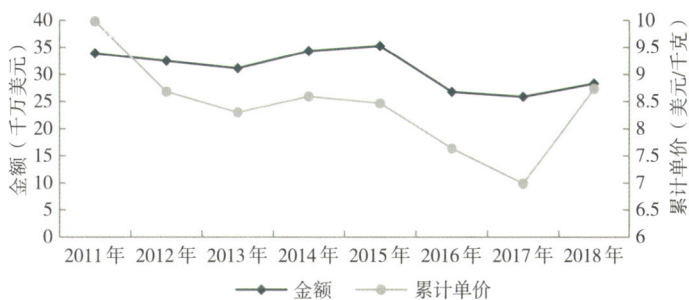

图6 2011~2018年麻纱线出口金额和单价
数据来源：中国海关

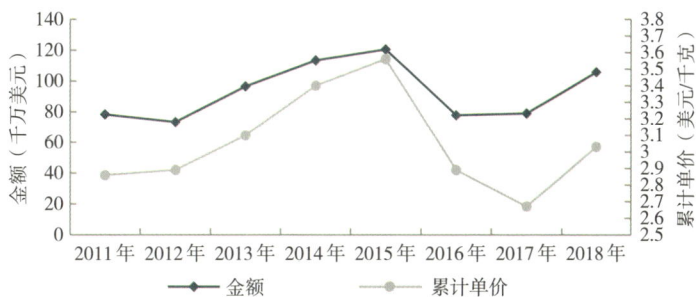

图7 2011~2018年麻织物出口金额和单价
数据来源：中国海关

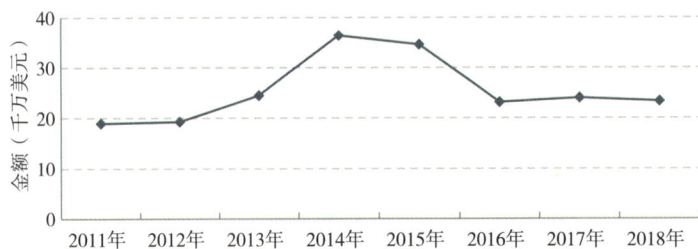

图8 2011~2018年麻制品出口金额
数据来源：中国海关

在麻制品出口中以麻床上用品为主，麻制装饰用品和麻制餐桌、盥洗及厨房用品所占比例相对较低（图9）。

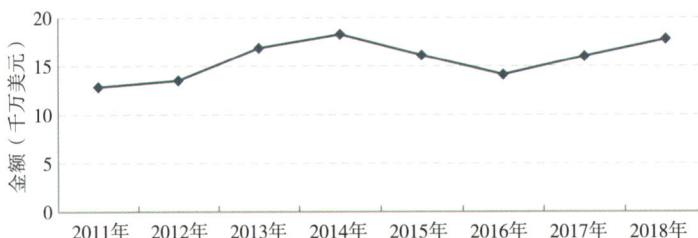

图9 2011~2018年麻制床上用品出口金额
数据来源：中国海关

3. 分行业出口表现各不同

由于麻纺原料的不同，我们习惯将麻纺主要分为亚麻、苎麻、大麻、黄麻四个分行业。2018年，四个分行业纱、布出口金额合计13.32亿美元，同比增长29.97%；除黄麻行业稍有下滑，亚麻、苎麻、大麻行业出口都同比增加30%左右，增势强劲。只是相对来说，大麻、黄麻纱、布出口金额还是太小，大麻出口合计金额1701万美元，黄麻出口合计金额645万美元，两者合计不到亚麻、苎麻纱、布出口金额合计的2%（图10）。

图10 分行业麻纱、布出口金额合计比较
数据来源：中国海关

亚麻纱、布的出口金额的增加，主要原因还是出口单价的提高（图11、图12）。特别是亚麻纱线出口，在数量没有增加的情况下，出口累计金额同比增加了将近15%，出口单价同

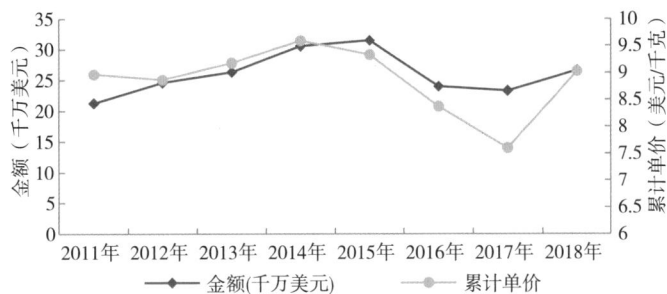

图11　2011~2018年亚麻纱线出口金额、单价比较
数据来源：中国海关

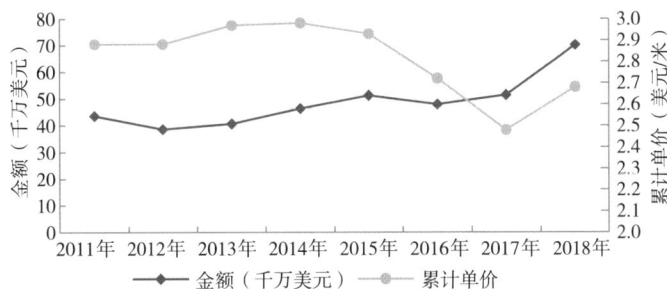

图12　2011~2018年亚麻织物出口金额、单价比较
数据来源：中国海关

比增加了18.82%。

　　2018年苎麻纱线出口金额稍有回落，苎麻织物出口金额大幅增加，同比增加33.46%。出口金额苎麻织物远超苎麻纱线两个数量级，苎麻纱线出口金额已连续递减（图13、图14）。

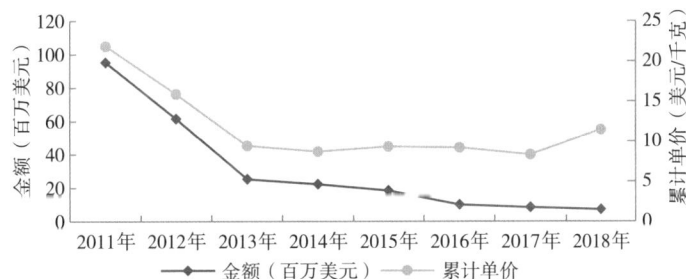

图13　2011~2018年苎麻纱线出口金额、单价比较
数据来源：中国海关

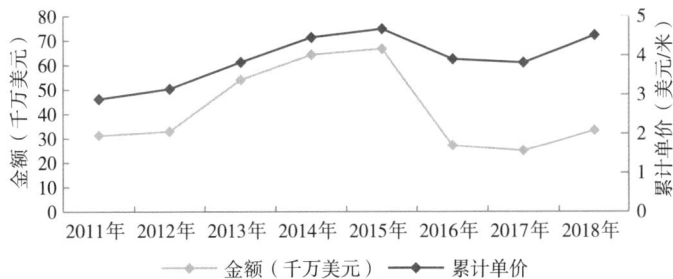

图14　2011~2018年苎麻织物出口金额、单价比较
数据来源：中国海关

（四）亚麻原料进口依赖度居高不下

1. 亚麻原料进口数量创历史新高

从历年麻纺织类产品进口品种和金额分析，进口主要就是亚麻和黄麻原料，金额基本占到70%以上。据海关数据统计，2018年亚麻原料累计进口数量为19.98万吨，同比增长12.31%，其中打成麻12.61万吨，与2017年大体持平；短麻进口7.27万吨，进口量增加巨大，同比增幅达43%；从近几年数据统计可以看出，2018年亚麻原料累计进口数量已创历史新高（图15）。

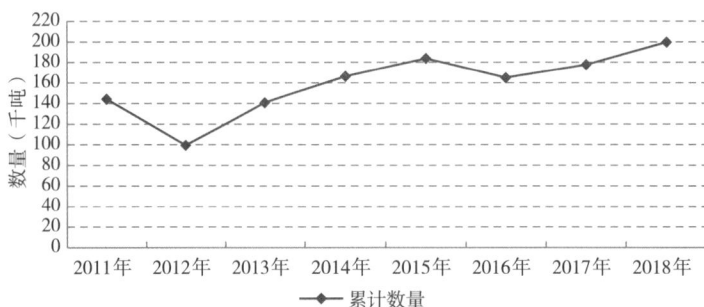

图15　2011~2018年进口亚麻纤维及短纤维数量

数据来源：中国海关

2. 进口亚麻原料价格飙升

亚麻原料累计进口金额5.02亿美元，同比增长32.11%，亚麻原料进口（特别是打成麻）单价涨幅巨大，打成麻涨价现象2017年10月开始启动，至今一路上扬，给下游企业造成不小的压力（图16）。

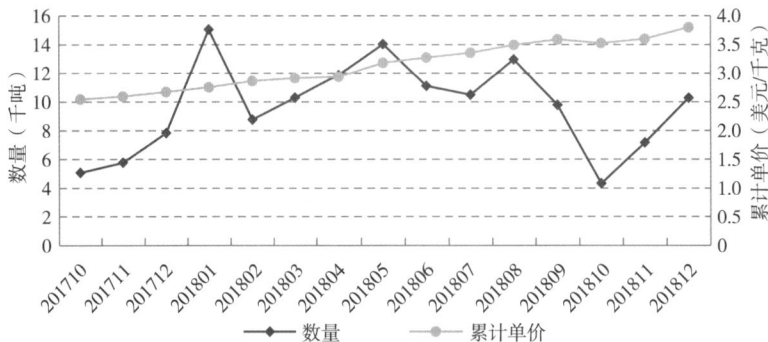

图16　2018年亚麻打成麻进口数量价格月度走势

数据来源：中国海关

3. 进口黄麻原料数量变化不大

2018年黄麻原料累计进口数量为3.28万吨，同比增长5.47%，累计进口金额1821.65万美元，同比下降5.35%，累计进口单价有所下滑（图17）。从原料进口数量增加可以看出，亚麻纺纱企业生产加工形势比较好，纱线出口数量也有增加，而黄麻原料进口自2011年开始下滑，近几年来基本稳定在较低的进口水平，黄麻纺织加工行业也受多方面影响，呈现逐步萎

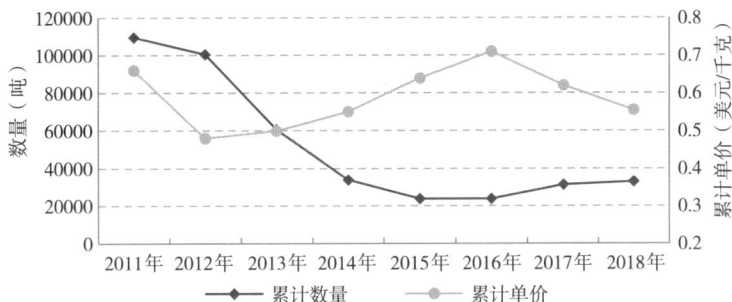

图17　2011~2018年进口黄麻纤维及短纤维数量
数据来源：中国海关

缩迹象。

（五）麻纺织规上企业亏损面有所加大

根据国家统计局数据，2018年261家规模以上麻纺织企业亏损37家，亏损面占14.18%。与2017年亏损面13.56%相比，增幅达到4.57%，在一定程度反映了麻纺织企业经营风险仍在不断加大。麻纺企业亏损面加大，特别是连续几年麻企业亏损面都在增加，给麻纺企业敲响了警钟（图18）。从另一方面看，虽然2018年麻纺织规上企业亏损面稍有增加，但是亏损企业亏损额并没有进一步扩大，企业亏损额为1.74亿元，同比下降32.93%，主要还是企业对2018年的总体形势有预判，通过各种手段增收节支的结果。

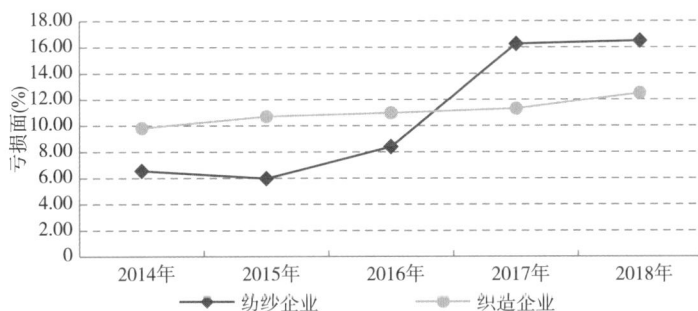

图18　2014~2018年规模以上麻纺纱和织造企业亏损面
数据来源：国家统计局

从行业协会调研了解到，已有一些麻纺企业关停并处理设备，也有行业内的龙头企业在计划扩大规模发展。企业亏损面的增加也一定会给麻纺织企业带来新一轮的洗牌。

二、行业前景面临各种风险

展望未来，世界经济仍将处于复苏轨道，但美元加息引起流动性收缩、美国贸易保护主义加剧等风险因素对于全球经济增长的负面影响将逐步显现。IMF发布的最新报告将2019年全球经济增速预测值从此前3.9%下调至3.7%，国际市场需求增长呈现趋缓动向。外部环境变化影响，我国宏观经济运行压力将有所增加，但平稳发展的大趋势不会根本改变。国家层面以稳就业、稳金融、稳外贸、稳外资、稳投资、稳预期为2019年重点工作。对于中国经济，贸易摩擦的影响会被新的财政政策部分抵消，但对纺织企业的影响一定会很大。国家统计局预计2019年中国GDP增长6.3%左右。全国居民收入的提高、消费的增加，会继续支撑纺织品服装内需市场持续增长，继续成为拉动纺织行业发展的主力。

（一）纺织出口贸易不确定因素加大

中美贸易摩擦的不确定性对麻纺产品出口有着直接影响。美国贸易代表办公室公布了对价值2000亿美元的中国商品拟加征10%进口关税清单，据初步整理，约927项纺织产品超过40亿美元，其中包含"其他植物纺织纤维、纱线及织物"（应该主要是麻类产品）3800万美元。

中美贸易摩擦不断升级，中美贸易谈判仍在积极磋商，没有完全破局，不确定因素还很多。即使谈判达成协议，贸易环境其他不确定性上升；汇率波动影响加大、用工成本上涨、环保压力加大、融资困难等影响纺织行业稳定运行。从大环境来看，麻纺企业面受原料涨价的影响、汇率波动加大等多重因素叠加，使企业的财务费用整体偏高，让麻纺这个以出口为主要市场的行业压力剧增。

（二）原料仍然是企业发展瓶颈

麻纺的风险分析永远会把原料问题放在重要位置，麻原料问题也一直是困扰行业发展的大问题。

亚麻、黄麻等优质原料全面依靠进口，亚麻原料进口数量已创历史新高。品质、数量、价格受制于海外市场。黄麻行业由于原料问题和产品市场问题，产业呈现萎缩和向外转移迹象；亚麻优质原料一直依赖进口，进口亚麻原料法国一家独大的垄断地位，也是一直困扰的问题（图19）。

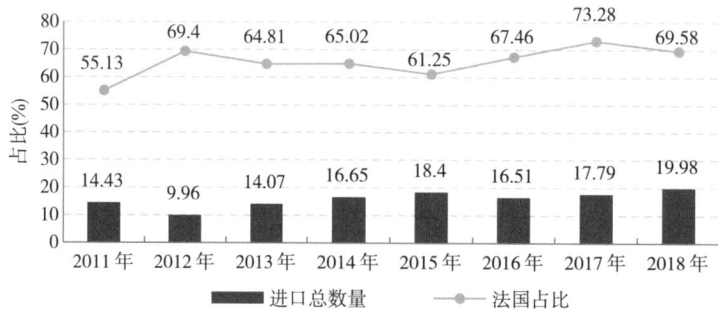

图19　2011~2018年亚麻原料进口总数量及法国百分比变化
数据来源：中国海关

苎麻种植面积严重萎缩，原料短缺价格飞涨；大麻种植虽然发展较快，也面临着产业链尚未完全理顺，种植面积受政策影响的波动较大，大麻纤维加工能力正在逐步配套，市场开发远远不够等诸多问题。

随着麻纺织品市场的快速增长，对原料的需求还将保持相对旺盛的需求。因此寻求各种途径解决麻纺原料短缺状况还是我们急需解决的重要问题。

（三）生产成本持续上升

麻纺织企业生产综合成本压力突出，在国际比较中优势已减小，国际市场竞争压力增加。一是用电成本过高问题，与东南亚、印度等相比明显偏高。二是劳动力成本持续提升，人均工资水平持续增长，沿海地区人均月工资已是越南的3倍，孟加拉的近5倍；适龄劳动人口数量不断下降，年轻人越来越不愿从事繁重、单调的工作。三是麻纺原料价格上涨较大，目前进口亚麻原料价格已达到历史高位，苎麻、大麻原料也出现较大涨幅，下游企业承受能力也将达到极限。

（四）环保压力增大

国家对环境治理越发重视，各项措施逐步跟进。国家目前在对污水排放标准进行重新考量，排放标准有可能大幅度提高，地方环保部门减排任务繁重，环保再投入的资金压力转化成麻纺企业的巨大成本压力。麻纺企业普遍存在的脱胶污水处理和用水压力，也需进行技术改进和装备升级，企业环保投入压力巨大。

三、2019年行业运行趋势预测

2019年整个纺织行业所面临外部形势不会有大的改变。IMF预测2019年全球经济增长放缓，下调了2018~2019年预计的全球经济增速，全球经济增长面临触顶，我国经济增速下行压力突出。从国家统计局数据看，2018年规模以上工业增加值同比实际增长6.2%，其中2018年12月纺织业只增长了0.2%，生产增速已明显放缓，2019年整个纺织行业不容乐观。

2018年全年麻纺织行业总体延续了相对平稳向上的运行态势，虽然原料价格大涨，但行业主要运行指标基本保持增长水平，预测2019年也将继续保持平稳增长。

1. 亚麻行业

亚麻原料的短缺和涨价，给企业造成巨大困扰还有延续的影响。但随着近年来消费者对麻纺织产品的购买欲望大幅度上升，国内消费市场快速扩大，同时亚麻产品出口也增幅较大，我们预判2019年对原料的需求与2018年大体相当，亚麻纱布价格还将维持高位，但价格走势相对2018年平稳，不具备剧烈波动的因素。

2. 苎麻行业

原料价格的高企，刺激了麻农种麻的积极性，苎麻原料供应将得到一定程度的缓解，但市场开发方面还有待加强。

3. 大麻行业

2018年国际上纷纷开放工业大麻和医用大麻的种植，国际国内都对大麻产品的关注度空前高涨。国内工业大麻种植面积的快速发展，现已成为国内种植面积最大的麻类品种。中国大麻纺织产品加工在国际处于领先地位，工业大麻产业的快速发展，也可在一定程度上降低对进口亚麻原料的过渡依赖。加上近几年来中国麻纺织行业协会对工业大麻的不断宣传，一批实力企业在不断加入到大麻产品的开发领域，给工业大麻的发展带来新的突破，给麻纺织行业注入新的活力。目前，最大的问题是市场规模偏小，产品较少，国内市场的宣传与推广亟待加强。

4. 黄麻行业

黄麻企业存量不多，也是受到原料影响限制了行业的发展，2019年将基本维持现状。

总体来讲，麻纺企业如何全面提高麻产品国内市场化率，抵御出口变化带来的风险，如何在新形势下提高生产效率和抗风险能力，是我们面临的重大考验。2019年麻纺织行业发展相对乐观。

撰稿人：牛春华

2018年中国化纤行业运行分析与2019年运行预测

中国化学纤维工业协会

2018年，世界经济保持复苏，国内经济保持平稳，为我国纺织化纤行业创造了相对有利的市场环境，支撑行业总体实现平稳运行。但国际局势复杂多变、油价大幅波动、中美贸易摩擦逐步升级、人民币贬值等因素增加了行业运行风险。特别是聚酯涤纶行业，受原油价格牵连，更多受PTA期货影响，行业于下半年出现不稳定波动。抛开四季度，全年总体来看，化纤行业生产保持较好增长，效益增速稳定在较高区间，成为纺织行业经济增长的重要支撑。但各子行业运行有所分化，涤纶和锦纶行业总体表现良好，黏胶纤维、腈纶和氨纶行业运行较为困难；企业间也出现分化，资源进一步向优势企业集中。

一、2018年化纤行业运行基本情况

（一）供需情况

据国家统计局快报统计，2018年化纤产量为5011.09万吨，同比增长7.68%。其中，涤纶产量为4014.87万吨，同比增长8.47%；锦纶产量为330.37万吨，同比增长5.28%；黏胶短纤产量为377.09万吨，同比增长7.94%（表1）。

表1 2018年中国化纤产量完成情况

项　　目	产量（万吨）	同比（%）
化学纤维	5011.09	7.68
人造纤维	439.55	7.24
其中：黏胶短纤	377.09	7.94
黏胶长丝	18.24	1.39
合成纤维	4562.66	7.71
其中：涤　纶	4014.87	8.47
锦　纶	330.37	5.28
腈　纶	61.45	−16.50
维　纶	10.08	−2.47

项　目	产量（万吨）	同比（%）
丙　纶	34.78	2.31
氨　纶	68.32	10.84

资料来源：国家统计局、中国化学纤维工业协会

化纤行业自2012年进入"新常态"，产量增速放缓，落后产能加快淘汰。进入"十三五"以后，化纤行业持续推进供给侧结构性改革，行业扩张的同时继续伴有落后产能的淘汰。2012~2018年，化纤产量年均增长4.55%，增速不到产量增长高峰年份的二分之一。

涤纶和锦纶行业产销两旺，行业平均开工率处于近两年相对高点。其中涤纶长丝行业开工率保持高位，特别是直纺长丝旺季超过90%；淡季不淡，开工率也保持在80%以上。氨纶行业由于大量新增产能释放的影响，产量同比上升幅度较大。黏胶行业和腈纶行业开工率明显低于2017年，其中腈纶行业平均开工率60%左右，两行业开工率均处于近两年相对低点（图1）。

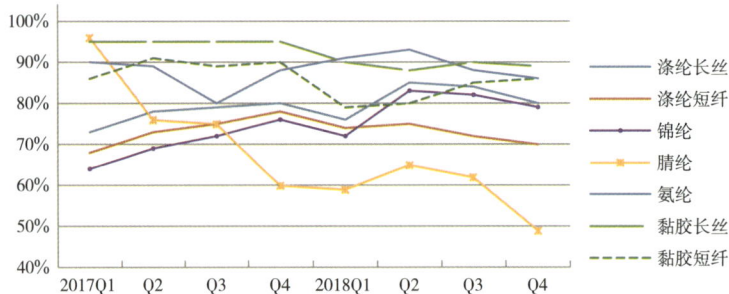

图1　2017~2018年化纤主要子行业开工情况
资料来源：中国化学纤维工业协会

从需求面看，下游需求同比有所增加。除无纺布外，多数化纤下游产品的产量均有不同程度增长，下游行业开机率较2017年也有明显上升（图2）。

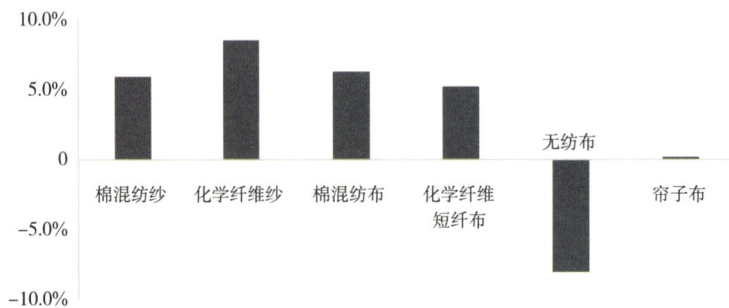

图2　2018年化纤下游主要相关产品产量增速
资料来源：国家统计局

（二）进出口

因数据源问题，暂无化纤全行业准确的进出口数据。据协会推算，2018年化纤进口量在94万吨左右，同比增长约2%。进口产品中需要关注的是涤纶短纤，进口量同比增长近20%，应是与国内再生原料受限有关，弥补再生纤维产量的不足。据了解，涤纶短纤进口的增量中，有相当一部分是再生涤纶短纤（表2）。

化纤出口量约有6%的增长，出口量在430万吨左右。中美贸易摩擦的影响尚未完全显现，三大产品涤纶长丝、涤纶短纤和黏胶短纤的出口量仍保持了不错的增长速度。

表2　2018年化纤主要产品进出口情况

项目	进口量			出口量		
	2018年（吨）	2017年（吨）	同比	2018年（吨）	2017年（吨）	同比
涤纶长丝	128043	135981	−5.8%	2274333	2068878	9.9%
涤纶短纤	190999	159502	19.7%	1038768	1017500	2.1%
锦纶长丝	101119	104744	−3.5%	207902	223389	−6.9%
腈纶	149355	147405	1.3%	19350	45714	−57.7%
黏胶长丝	1091	1071	1.9%	76267	75764	0.7%
黏胶短纤	109945	120853	−9.0%	372925	308784	20.8%
氨纶	29533	26902	9.8%	63001	57490	9.6%

资料来源：中纤网，部分产品税号与协会划分不同，数值不能与前几年协会数据相比，同比增速具有参考价值

（三）市场

合纤市场受油价波动的影响，在成本推动下价格重心总体高于2017年。特别是聚酯涤纶行业，受原油价格牵连，更多受PTA期货影响，行业于下半年出现大起大落的过山车行情。锦纶市场相对平稳。黏胶短纤市场受棉花价格压制和新增产能释放的影响，总体处于弱势盘整（图3~图7）。

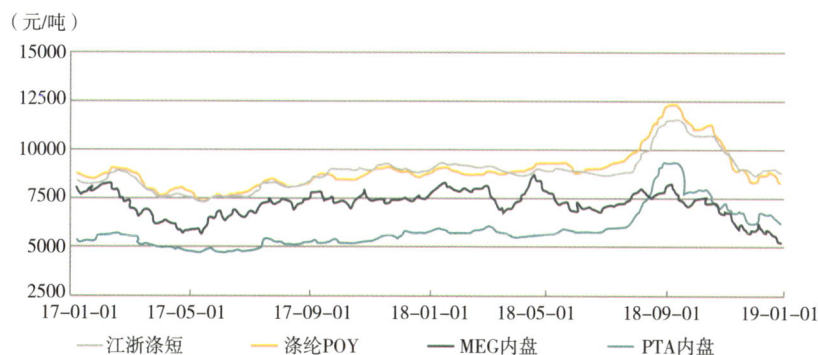

图3　2017~2018年涤纶及其原料价格走势图
资料来源：中纤网

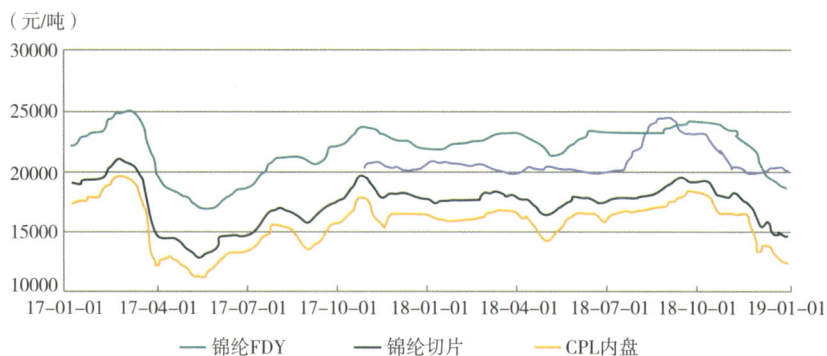

图4　2017~2018年锦纶及其原料价格走势图
资料来源：中纤网

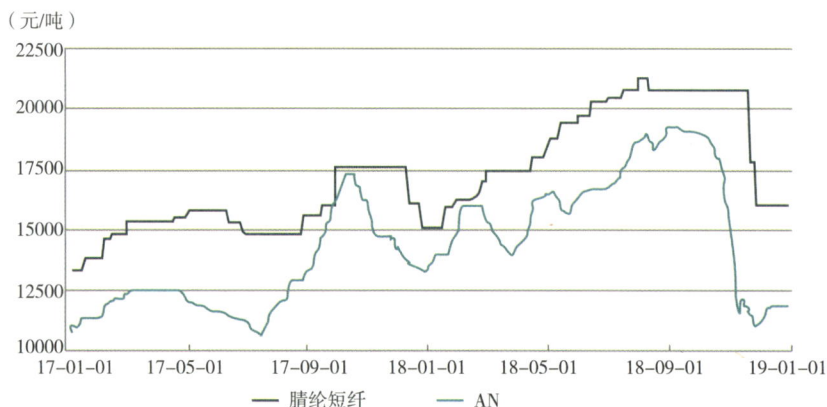

图5　2017~2018年腈纶及其原料价格走势图
资料来源：中纤网

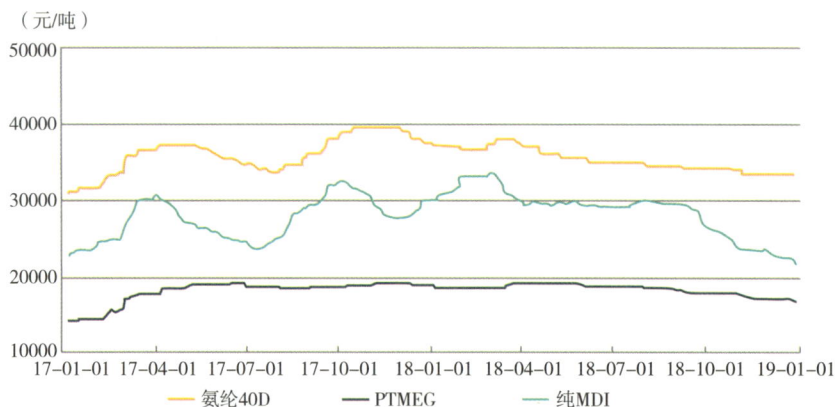

图6　2017~2018年氨纶及其原料价格走势图
资料来源：中纤网

（四）质效

2018年，中国化纤行业工业增加值同比增长7.6%，较2017年加快1.8个百分点；实现主营业务收入7989.58亿元，同比增长12.42%；实现利润总额393.89亿元，同比增长10.31%。化纤行业成为纺织行业经济增长的重要支撑。行业亏损面18.23%，比2017年扩大5.21个百分点。

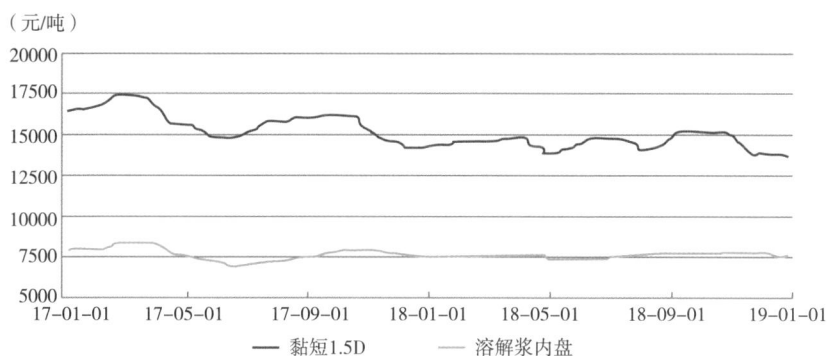

图7 2017~2018年黏胶短纤及其原料价格走势图

资料来源：中纤网

亏损企业亏损额同比也大幅增加37.6%，反映出企业盈利能力继续两极分化。

分行业来看，涤纶行业实现利润总额210亿元，同比增长24.47%。锦纶行业实现利润总额42亿元，同比增长1.65%；人造纤维行业数据有待考究，其中的黏胶纤维行业处于保本亏损线附近（表3）。

表3 2018年化纤行业经济效益情况

项目	利润总额			亏损企业亏损额		
	2018年（万元）	2017年（万元）	同比（%）	2018年（万元）	2017年（万元）	同比（%）
化纤	3938931	3570630	10.31	391102	284231	37.60
其中：人造纤维	1161699	1150583	0.97	102528	71424	43.55
锦纶	420725	413886	1.65	40570	30997	30.89
涤纶	2101077	1687970	24.47	88253	86295	2.27
腈纶	−7865	−1365	—	13134	7254	81.07
维纶	1626	9396	−82.69	10314	11234	−8.19
丙纶	21713	18413	17.93	2208	1625	35.87
氨纶	93941	167770	−44.01	79446	34768	128.51
其他合成纤维制造	105472	97217	8.49	36459	23639	54.23

资料来源：国家统计局

2018年化纤行业运行质量总体良好，但比2017年有所下降。主营业务利润率4.93%，同比微降0.09个百分点；总资产周转率基本与2017年持平，但产成品周转率下降；三项费用中销售费用和财务费用比例降低。行业利润的增加，从市场层面来说，主要归功于产品价格的上涨和下游需求的跟进，但其本质是供给侧结构性改革取得一定成效，供求关系得到改善，另外新产品开发也在加快，在品牌、品质、品种方面均有提升（表4）。

相关产业

表4 2018年化纤行业运行质量情况

项目		2018年	2017年	同比
偿债能力	资产负债率（%）	59.83	58.81	1.03
	产权比率（%）	148.96	142.76	6.20
	已获利息倍数	4.21	4.27	−0.06
营运能力	应收账款周转率（次）	16.02	14.94	1.08
	产成品周转率（次）	15.41	16.96	−1.55
	流动资产周转率（次）	2.24	2.13	0.12
	总资产周转率（次）	1.03	0.97	0.06
盈利能力	主营业务利润率（%）	4.93	5.02	−0.09
	成本费用利润率（%）	5.14	5.25	−0.12
	总资产报酬率（%）	6.65	6.37	0.28
	净资产收益率（%）	12.62	11.83	0.79
发展能力	主营业务增长率（%）	12.42	15.69	−3.27
	总资产增长率（%）	6.08	6.35	−0.27
百元销售收入三项费用	销售费用（元/百元）	1.10	1.26	−0.16
	管理费用（元/百元）	3.26	3.21	0.05
	财务费用（元/百元）	1.56	1.64	−0.09

资料来源：据国家统计局数据整理

二、影响化纤行业运行的主要因素

（一）国际油价

2018年，国际油价除了供需基本面的影响外，更是受政治事件影响深重。国际油价前9个月缓缓上涨，不断创出新高，后3个月迅猛下跌（图8）。

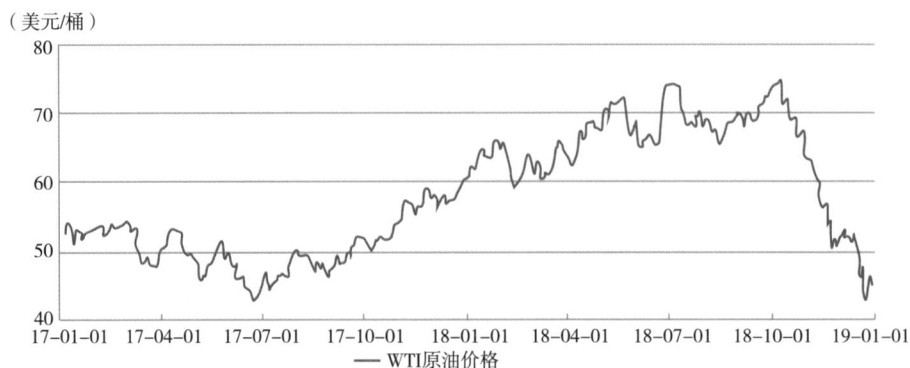

（美元/桶）

图8 2017~2018年WTI油价走势图
资料来源：中纤网

2018年OPEC减产与美油增产继续展开拉锯战，美国产量增加基本抵消了OPEC所做的减产努力。预计2019年全球经济增长放缓，石油需求动力不足，美油增产步伐不会放缓，将导致原油供需面仍然适度宽松。如果OPEC不加大减产力度，油价很难有大幅上涨的可能。但有OPEC财政预算线和页岩油开采成本托底，也不必过分看空。在2019年的地缘政治舞台上，特朗普政府将继续成为石油市场不确定性的一大制造者，英国退欧、伊核制裁、中东区域性冲突等事件有可能成为最佳题材，导致原油价格的波动。

（二）期货市场

2018年PTA期货市场对聚酯涤纶行业的运行影响巨大，期货的金融属性和投机性，放大了行情的波动。2018年年末，PTA引入境外交易者，MEG期货也成功上市，因此2019年的聚酯原料市场风险进一步加大。化纤企业特别是民营企业风险控制仍不健全，建议化纤企业远离期货投机。从历史经验和一个较长的时间跨度看，化纤企业参与期货交易"劳民伤财"，对企业盈利情况没有产生正面影响；相反，总有企业因过度投机而损失甚至倒闭。期货投机也使得行业分化，导致不理性竞争（图9）。

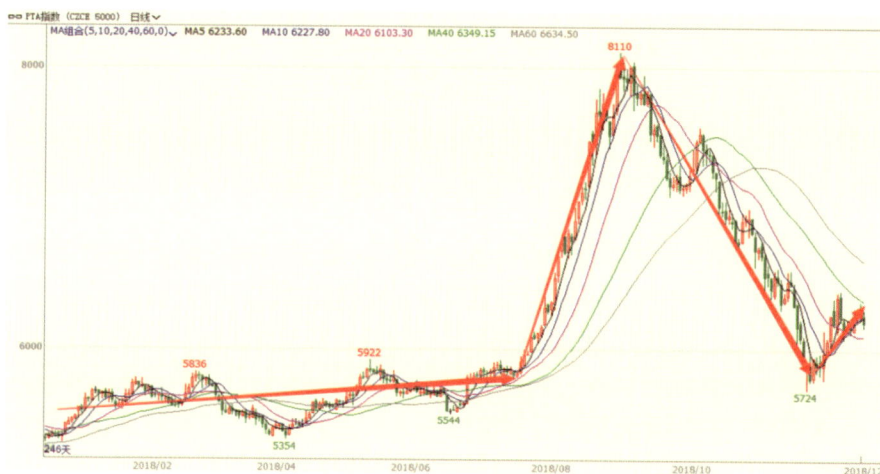

图9   2018年PTA主力的走势图（单位：元/吨）
资料来源：中纤网

（三）投资

近两年，中国化纤行业整体运行质量较好，良好效益驱动行业投资热情升温，化纤行业固定资产投资增速反弹，逆转了2011年以来的下降趋势。2017年，中国化纤行业固定资产投资增长19.2%，2018年延续反弹趋势，增速达29.0%。据不完全统计，2018年聚酯新增产能近500万吨，其中瓶片110万吨。2019年预计仍有300多万吨聚酯新增产能，防止产能过剩任重道远（图10）。

新增产能释放，落后产能退出，行业处于洗牌的阵痛期。其中：涤纶行业新增产能主要是大企业主导，集中度进一步提高，同时"炼化一体化"发展趋势明显；涤纶短纤受益于再生纤维让出的市场；锦纶抽丝扩能速度不及原料，锦纶行业运行好转；黏胶短纤和氨纶行业新增产能对市场冲击较大，行业运行困难。

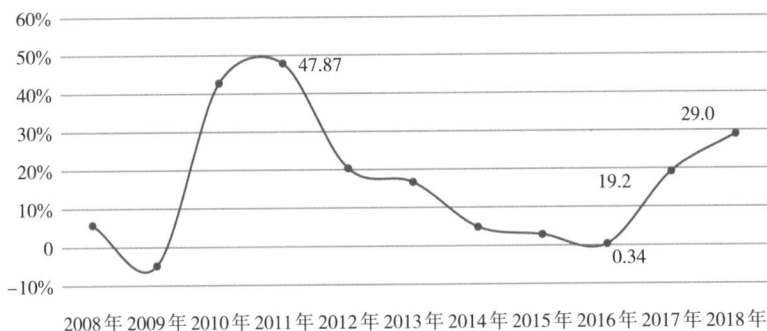

图10　2008~2018年化纤行业固定资产投资增速变化

资料来源：国家统计局

（四）汇率

2018年，人民币对美元的汇率从6.5贬值至6.86，贬值幅度达到5.4%。这在一定程度上反映了市场对中美贸易战以及中国经济走势不确定性的担忧，央行相对宽松的货币政策进一步增加人民币汇率贬值压力，直到12月5日，人民币汇率才止跌反弹。2019年，如果贸易摩擦没有进一步恶化，人民币汇率会获得一定支撑因素。有机构预测，目前美元指数下跌只是暂时的调整，未来还有一定的上行空间。如果人民币大涨，对中国的出口不利，但是人民币汇率大跌，恐怕央行会出手干预。因此2019年人民币汇率将会呈现双向波动情形。

人民币贬值虽能对冲一部分贸易摩擦的不利影响，但化纤直接出口比重仍较低，而化纤行业是个原料进口依存度较高的行业，PX、MEG和木浆均保持50%以上的进口依存度，因此人民币贬值将增加化纤原料进口成本。

（五）中美贸易摩擦

2018年中美贸易摩擦逐步升级。美国对中国的2000亿清单中几乎包含了化纤所有类别产品及大部分相关制品，中国对美国的反制清单中也包含了化纤主要原料、化纤及相关制品，双方均已于9月24日正式实施加征关税。短期看，对中国化纤进出口的直接影响总体不大，对部分行业部分产品有较大影响，特别是对征税的心里担忧才是真正影响纺织化纤行业的症结，严重影响企业信心。长期来看，美国的进口转移有可能加快竞争国的发展速度，影响我国化纤行业的国际竞争力。但从另一个角度思考，挑战亦是机遇，这将倒逼行业做好高质量发展，专注"练好内功"。

2019年国际形势依然复杂严峻，中美双方谈判虽然进展顺利，美国对中国产品加征关税暂未提高到25%，但不能盲目乐观，中美贸易战或将是一场打打停停的持久战。

三、2019年化纤行业运行预测

（一）行业运行背景

2019年，全球经济虽然将继续保持扩张，但面临的风险在上升，增长势头将减弱。国际货币基金组织（IMF）2019年1月发布的《世界经济展望》中预测，2019年全球经济增长3.5%，较2018年放缓0.2个百分点。其中，美国经济增长2.5%，比2018年回落0.4个百分点；欧元区经济增长1.6%，比2018年回落0.2个百分点。这是中国两大主要贸易伙伴，它们增速的回落对中国经济增速将会产生影响。

中国经济运行稳中有变、变中有忧，外部环境复杂严峻，经济面临下行压力，预计中国经济继续保持平稳增长，增速有可能比上年略有回落，2019年《政府工作报告》明确中国经济增长目标为6%~6.5%。

压力之下，预计纺织行业主要运行指标增速将较2018年有所回落，出口增长压力尤为突出。纺织行业推动高质量发展的内在需求更为迫切，必须着力提高生产效率和抗风险能力，方能继续保持平稳发展态势。

在全球经济增长趋缓的大背景下，石油需求增长乏力。全球原油供给已形成美国、沙特、俄罗斯主导且以美国原油产量为首的格局，美国在中东政治影响力的扩大使得OPEC+在石油市场的影响力被削弱，原油市场受地缘政治因素影响越来越明显。2019年原油供需面仍然适度宽松，但目前油价已是低位，缺少大幅上涨下跌的动力，但存在因地缘政治引起阶段性反弹的可能性。总体波动幅度预计不会超过2018年。

（二）化纤行业运行预测

2019年，化纤行业特别是聚酯涤纶行业依然处于投产高峰期，供应量的增加，相对于需求的不乐观，使得2019年的市场供需矛盾将会逐步突出化。同时，由于2018年基数较大的原因，2019年部分运行指标增速将放缓。

不过考虑到目前产业集中度较高，大企业的话语权明显增强，市场的恶意无序竞争减弱，因而行业各项指标的下滑速度也是相对有限的，不排除因为中美贸易战再有缓和迹象、2019年第二轮环保督查启动、织造印染向中部地区转移开车备货等事件刺激阶段性的需求。

预计2019年，化纤行业平均开工率比2018年有所下降，产量继续维持最近几年5%左右的增速；出口量进一步小幅增长；经济效益情况弱于2018年。企业竞争力差距进一步拉大，头部效应和细分为王效应继续显现。

撰稿人：吴文静

2018年中国印染行业发展报告

中国印染行业协会

一、2018年印染行业经济运行情况

2018年是贯彻党的十九大精神的开局之年，印染行业面临复杂的国内外经济环境和成本上升、环保加严、国际市场竞争加剧等诸多情况，围绕"科技、时尚、绿色"新定位，继续深入推进供给侧结构性改革，推动行业向高质量发展迈进。行业经济总体运行平稳，生产与效益稳中向好，结构调整取得积极进展。

（一）生产增速放缓

2018年，规模以上印染企业印染布产量490.69亿米，同比增加2.63%，增速较2017年回落2.12个百分点。在国家产业政策引导、行业转型升级、市场需求等多重因素的作用和影响下，印染布产量增速回落。在生产增速持续放缓的情况下，加快产业结构调整，提质增效是行业发展的关键。

区域集中度高是印染行业的显著特点，2018年，浙江、江苏、福建、广东、山东等东部沿海五省产量合计469.34亿米，占全国总产量的95.65%，五省中福建、山东和浙江印染布产量同比分别增加22.56%、7.67%和2.98%，广东省和江苏省印染布产量同比分别下降2.21%和5.91%，见表1。浙江省对行业产量的贡献率最大，占比达58.94%，江苏、福建、广东和山东占全国比重分别为12.66%、11.46%、7.04%和5.54%，其他省市印染布产量仅占全国的4.36%，如图1所示。"十二五"时期，东部沿海五省印染布产量占全国比重逐年增大，2016年占比下降至94.58%后又呈逐年增加态势，2018年五省产量占比较2016年提高1.07个百分点，如图2所示。东部沿海地区发挥印染产业发展的

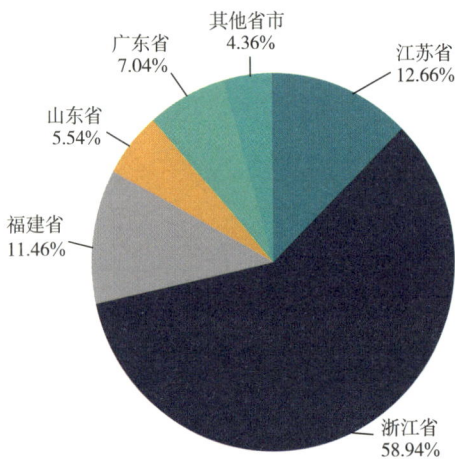

图1　2018年主要省市印染布产量占比情况
资料来源：国家统计局

主力军作用。

相关产业

表1 2018年主要省份印染布生产情况

产地	全国	浙江	江苏	福建	广东	山东	五省合计
产量（亿米）	490.69	289.22	62.13	56.24	34.55	27.21	469.34
同比（%）	2.63	2.98	−5.91	22.56	−2.12	7.67	
占全国比重（%）	100	58.94	12.66	11.46	7.04	5.54	95.65

资料来源：国家统计局

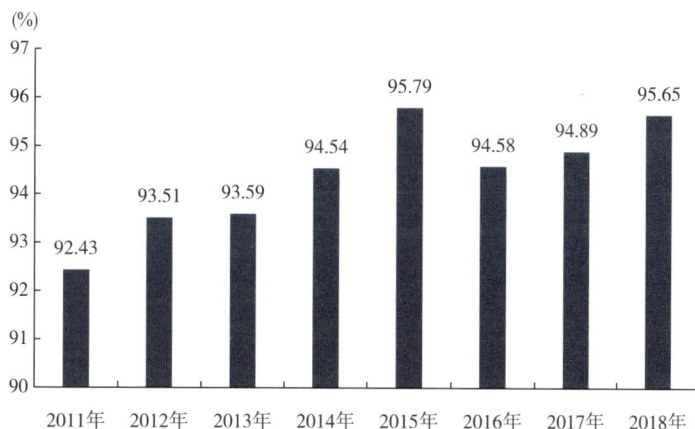

图2 2011~2018年东南沿海五省印染布产量占比情况
资料来源：国家统计局

（二）运行质效继续改善

1.运行质量稳中向好

2018年，印染行业规模以上企业主要运行效益指标见表2。规上企业三费比例7.62%，同比下降0.12个百分点，其中棉印染精加工企业为7.45%，化纤织物染整精加工企业为9.34%；成本费用利润率5.87%，同比增加0.76个百分点；销售利润率5.55%，同比增加0.70个百分点，高于纺织行业0.40个百分点，为历史最高点，如图3所示。其中棉印染精加工企业为5.51%，同比增加0.67个百分点，化纤织物染整精加工企业5.97%，同比增加1.02个百分点；产成品周转率21.67次/年，同比增加3.56%；应收账款周转率8.01次/年，同比降低2.14%；总资产周转率1.05次/年，同比增加0.42%。

表2 2018年印染行业运行效益指标

印染企业	规模以上印染企业	棉印染精加工	化纤织物染整精加工
三费比例(%)	7.62	7.45	9.34
同比（百分点）	−0.12	−0.14	−0.07
成本费用利润率（%）	5.87	5.82	6.33
同比（百分点）	0.76	0.72	1.12
销售利润率（%）	5.55	5.51	5.97

印染企业	规模以上印染企业	棉印染精加工	化纤织物染整精加工
同比（百分点）	0.70	0.67	1.02
产成品周转率（次／年）	21.67	21.52	23.51
同比（%）	3.56	3.88	−1.48
应收账款周转率（次／年）	8.01	8.00	8.16
同比（%）	−2.14	−3.89	18.10
总资产周转率（次／年）	1.05	1.06	0.95
同比（%）	0.42	0.18	4.02

资料来源：国家统计局

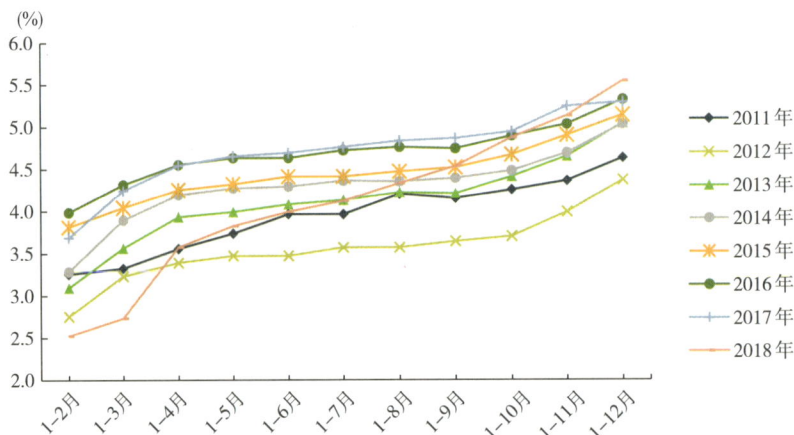

图3　2011~2018年规模以上印染企业销售利润率情况

资料来源：国家统计局

2. 盈利能力有所提高

根据国家统计局公布的数据，2018年，1715家规模以上印染企业实现主营业务收入2833.13亿元，同比增加2.98%，增速较2017年回落3.58个百分点；实现利润总额157.30亿元，同比增加17.93%，增速较2017年提高6.29个百分点；主营业务成本2464.56亿元，同比增加2.79%。行业盈利能力有所提升，但企业成本负担依然较重，主营业务成本占主营业务收入的比重高达86.99%，利润增速高于主营业务收入增速近15个百分点。

分产品来看，1507家规模以上棉印染精加工企业实现利润总额142.33亿元，同比增长16.24%；208家规模以上化纤织造染整精加工企业实现利润总额14.97亿元，同比大幅增长36.89%。由于下游产品（服装）需求及成本因素，化纤印染精加工主营业务收入、利润增速较快，销售利润率高出棉印染精加工0.46个百分点。

2018年，规模以上印染企业出口交货值435.61亿元，同比减少1.6%。内销占销售产值比重84.62%，较2017年减少2.66个百分点，内销增速有所放缓。

2018年，规模以上印染企业亏损企业户数303家，亏损面17.67%，较2017年扩大3.81个百分点，近年来印染行业亏损面变化情况如图4所示。亏损企业亏损总额16.99亿元，同比减少

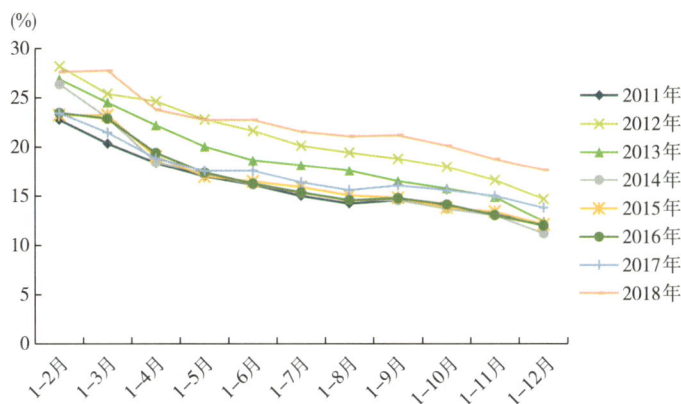

图4　2011~2018年规模以上印染企业亏损面变化情况

资料来源：国家统计局

11.48%，增速较2017年大幅减少23.49个百分点。

总体看，2018年印染行业利润实现较快增长，主要得益于供给侧结构性改革的深入推进，淘汰落后产能、产品结构升级、优化资源配置等政策措施有效落实，结构调整、转型升级步伐加快，行业朝着高质量发展方向迈进。

（三）外销市场表现良好

2018年，印染八大类产品进出口总额265.82亿美元，同比增加6.65%，较2017年同期提高6.85个百分点；贸易顺差227.74亿美元，同比增加8.53%，增速较2017年同期提高8.02个百分点。

1.进口继续减少

2018年，印染八大类产品进口数量9.98亿米，同比减少4.22%，增速较2017年回落2.33个百分点；进口金额19.04亿美元，同比减少3.35%，增速较2017年提高0.44个百分点；进口平均单价1.91美元/米，同比增加1.06%，增速较2017年提高3.00个百分点。

2.出口保持增长

2018年，印染八大类产品出口数量232.88亿米，同比增加2.70%，增速较2017年回落2.51个百分点；出口金额246.78亿美元，同比增加7.51%，增速较2017年提高7.39个百分点；出口平均单价1.06美元/米，同比增加4.95%，增速较2017年提高9.79个百分点。由图5可知，2011~2018年，印染八大类产品出口数量逐年增加，出口平均单价有所波动，2018年呈现量价齐升的态势，出口情况良好。

（1）印染八大类产品出口情况。

2018年印染八大类产品中，纯棉染色布出口数量和金额呈现两位数的增长，分别增加19.27%和17.14%，但出口平均单价下降

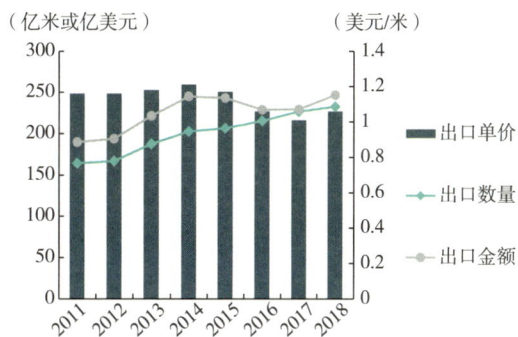

图5　印染八大类产品出口情况

资料来源：中国海关

1.65%；人造短纤维织物出口数量和金额同比降幅较大，分别减少18.65%和22.75%，出口平均单价同期下降4.78%。八大类产品中除纯棉染色布、人纤短纤织物出口平均单价下降以外，其余六大类产品的出口平均单价同比均有不同程度的提高，其中棉混纺染色布同比提高14.46%，涤纶短纤织物同比增加10.64%，增幅较大。见表3。

表3　2018年印染八大类产品出口情况

品种	数量 （亿米）	金额 （亿美元）	单价 （美元/米）	数量同比 （%）	金额同比 （%）	单价同比 （%）
纯棉染色布	14.20	26.96	1.90	19.27	17.14	-1.65
纯棉印花布	18.03	22.4	1.24	0.68	9.76	8.96
棉混纺染色布	3.98	8.97	2.25	5.38	20.37	14.46
棉混纺印花布	0.58	1.21	2.08	7.66	14.35	6.47
合成长丝织物	148.25	135.36	0.91	5.94	11.66	4.95
涤纶短纤织物	12.19	9.84	0.81	-1.95	8.04	10.64
T/C印染布	14.92	19.34	1.30	0.99	8.10	7.10
人造短纤维织物	20.73	22.7	1.09	-18.65	-22.75	-4.78
合计	232.88	246.78	1.06	2.70	7.51	4.95

资料来源：中国海关

（2）主要出口市场情况。

2018年，印染八大类出口市场前十位依次为越南、尼日利亚、孟加拉国、印度尼西亚、巴西、缅甸、贝宁、巴基斯坦、美国和印度，见表4。前10位市场出口数量合计102.62亿米，占总出口数量的44.07%；出口金额114.58亿美元，占总出口金额的46.43%。同上年相比，前五位出口市场的名次未发生变化，越南仍是最大的出口市场，占出口总量的8.48%；缅甸由第9名上升至第6名，出口数量和金额同比分别增加23.91%和36.08%，增幅较明显。东南亚国家已成为我国印染布主要出口市场。

表4　2018年印染布出口主要市场情况

国家及地区	数量 （亿米）	金额 （亿美元）	单价 （美元/米）	数量同比 （%）	金额同比 （%）	单价同比 （%）
越南	19.76	31.92	1.62	12.91	7.98	-4.42
尼日利亚	14.40	9.12	0.63	3.90	11.90	7.34
孟加拉国	13.91	20.65	1.48	14.58	19.78	4.55
印度尼西亚	12.42	13.25	1.07	13.32	16.23	2.58
巴西	8.23	6.96	0.85	0.37	7.41	7.05
缅甸	7.36	7.77	1.06	23.91	36.08	9.97
贝宁	6.95	6.13	0.88	-1.28	12.27	14.55
巴基斯坦	6.88	7.04	1.02	9.90	16.17	5.49

国家及地区	数量 （亿米）	金额 （亿美元）	单价 （美元/米）	数量同比 （%）	金额同比 （%）	单价同比 （%）
美国	6.66	6.78	1.02	12.31	11.70	−0.19
印度	6.05	4.96	0.82	11.62	17.54	5.11

资料来源：中国海关

（3）传统出口市场情况。

2018年，印染八大类产品对传统出口市场表现不一，见表5。对欧盟市场出口数量15.94亿米，同比减少12.47%，出口金额17.65亿美元，同比减少8.55%，改变了2012年以来出口欧盟市场占比逐年增加态势，分析原因主要是由于生产成本的提高，导致中国印染行业竞争力有所下降，部分订单转移到柬埔寨、巴基斯坦、越南和孟加拉国等国家，这些国家凭借劳动力成本和享受出口零关税政策等优势，向欧盟的出口不断增加。2018年尽管中美贸易摩擦不断升级，印染八大类产品出口美国市场不降反升，说明中美贸易摩擦尚未对印染行业造成明显冲击，但由于出口环境不确定性提高，对相关国际采购订单以及印染企业接单、原料采购等产生负面影响。日本是我国纺织品服装出口主要市场，2018年印染布对日本出口有所回暖，出口数量和金额同比分别增加14.08%和17.86%，当前我国印染产品在日本市场面临的挑战不是扩大市场份额，而是提供深加工、高质量的产品，提升产品附加值及品牌服务。

表5　2018年印染布出口传统市场情况

国家及地区	数量 （亿米）	金额 （亿美元）	单价 （美元/米）	数量同比 （%）	金额同比 （%）	单价同比 （%）
欧盟	15.94	17.65	1.11	−12.47	−8.55	5.45
美国	6.66	6.78	1.02	12.31	11.70	−0.19
中国香港	2.99	4.52	1.51	13.26	17.10	3.54
日本	1.62	1.32	0.81	14.08	17.86	4.46

资料来源：中国海关

（4）新兴市场出口情况。

2018年，印染布对东盟等新兴市场出口表现良好，见表6。印染八大类产品对东盟出口保持增长的主要原因是双边经济增势良好、合作不断深化助推双边贸易增长。2018年俄罗斯经济增长率有所提高，印染八大类产品对俄出口数量同比增加1.66%，出口金额同比增加5.43%。印度经济向好，需求环境改善拉动我国对印度出口，虽然印度将300多种纺织品进口关税税率提高至20%以保护本国纺织制造商不受进口纺织品的冲击，但目前印度国内产品无法满足消费需求，2018年印染八大类产品对印度的出口数量和出口金额增长显著。

表 6　2018 年印染布出口新兴市场情况

国家及地区	数量 （亿米）	金额 （亿美元）	单价 （美元／米）	数量同比 （%）	金额同比 （%）	单价同比 （%）
东盟	53.30	69.29	1.30	3.43	6.91	4.00
俄罗斯	4.28	4.27	1.00	1.66	5.43	3.92
印度	6.05	4.96	0.82	11.62	17.54	5.11

资料来源：中国海关

二、2018年印染行业面临的主要问题

（一）成本压力持续上升

当前，成本上涨已成为现阶段企业生产经营的主要问题。2018年由于融资、用工、税收、环保投入等费用的持续增长，以及染化料价格上涨，企业综合运行成本进一步提升。2018年以来，染料原料中间体的价格一直处于高位，推升了染料价格，分散染料主要染料品种价格涨幅70%~80%，活性染料价格涨幅40%~50%，但印染加工费难以同步提升，增加了印染企业的运营压力。此外，随着行业转型升级的不断推进，高质量发展对行业技术进步提出了更高要求，行业技术改造和技术创新投入不断增加。与此同时，国家环保政策日益深化，印染行业废水、废气治理要求不断提高，导致环保设施投入和运行成本不断攀升。印染行业成本不断上升带来的压力日益凸显。

（二）国际市场竞争加剧

当前，纺织行业国际市场竞争不断加剧，印染行业作为纺织工业体现产业链核心竞争力的重要环节，也愈发受到国际竞争压力所带来的影响。从产量来看，2016~2018年印染布产量呈现逐年下降的态势；从出口情况来看，2015~2017年，印染八大类产品出口金额逐年减少，2018年虽有所回升，但同"十二五"时期相比，出口出现了较大萎缩。近年来，越南、孟加拉和印度等东南亚国家在美国、日本、欧盟三大纺织品市场的占比持续增加，加之2018年中美贸易摩擦的不断升级，更多订单流向具有劳动力成本和关税政策优势的东南亚等地区，削弱我国纺织品服装的出口竞争力。近几年，越南纺织工业的发展不容小觑，从跨太平洋伙伴关系协定（TPP）提出到全面与进步跨太平洋伙伴关系协定（CPTPP）生效，受关税降低和原产地原则等因素影响，其纺织业迎来了爆发式的增长，我国纺织印染企业向越南等东南亚国家转移的步伐也进一步加快。在CPTPP战略背景下，越南或将减少对我国面料和原料的依赖，建成和中国正面竞争的独立全产业链，我国印染布的出口将面临更加激烈的市场竞争。

三、2019年印染行业发展趋势与重点方向

（一）国内外形势对印染行业的影响

从国际层面看，外部环境依然复杂严峻，对行业出口增长不利因素明显增加，世界经济增长放缓，中美贸易摩擦持续存在、英国脱欧尚未落定、贸易保护主义和单边主义甚嚣尘上，国际金融市场充满不确定性等将影响纺织品服装出口并进一步加剧国内纺织品服装市场竞争，加之终端消费需求增长缓慢，各地印染企业整治提升后技术装备水平提高，印染行业市场竞争更趋激烈。

从国内层面看，2019年是新中国成立70周年，是全面建成小康社会关键之年。面对艰巨繁重的国内改革发展任务和错综复杂的国际形势，我国经济发展任重道远。但同时也要看到，我国发展仍处于并将长期处于重要战略机遇期。在经历了改革开放40年洗礼之后的中国纺织印染行业，同样也迎来了一个重要的战略机遇期，一个产业由大变强的关键时期。

当前，我国经济已经从高速增长阶段转入高质量增长阶段，生产和生活消费不断升级，消费结构将进一步优化，中高端消费成为我国着力培育的经济新增长点。传统的印染行业生产模式已经无法满足日益增长的需求，加快转型升级、结构调整促进行业向中高端迈进，是当前及未来一段时间印染行业发展的关键。此外人口老龄化、生育政策放开、"90后""00后"年轻群体崛起，都将带来新的消费增长点。国内市场对印染行业实现高质量发展的支撑作用进一步增强。

此外，加大力度推进生态文明建设是中华民族永续发展的千年大计。印染行业是节能减排、环境保护的重点行业，正处于提供更多优质生态产品满足人民日益增长的优美生态环境需要的攻坚期和压力叠加、负重前行的关键期，也到了有条件有能力解决生态环境突出问题的窗口期。保护生态环境和治理污染，推进环境保护与经济发展的协调融合，坚决打好污染防治攻坚战，推动我国生态文明建设迈上新台阶，是印染行业一项首要性、根本性和长远性的工作。

（二）紧抓战略机遇，重塑行业竞争新优势

在国际需求乏力、国际贸易竞争激烈的大环境下，中美贸易摩擦如何走向仍存在较大不确定性。但从总体看，也为我国印染行业开拓多元化市场提供了机遇。印染行业可借此以速度换取结构调整的空间，拓宽销路并挖掘新兴市场，着力打造行业国际竞争新优势。一方面，优化现有市场和产品出口结构，转变出口增长方式，着力提高出口增长的质量和效益。另一方面，在"一带一路"倡议的战略背景下，企业应该做好市场规划，加强开拓沿线国家新兴市场，减少因贸易摩擦导致订单下降带来的风险。有实力的企业通过"走出去"布局沿线国家，将高新技术与当地资源和劳动力优势结合，从产业链全方位竞争考虑，提高国际化经营和竞争能力，降低CPTPP等协议对我国印染布出口贸易的遏制能力。

（三）加快转型升级，推动行业高质量发展

一是加强科技创新，突破行业关键技术。重点发展高品质印染产品设计、制造技术，

包括功能性纺织品染整技术、多组分纺织品染整技术、高色牢度纺织品染整技术、新型纤维染整技术，为开发高品质、多功能、差异化、高附加值产品提供技术基础，使纺织品面料向舒适化、时尚化、环保化、多元化、多功能化和智能化方向发展，提高产品核心竞争力。开发和应用清洁生产、污染减排染整技术，开发低能耗、低污染、高资源利用率的清洁生产技术，开发低成本"三废"治理技术及资源循环利用技术，突破印染行业环境建设不充分的生态瓶颈，满足人民日益增长的优质生态纺织产品需求和优美生态环境需要。加快开发应用智能制造技术，包括在线检测技术、数字化自动化技术、MES系统，推动互联网、大数据、人工智能和印染行业深度融合，推动生产模式向柔性化、智能化、精细化、高度集成化转变，提升企业生产管理的质量和效益。

二是加速产品和市场结构调整，实现从规模数量型向质量效益型转变。市场结构从委托加工逐步向自营贸易、自主品牌转变，提高自营贸易比例，加强设计研发、品牌销售，实现印染加工向印染制造转变；产品结构从中低端产品逐步向高品质产品转变，提高高品质产品比例，加强产品舒适性、时尚性、功能性、智能性和环保性等功能的开发；竞争模式需从同质化竞争向差别化竞争转变，形成更多有附加值的产品，建立竞争新优势。

三是提高行业管理水平，实现传统产业管理由"粗放型"走向"精细化"。一方面要稳步推进精益管理，扎实做好5S现场管理、质量管理体系、标准化等精益管理基础工作，积极探索提质降本增效新路径，在稳定产品质量，满足用户需求的前提下，通过技术改造，工艺优化等手段，全面加强成本管控工作，向精益管理要效益。另一方面要提高信息化、智能化管理水平，推动互联网、大数据、云计算、物联网在印染行业融合应用，加快ERP、MES、PLM、SCM、CRM等管理信息系统的应用。打造全流程智能化印染工厂，完成管理系统、生产系统和装备自动化等系统对接，缓解染化料、用工成本压力，提高劳动生产率和生产效益。

撰稿人：林琳

2018年中国缝制机械行业经济运行及2019年发展展望

中国缝制机械行业协会

2018年，国内经济稳中趋缓，中美贸易摩擦升级，内外环境日趋复杂，面临挑战日益加大。面对新形势、新挑战，我国缝制机械行业深入贯彻中央十九大精神，积极践行高质量发展要求，紧抓下游行业需求升级机遇，加强技术创新和结构调整，积极推进智能转型，加快内外市场转换。全年来，行业产销保持两位数中速增长，运行质效良好，集中度持续提升，呈现出"稳中向好、触顶回调"的显著特征。

一、2018年行业经济发展概况

（一）景气指数持续在稳定区间

2018年，行业生产规模持续扩张，经济稳中向好态势持续。据中国轻工业信息中心数据显示（图1），我国缝制机械行业综合景气指数均维持在90以上的稳定区间。12月行业综合景气指数100.46，其中，主营业务收入景气指数107.69，出口景气指数95.79，资产景气指数99.75，利润景气指数90.48，四项指标均维持在稳定与渐热区间。但从年度综合景气指数曲线

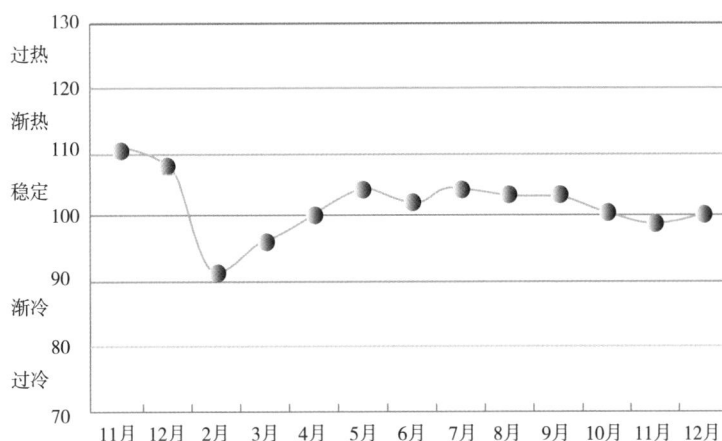

图1　2017年11月~2018年12月缝制机械行业综合景气指数变化情况
数据来源：中国缝制机械协会

走势来看，7月开始曲线走势缓慢下行，显示了稳健发展、增速趋缓的发展走势。

（二）生产中速增长，产品升级加快

2018年，行业恢复性增长态势持续，生产依然维持在较高水平。据初步测算，2018年行业累计完成工业总产值约635亿元（含缝前缝后、零部件等），同比增长约11.54%；累计生产各类家用及工业用缝制设备（不含缝前缝后）约1150万台，同比增长11.6%。

另据协会统计显示（表1），2018年协会统计的百余家骨干整机企业累计完成工业总产值208.17亿元，同比增长12.28%；累计生产缝制机械754.10万台，同比增长15.23%。

表1　2018年行业百家主要整机生产企业分产品产量情况

产品名称	年产量（万台）	同比（%）
家用缝纫机	164.69	3.66
普通家用缝纫机	94.75	29.19
多功能家用缝纫机	69.94	−18.23
工业缝纫机	544.14	21.49
高速平缝机	316.30	24.18
包缝机	121.96	29.96
绷缝机	21.66	20.99
厚料机	22.02	−2.94
特种机	35.88	15.04
自动缝制设备	3.07	38.61
电脑绣花机	1.90	−17.47
其他缝纫机	21.34	−7.75
缝前缝后设备	45.27	−4.95
汇总	754.10	15.23

数据来源：中国缝制机械协会

1. 工业缝纫机

据初步测算，2018年全行业工业缝纫机总产量约840万台左右（含在中国大陆的外资、台资企业），同比增长20.00%，成为自2012年以来行业发展的最高点。

2018年，协会统计的百余家骨干整机企业累计生产工业缝纫机544.14万台（图2、图3），同比增长21.49%，约占全行业估算总产量的64.8%。其中，电脑平缝机产量达到260.66万台，同比增长34.21%；特种工业机产量为35.88万台，同比增长15.04%；自动缝制单元设备（含自动模板机）产量3.07万台，同比增长38.61%；电脑刺绣机产量1.9万台，同比下降17.47%。

2. 家用缝纫机

据初步测算，2018年我国普通家用机产量约为160万台，同比增长6.60%；多功能家用机产量约为150万台，同比下降17.00%（图4），产能外移持续。

2018年，协会统计的近10家家用机整机企业累计生产家用缝纫机164.69万台，同比增长3.66%。其中，多功能家用机产量69.94万台，同比下降18.23%；普通家用机产量94.75万台，同比增长29.19%。

3. 缝前缝后设备

据协会统计的11家缝前缝后设备整机企业显示，2018年累计生产各类缝前缝后设备（含

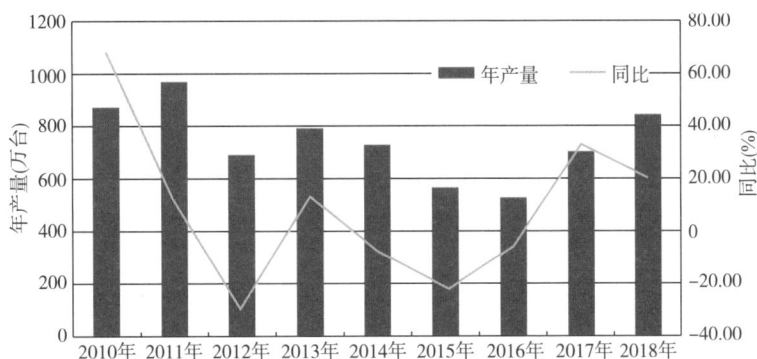

图2 2010~2018年我国工业缝纫机年产量变化情况（估算）
数据来源：中国缝制机械协会

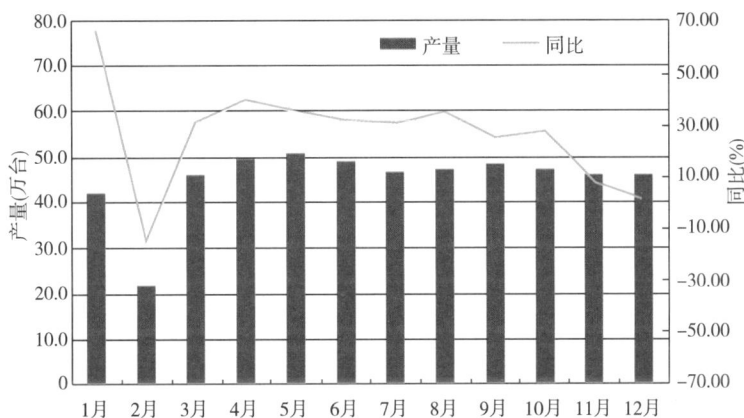

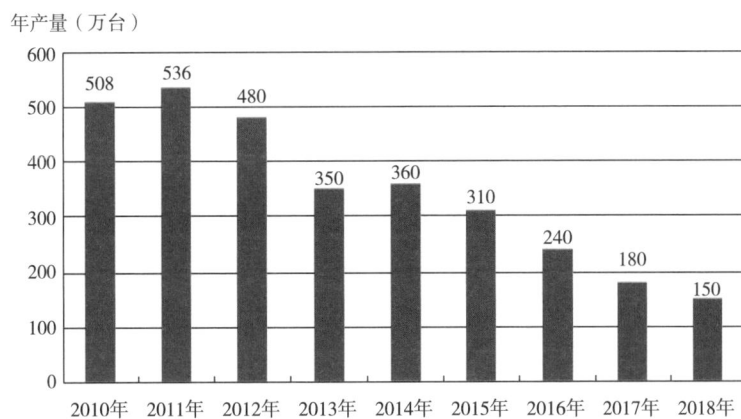

图3 2018年协会统计百余家整机企业工业缝纫机月度产量情况
数据来源：中国缝制机械协会

图4 2010~2018年我国多功能家用缝纫机年产量变化图
数据来源：中国缝制机械协会

裁剪刀、裁床、拉布机、整烫设备等）共45.27万台，同比下降4.95%。据调研了解，受用工及成本上涨等影响，高效率的自动拉布与裁剪设备，伴随售价走低和技术日趋稳定，呈现较快增长，预计不久将迎来需求爆发态势。

（三）产销率前高后低，库存较快增长

据协会统计（图5），2018年一季度行业普遍供给趋紧，产销率均超过100%；自二季度起，随着企业生产扩张加快，供给大于需求的态势不断显现。虽然工业缝纫机产销量同比仍保持两位数增幅，但环比增长由正转负，工业缝纫机月销量、产销率均从3月起呈逐月下行态势，产品库存逐渐累积。

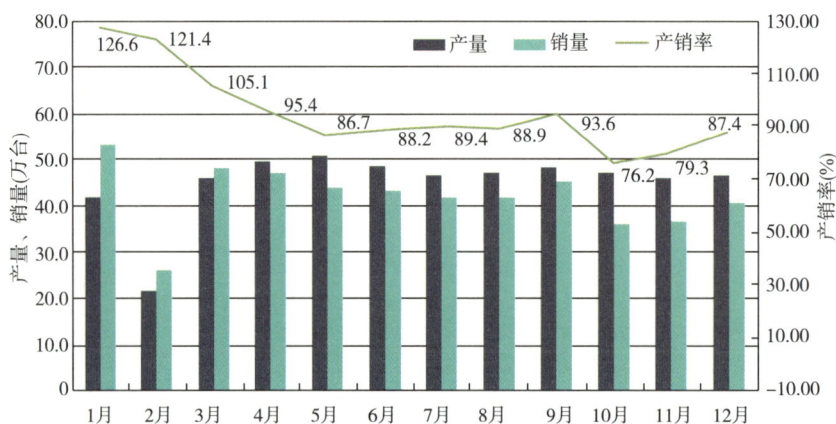

图5　2018年行业百家企业工业缝纫机月度产销情况
数据来源：中国缝制机械协会

据协会统计显示（表2），2018年底行业百余家整机企业产品库存量约96.40万台，同比增长53.99%，较年初存量已然翻倍，创近五年来行业库存高点，产能阶段性过剩隐忧再现。其中，家用机库存为8.06万台，同比增长17.82%；工业机库存为85.64万台，同比增长62.26%；缝前缝后设备库存为2.70万台，同比减少9.45%。

表2　2018年行业百家主要整机生产企业产销存情况

产品分类	产量（台）	产量同比（%）	销量（台）	销量同比（%）	产销率（%）	库存（台）	库存同比（%）
家用缝纫机	1646883	3.66	1619296	0.41	98.3	80622	17.82
工业缝纫机	5441370	21.49	5061963	15.24	93.0	856430	62.26
缝前缝后设备	452713	−4.95	456592	−2.53	100.9	26979	−9.45
总计	7540966	15.23	7137851	10.51	94.7	964031	53.99

数据来源：中国缝制机械协会

（四）进出口双向增长，贸易额创历史新高

据海关总署数据显示，2018年我国缝制机械产品累计进出口贸易额达32.42亿美元，同比增长13.32%；贸易顺差16.67亿美元，较上年同期收窄1.32亿美元。

1. 出口创历史新高，附加值持续提升

2018年，在国际经济持续复苏和人民币中度贬值的良好形势下，企业加大国际市场拓展，有效拉动出口较快增长。据海关总署最新数据显示，2018年行业累计出口缝制机械产品24.55亿美元，同比增长5.33%，创近年来出口历史同期最好水平（图6）。行业月出口额普遍高于前两年同期，均值达2亿美元以上。

2. 进口持续增长，中高端设备进口需求增大

2018年，随着消费品进口税率的进一步下调，国内下游行业转型升级需求加速释放，我国缝制机械产品进口贸易同比大幅增长。据海关总署数据显示（图7、表3），2018年我国累计进口缝制机械产品7.87亿美元，同比增长48.40%。其中，工业缝纫机累计进口量5.10万台，同比增长19.26%，累计进口额1.47亿美元，同比增长8.59%，平均进口单价为2893.4美元/台，同比下降8.95%；缝前缝后设备累计进口1.61万台，同比增长34.82%，累计进口额5.29亿美元，同比增长87.25%。

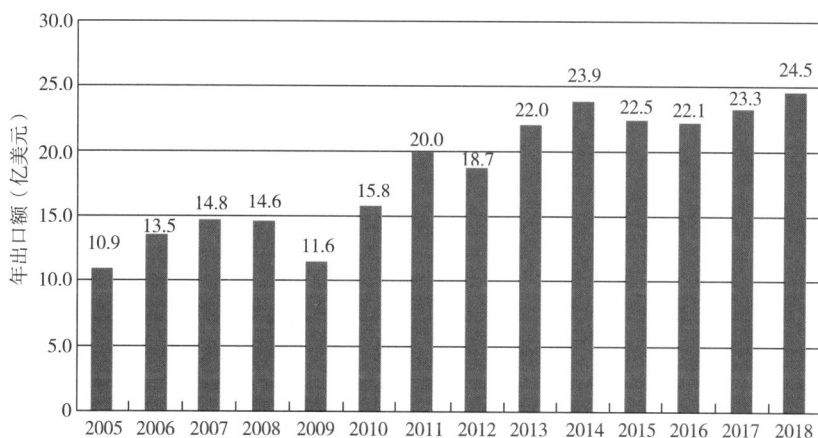

图6 我国缝制机械产品年出口额变化情况
数据来源：海关总署

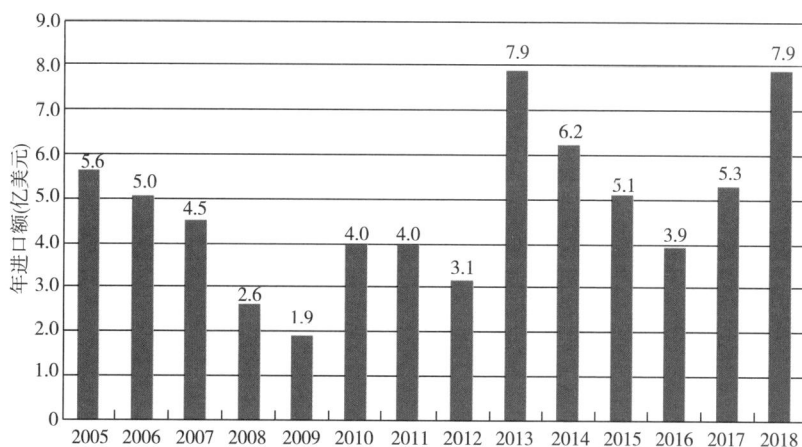

图7 我国缝制机械产品年进口额变化情况
数据来源：海关总署

表3 2018年我国缝制机械分产品进口情况

产品分类	进口量		进口额	
	数据（台、千克）	同比（%）	数据（美元）	同比（%）
家用缝纫机	91241	22.98	8142106	43.11
工业缝纫机	50963	19.26	147458637	8.59
刺绣机	1106	97.50	11365596	−44.32
缝前缝后设备	16100	34.82	529018788	87.25
缝纫机零部件	2155863	17.30	91075561	5.98
总计	—	—	787060688	48.40

数据来源：海关总署

从进口国家和地区来看（表4），我国缝制设备进口主要来自日本、德国、中国台湾、意大利、越南、奥地利、捷克、美国等国家，尤其集中在日本、德国等老牌缝制设备出口国。

表4 2018年我国缝制机械产品进口国家和地区情况

国家和地区	进口额（美元）	同比（%）	比重（%）	比重增减（百分点）
日本	355849092	48.87	45.21	0.14
德国	239249796	210.66	30.40	15.88
中国台湾	60333617	7.97	7.67	−2.87
意大利	34222206	−40.89	4.35	−6.57
越南	25626589	17.96	3.26	−0.84
奥地利	13376788	1426.64	1.70	1.53
捷克	11803624	−2.40	1.50	−0.78
法国	8509514	−4.70	1.08	−0.60

数据来源：海关总署

（五）质效持续改善，增幅有所回落

2018年，行业产销稳中有增，运行质效持续改善。但随着产能扩张、增速放缓、竞争加剧，资金占用消耗加大，各项成本费用明显增长，部分企业出现亏损，拉低了行业质效增速。

效益方面，据国家统计局数据显示（表5），2018年我国缝制机械行业230家规模以上生产企业资产总计同比增长6.99%，增幅较上年同期下滑5.20个百分点；累计完成主营业务收入314.18亿元，同比增长14.97%，增幅较上年同期下滑6.50个百分点；实现利润总额21.75亿元，同比增长20.82%，增幅较上年同期下滑8.26个百分点；毛利率18.53%，同比增长1.52%；主营业务收入利润率6.92%，同比增长5.09%，高于我国工业规上企业同指标数0.43个百分点；成本费用利润率7.38%，同比增长5.20%。规上企业各项效益指标同比均呈增长态势，但增速相较2017年有所下滑。

表5　2018年我国规模以上缝制机械生产企业效益情况

指标名称	全国总计	同比（%）
企业单位数（个）	230	—
主营业务收入（千元）	31417762	14.97
利润总额（千元）	2174839	20.82
毛利率（%）	18.53	1.52
主营业务收入利润率（%）	6.92	5.09
成本费用利润率（%）	7.38	5.20
亏损企业单位数（个）	25	31.58
亏损额（千元）	96521	267.59

数据来源：国家统计局

二、2018年行业发展特点

（一）行业恢复性增长触顶，周期性回调特征显现

2018年上半年，行业依然延续上年高速增长势头，产销增速超过30%，工业机月度产能恢复至2011年同期较好水平，行业规模进一步提升。下半年，随着中美贸易摩擦影响显现，国内经济放缓以及市场饱和度增加，行业产销率明显持续走低，库存较快增长，内外部环境发生了重要变化，维持中高速增长的动力缺乏，行业增长触顶回落特征显现。

自2008年国际金融危机爆发以来，在缝制设备步入存量市场的大环境下，纵观行业近十年来的发展走势，逐渐呈现出"增两年、减三年"周期性发展规律。本轮行业恢复性增长始于2016年下半年，已经连续保持近两年的中高速增长，从当前国内外经济形势走向、下游更新换代进程、周期性发展规律等综合判断，行业即将再次进入周期性回调的新常态发展阶段。

（二）科技创新动力强劲，智能转型步伐加速

创新投入大幅增长，创新质量明显提升。据初步调研统计，2018骨干企业科技创新投入达到13.38亿，同比增长4.6%，发明专利技术公告及授权总量达1999项，同比增长58%，涌现出一批引领行业的新技术、新产品。如多轴控制、图象识别、机器人抓取、智能传感、智能互联以及智能送料、智能调针矩、智能线张力调整等基础技术研究和应用方面取得突破；衬衫、牛仔、皮革等智能缝制生产线和缝制管理系统成功研发并实现小批量生产应用，缝制云平台建设试点积极推进并取得显著成效。

智慧缝制深入推进，智能转型成果显著。如，平缝机产品从自动化向智能化、网络化快速升级；智能缝制单元实现产业化、系列化和大规模应用，智能模板机总产量接近4.5万台，同比增长接近40%。针对服装、牛仔、制鞋等行业研发的智能化程度更高的自动缝制单元设

· 171 ·

备，品种快速增多，技术日臻成熟，年总量接近7000台，同比增长达30%；协会发起成立中国智慧缝制工厂技术服务联盟，在推动下游智慧缝制工厂评估与建设方面初显成效。

（三）供给侧改革推进，行业头部效应凸显

2018年，零部件骨干企业加快结构调整和改造升级，生产效率、制造能力持续提升，高质量零部件供给能力得到增强。整机企业通过优化设计、提升品质、智能转型等举措加大高品质缝制设备的生产和供给，产品结构持续优化，供给侧改革持续推进。周期性市场红利加快向具有更好生产条件、资金更加充足、品牌及营销能力更强的骨干企业集中。据初步调研统计，2018年，行业骨干龙头企业生产增速平均达30.5%，超过行业平均增速近10个百分点；行业前10家整机企业工业机产量占行业百家整机企业工业机总量的比重由73.96%提升到77.27%，占全行业工业机总产量的比重由47%提高到50%。

同时，产业并购深入推进，杰克股份收购意大利威比玛和控股安徽旭豪公司，上工申贝集团收购控股天津宝盈公司，进一步提升骨干龙头企业的综合实力，行业头部效应快速凸显，集中度持续提升。

（四）高质量发展格局形成，增长新动能不断显现

1.高质量理念深入行业

多家骨干企业将2018年定为品质提升年，通过抓质量、强管理，形成以质量促品牌、向质量要效益的良好格局；协会召开聚焦新动能、实现高质量发展的行业大会，掀开行业高质量发展新高潮；杰克股份等多家骨干企业积极推进企业高质量发展战略，发挥了行业示范带动作用。

2.高质量产品占比扩大

零部件采购不断向宁波等高质量零部件生产基地集中；电脑套结机产品质量提升成果显著，国产特种机产品质量全面逼近国际品牌；电脑平缝机产量同比增长38.4%，占平缝机总产量比例从75%提升至82%；电脑罗拉车加快升级换代，产量同比增长53.8%，电脑套结机、电脑花样机、自动模板机、自动缝制单元、自动裁床、智能吊挂等中高端产品生产增速均超过两位数，占比持续扩大。

3.高质量投入持续加大

德鹰、鹤林、鄞工、华一、红磊等多家零部件骨干企业均投资近百万元引进机器人或导轨式机械手辅助生产，加快提质增效；杰克投资56亿元的高端智能缝制装备制造基地一期项目正式启动，上工申贝投资1.5亿元启动黄岩智能制造基地项目建设；此外，美机、宝宇、顺发、振盛、南邦、信胜、玛雅等多家企业引进高质量装备改造提升生产线及扩建厂房。

4.各项经济指标不断向好

行业规上企业工业增加值累计增速9.5%，分别高于全国工业、轻工行业3.3个百分点和3.7个百分点；规上企业总资产周转率同比增长7.46%，主营业务收入同比增长14.97%，利润总额同比增长20.82%，毛利率同比增长1.52%，主营业务收入利润率同比增长5.09%；工业缝纫机出口值增速高出出口量增速近九个百分点；智慧缝制发力，中高端智能化缝制设备年销

售收入同比增速超过40%；零部件骨干企业年人均产值由上年的27万元/人提升到29万元/人，骨干整机企业人均产值由上年63.7万/人提升到66万/人。

三、2019行业发展展望

2019年是我国决胜全面建成小康社会、实施"十三五"规划的关键一年，也是新中国成立70周年，保持经济稳定增长，推动制造业高质量发展是国家重要战略任务。面对全球经济增速放缓等不利形势，行业应坚定高质量发展不动摇，坚持技术创新、智能转型和模式变革，激发消费升级需求，优化存量、创造增量，推动行业品平稳可持续发展。

（一）技术创新、智能制造两大动能将持续发力

在经济减缓、规模效益下降、同质化竞争加剧等背景下，一方面，企业将以用户为中心，更紧密的贴近市场，加快差异化需求创新，以新技术、新功能、新品类来激发用户需求，加快产品升级迭代，积极拓展新的产业增长点；另一方面，将着眼强化内部管理变革，以推进智能制造为重要手段，打造更快捷、更高效、更低成本的高质量生产组织方式，提升效率成本竞争力。

（二）价值竞争将成为市场竞争主旋律

本轮扩产能带来的普遍性增长红利即将结束，消费升级将是未来市场的主导性需求，下游行业将从单纯关注产品的性价比快速转向到对整体解决方案的需求。如何为客户创造价值，是未来企业的市场竞争重点。因此，挖掘需求、引导需求、抓住痛点、明晰价值、提供整体解决方案和高质量服务，企业将加快实施以价值竞争为特征的全过程营销模式转型，增强用户粘性，抢占用户心智，在竞争中实现可持续发展。

（三）产业并购及协作活动有望持续推进

在产业发展的成熟期，特别是产能过剩，竞争进入白热化的下行阶段，是实施产业整合并购的最佳时期。在当前行业结构大调整、格局大重塑、产业大转型的重要风口，通过上工、杰克、大豪等在国内外实施产业兼并收购所带来的竞争格局变化、企业实力和发展模式变化，为更多的企业在新时期如何实现更好的发展提供了借鉴，有助于企业解放思想，认清形势，进而在资源整合、联合发展等方面进行更为广泛的尝试和探索，推进行业兼并重组进程。

（四）头部效应将深层次推进行业洗牌

当前，在市场、成本、人才红利等快速消失的大环境下，企业的转型难度快速加大，面临的挑战大于机遇，两极分化不断加剧，优势资源向头部企业集中的趋势将越发明显。头部企业的规模、品牌、制造、营销、资金、人才等综合效应将在行业带来更大的技术和模式壁垒，而中小型企业在愈发严格的环保政策、人力成本增长等因素影响下，发展空间将不断缩

小，行业洗牌将从产能的转移、实力的转换、市场的调整、品牌的崛起，不断向弱势企业的倒闭、关停和批量退出行业进行实质性洗牌的演变。

（五）国内外品牌在中低端市场竞争加剧

由于外资品牌的下游用户整体的设备更新换代时间跨度较长，其实现可持续增长的压力较大。特别是近年我国缝制设备通过质量提升，骨干企业的产品质量和品牌竞争力正快速从中低端向中端跃升，逐步在外资品牌垄断的中端市场对其形成了正面竞争。为巩固和提升市场份额，外资品牌正采取降低成本、降低配置、设计性价比高的中低端产品来与中国产品抢占中低端市场，遏制中国产品崛起步伐。企业应化挑战为机遇，加快提升，使品牌在国际竞争中不断升级。

附 录

2018年中国家用纺织品行业（协会）大事记

中国家用纺织品行业协会产业部

一月

3~4日，中国家纺协会（简称协会）调研成都布艺市场，走访了西部国际家居材料采购中心、成都美利亨材料城、成都亿家天下窗帘大世界等专业市场，就专业市场在经销商转型、商业模式调整、产品开发等方面转型升级进行研讨。

9~12日，法兰克福国际家用纺织品展在法兰克福展览中心举办，来自64个国家和地区的2975家展商参展，其中中国展商564家。协会在组织企业参展的同时对展会进行全面调研。

20日，"震泽丝绸杯"第二届中国丝绸家用纺织品创意设计大赛在江苏吴江震泽落下帷幕。大赛以"丝·蕴"为主题，共收到74家单位的1562幅参赛作品，评选出金奖1名、银奖3名、铜奖5名、优秀奖30名。

28~29日，中纺联品牌办主任杨兆华在"中国纺织服装品牌年度工作会议"上所作的《2017年中国纺织服装品牌发展报告》引发广泛关注，会议期间公布了家纺行业浙江余杭家纺产业设计园、宁波创客157创业创新园入选第二批纺织服装创意设计试点园区（平台）。

二月

2日，协会与京东在上海召开以"消费升级，提升品质生活"为主题的深度合作座谈会，探讨家纺行业渠道创新模式。

8日，协会正式搬迁至北京市朝阳区朝阳门北大街18号人保大厦10层。

28日，协会发布12个"2018年家纺行业关键词"，涵盖产品（高品质、天然环保个性化、婴童产品）；品牌（平台品牌、能量品牌、多品牌）；渠道（线上线下整合、全屋定制、跨界家居化转型）；科技（效率提升、科技创新、流程优化）。

三月

3~5日，第21届海宁中国家用纺织品（春季）博览会在浙江海宁许村举办，共有3200

余家展商参加。期间召开了"数据赋能·智慧家纺"暨首届中国家纺布艺产业智慧数据库峰会。

3~5日，"中国布艺（春季）时尚博览会"在余杭举办，室内展区4万平方米，参展商300余家；展棚展览区搭建近百个展位，涵盖特装、画稿、跨界、零售体验等内容。

3~6日，"2018绍兴柯桥中国轻纺城窗帘布艺（春季）展览会"在中国轻纺城国际会展中心举行，展览面积1.2万平方米，展位220余个。期间召开了2018年中国家纺协会布艺专业委员会软装设计论坛暨国际家居设计流行趋势分享会。

13日，2018中国家用纺织品行业协会六届四次副会长（扩大）会在上海召开，交流和讨论了如何直面制造业在新形势下的机遇与挑战，消费升级、质量提升下的行业应对之策，做强品牌、创新渠道有哪些新趋势新亮点等问题。

13日，在上海召开 "我国床上用品产业结构专题研讨会"，协会组织行业企业、产业集群、院校及相关产业专家参加，对研究方法、模型结构及数据指标的选用进行了讨论和研究。

14~16日，2018中国国际家用纺织品及辅料（春夏）博览会在上海举办，展览面积2.7万平方米，汇聚了来自11个国家和地区的200余家床上用品、毛巾等家纺成品参展商，并与面料、服装、纱线、针织四大专业展会形成联动之势。

19~22日，落实中国纺织工业联合会（简称中纺联）部署的春季大调研，杨兆华会长带队品牌战略组调研了江苏和浙江两省的常熟、通州、海门和余杭4地，收集企业调查问卷75份，召开4场座谈会。同时家纺协会针对行业发展特点开展了系列调研。

23~29日，应沙特阿吉兰服装公司和中东最大家居零售商Home Center邀请，中国家纺协会组织行业企业跟随联合会团组访问沙特和阿联酋，参观当地纺织企业并深入交流，进一步促进中沙、中阿纺织业的理解与交流。

四月

12日，江苏省南通市副市长徐新民一行到访协会，就促进南通地区家纺产业发展进行了广泛深入的交流，双方将在设计大赛、家纺展会、论坛等方面进一步深化合作。

16日，协会实地调研了无锡万斯集团有限公司。该集团2017年被授予工信部两化融合管理体系贯标试点企业和无锡市两级智能制造示范车间。

19~28日，协会组织企业随中纺联团组出访瑞士、埃及、土耳其，参加在瑞士召开的"国际纺联纺织机械研讨会"及土耳其纺织企业家协会承办的"中土纺织服装对话"，同时考察了当地企业及市场，进一步加强交流与合作。

五月

10日，协会完成并发布《南通高端纺织产业发展报告（2018—2022年）》。

15~16日，协会参与讨论编制《绿色设计产品评价技术规范—床上用品》等八项团体标准，让绿色制造标准助推行业高质量发展。

19~22日，2018"一带一路"叠石桥进出口商品交易会在叠石桥国际家纺城举办。此次交易会设展区38万平方米、展位3300多个，聚集众多优秀展商。

22日，协会组织企业走访阳光毛纺家居产业，探讨了羊毛面料在家纺行业的运用及趋势。

24~25日，立足标准引领行业高质量发展，全国家用纺织品标准化技术委员会年会暨标准审稿会在江苏南京召开。研究并完成了8项国家级行业标准的审定工作，并对在家纺标准化工作中做出突出贡献的个人进行表彰。

29日，中国绿色家居供应链联盟 (筹)主席团会议在东莞召开，协会作为主席团成员之一参加会议。

六月

2日，2018中国(青海)藏毯国际展览会在青海国际会展中心开幕，期间召开了"一带一路"经贸合作和地毯产业绿色发展圆桌会议，会上杨兆华会长做了题为《充分发挥平台作用，推动"一带一路"家纺行业发展》的主旨发言。

3日，由协会和中纺联社会责任办公室联合主办的《中国西部手工地毯行业调研报告》发布会在青海西宁召开，"调研报告"的编著和发布有助于保护和弘扬传统文化，振兴传统技艺和地方经济。

10日，中国家纺协会发布《2017/2018中国家用纺织品行业发展报告》，内容涵盖行业运行、国际动态、国内市场、上市公司、专家解读、研发创新、相关产业等。

20日，滨州亚光家纺有限公司、罗莱生活科技有限股份公司、无锡万斯集团有限公司入选纺织行业智能制造试点示范企业名单。

22日，"2018床上用品专业委员会年会"在安徽桐城召开，会议围绕更好地推动床品行业高质量发展展开，并首次发布《床品行业产业研究报告》，阐明床品行业规模、结构、分布及趋势特点等，增强行业发展信心。

七月

11~13日，"海宁家纺杯"2018中国国际家用纺织品创意设计大赛在浙江海宁开评，大赛以"新·趣"为主体，"创意画稿组"及"整体软装组"共收到110家参赛单位的2156幅作品，从中评选出金奖1名、银奖3名和铜奖5名。

23~24日，协会组织企业代表前往内蒙古锡林浩特市对锡市驼羊绒产业的发展进行了实地调研。

31日，兰精纤维（上海）有限公司中国区代表走访中国家纺协会，共商加强技术合作、开发功能性新原料，共同促进产业高质量发展。

八月

2日，2018绍兴柯桥中国轻纺城窗帘布艺展览会（秋季）在中国轻纺城国际会展中心举办，展馆面积1万平方米，近200个展位，114家展商参与。

2日，协会赴宁波慈溪市桥头镇调研，了解棉拖鞋行业发展现状，探讨区域品牌打造、渠道拓展、质量提升等方面的合作，为家纺跨界融合迈出新的一步。

22日，杨兆华会长在第三届中国家纺布艺产业互联网大会上发表关于"新业态新定位"的演讲，本次会议围绕家纺布艺产业未来发展、开放无界零售、抱团线上线下等核心主题深入交流。

24~26日，"2018中国布艺时尚（秋季）展览会"在余杭举行，展会聚集200余家展商，近万名客商，展示了余杭家纺以新设计、新科技、新模式布局全新未来的发展成果。

24~26日，"2018 海宁·中国家用纺织品（秋季）博览会"在海宁中国家纺城举办。览规模达50万平方米，汇聚3200余家布艺商参展，聚焦"海宁质造"，将产品升级、产业转型具象化，引起共鸣。

27~30日，2018中国国际家用纺织品及辅料（秋冬）博览会在上海举办，分为7个展馆共计17万平方米，聚集1500余家海内外知名企业参展，41000余名专业观众参观。展会集聚行业优势资源，传达前沿趋势，助力产业转型升级。

27日，中国家用纺织品行业协会地毯专业委员会成立。首批加入地毯专委员的有来自青海、安徽、河南、北京、上海等省（市）及大连、宁波、深圳、广州、武汉、杭州、桐乡等地的地毯企业。

27日，2017/2018年度"金销奖"颁奖典礼在上海国家会展中心举行，共设五个奖项，72家企业获奖、10位企业家获"青年先锋"称号。

九月

6~7日，2018张謇杯·中国国际家用纺织产品设计大赛在江苏南通开评，大赛以"好设计·新需求"为主题，收到来自海内外企业、院校、设计师的341套作品，共评出金奖3名、银奖6名、铜奖9名以及中国家纺品牌产品文化概念奖4名。

7~13日，协会组织企业随中纺联团组前往肯尼亚、埃塞俄比亚，参加议题为"在快速变化时代的供应链和商业模式"的2018国际纺织制造商联合年会，并走访当地政府组织、企业，了解当地纺织行业情况。

15日，江苏省南通市通州区、江苏省南通市通州区川姜镇、江苏省海门工业园区、浙江省海宁市许村镇荣获年度纺织行业创新示范集群称号。

26日，由中国家用纺织品行业协会和海门市人民政府主办的2018叠石桥家纺国际博览会开幕，这是叠石桥打开国际市场的新窗口，也是全面拓展营销渠道、优化营商环境的新途径。

27日，家纺重点企业质量提升座谈会在江苏南通召开。与会代表研究了羽绒被的"胶水绒"、蚕丝被增重等质量问题的应对措施，还就如何推动行业实施三品战略，如何从宏观和微观质量管理层面推动家纺行业的质量提升等问题进行了深入探讨。

28日，"张謇杯"2018中国国际家用纺织产品设计大赛颁奖盛典暨第十一届中国（川姜）家纺画稿交易会在江苏南通开幕，画稿交易会有65家单位共2万余幅参展。

28日，2018中国家纺质量大会在南通召开，总结了质量提升的经验和方法，描绘了质量提升的路径。期间还举办了中家纺团体标准化技术委员会年会，审定了5个家纺的团体标准。

十月

14日，中国家纺物联生态联盟启动会在京召开，联盟由中国家纺协会和青岛海尔洗衣机有限公司联合发起，旨在构建一个以家纺产业为主导的物联生态平台，为家纺企业提供智能化、开放性的物联解决方案，实现资源共享、信息共享和经验共享，强化企业与消费者个性化需求之间的交互与连接。

15日，主题为"势见未来——新经济 新形势 新解读"的2018中国家纺大会暨中国家纺协会六届四次理事会在北京召开。此次大会与京东合作完成，开启家纺无界零售新时代，并借力"一带一路"推动海外布局。大会期间，为25名"改革开放40年家纺行业突出贡献人物"隆重授牌。

20日，四川彭州家纺服装产业创意园荣获纺织服装创意设计试点园区（平台）。

25日，协会赴桐乡大麻召开集群座谈会，为进一步推动桐乡大麻产业集群的转型升级，促进区域品牌建设进行深入交流。

十一月

5日，协会对江苏淮安地区酒店布草行业的发展进行调研。

5~6日，协会对广东佛山地区金华纺织、御纺软装生活馆、源志诚家纺、南方布艺、恒业时代等布艺企业的发展进行调研。

7日，十大类纺织创新产品评选会在北京举行，经评选专家组评议，共有54件产品入围本年度十大类纺织创新产品，其中家纺类产品18件。

11~12日，协会赴河南林州红旗渠参观学习，开展"弘扬红旗渠精神，坚定理想信念，传承优秀文化"主题党日活动。

14~16日，协会实地调研上海家纺品牌企业，与上海室内装饰协会就室内软装设计与家纺行业的深度跨界合作进行了交流。

18~24日，协会率考察团赴澳大利亚访问，寻求国际市场合作，先后走访了3个地区十余个公司及市场，对澳洲羊毛产业链有了全面系统的了解，探讨了羊毛纤维在我国家纺行业如何更好地得到应用，为中澳家纺深度合作打下了基础。

27日，2018社会力量参与救灾扶贫研讨会暨暖冬行动在北京举行启动仪式，罗莱生活科技股份有限公司等家纺行业企业积极捐款。

十二月

5日，"纺织之光"2018年度中国纺织工业联合会科技教育奖励大会在北京人民大会堂召开。5项家纺相关项目获奖，其中滨州东方地毯有限公司研发的"无乳胶机织地毯"荣膺2018年度中国纺织工业联合会科学技术奖一等奖。

6日，叠石桥、余杭获"2018年中国家纺区域品牌试点区域"称号，上海水星家用纺织品股份有限公司等20余家家纺企业获得"重点跟踪培育纺织服装自主品牌"称号。

8日，为期9天的"海宁家纺杯"十六周年优秀作品回顾展在广东省博物馆开幕。

10日，2018中国纺织企业家年会暨中纺企协九届六次理事会在京召开，会上，家纺行业孚日控股集团股份有限公司董事长孙日贵和江苏红柳床单有限公司总经理黄磊荣获荣誉"2018全国优秀纺织企业家"称号。

10~16日，2010年后入职协会的员工集体到滨州企业实习调研，先后到亚光、愉悦、华纺、东方地毯、魏桥等企业学习，增进了对行业的了解。

14日，全国纺织工业2017~2018年度统计工作会议暨中国家纺行业统计工作会议在山东济南召开。家纺行业21家企业和17个产业集群及地方协会入围"2017~2018年度纺织行业统计工作优秀集体"，37人被授予"2017~2018年度纺织行业优秀统计工作者"。

撰稿人：刘丹

2018年度中国纺织工业联合会奖项（家纺类）

2018年度中国纺织工业联合会产品开发贡献奖获奖企业名单

达利丝绸（浙江）有限公司
华纺股份有限公司
罗莱生活科技股份有限公司
孚日集团股份有限公司
江阴市红柳被单厂有限公司

第六届全国纺织行业质量奖获奖企业

湖南梦洁家纺股份有限公司

第二批全国纺织行业质量奖复审合格企业名单

达利丝绸（浙江）有限公司
愉悦家纺有限公司
江苏堂皇集团有限公司

第六届全国纺织行业质量杰出人物

石　磊　浙江洁丽雅纺织集团有限公司

2017~2018年度中国纺织服装企业综合竞争力测评入围企业（家纺类）

排名	入围企业
18	孚日控股集团股份有限公司
20	罗莱生活科技股份有限公司
25	愉悦家纺有限公司
30	滨州亚光家纺有限公司
34	浙江洁丽雅纺织集团有限公司
37	湖南梦洁家纺股份有限公司
39	江苏梦兰集团有限公司
44	江苏红柳床单有限公司
60	东升地毯集团有限公司
78	江苏堂皇集团有限公司
83	众望控股集团有限公司
90	浙江巴贝纺织有限公司
131	南通大东有限公司
134	大连东立工艺纺织品有限公司
137	杭州奥坦斯布艺有限公司
139	宁波博洋控股集团有限公司
149	达利丝绸（浙江）有限公司
153	宁波维科精华集团股份有限公司
162	江苏三联家用纺织品有限公司
167	上海珍奥生物科技有限公司
171	上海东隆羽绒制品有限公司
175	上海小绵羊实业有限公司
184	江苏康乃馨织造有限公司
198	福建佳丽斯家纺有限公司
207	江苏大唐纺织科技有限公司

排名	入围企业
210	广东志达纺织装饰有限公司
215	龙福环能科技股份有限公司
221	烟台北方家用纺织品有限公司
224	安徽天馨工艺制品集团有限公司
231	裕隆控股集团有限公司
233	烟台明远家用纺织品有限公司
237	越美集团有限公司
242	江苏美罗家用纺织品有限公司
254	六安市海洋羽毛有限公司
277	浙江金蝉布艺股份有限公司
283	南方寝饰科技有限公司
285	海宁金永和家纺织造有限公司
297	青岛金泰家纺有限公司
302	浙江和心控股集团有限公司
327	海宁市金佰利纺织有限公司
380	江苏乔德福莱蒙德家居股份有限公司
384	诺华（杭州）纺织有限公司
387	浙江玛雅布业有限公司
392	上海豪润家纺有限公司

2018年度"纺织之光"中国纺织工业联合会科学技术奖获奖项目名单（家纺类）

一等奖

序号	项目名称	主要完成单位
1	无乳胶环保地毯关键技术研究及产业化	滨州东方地毯有限公司、天津工业大学、青岛大学

二等奖

序号	项目名称	主要完成单位
1	铜离子抗菌改性聚丙烯腈纤维研发及应用研究	江阴市红柳被单厂有限公司、上海正家牛奶丝科技有限公司、苏州市纤维检验院
2	复合加工集成效果提花技术研究与产业化	浙江理工大学、达利丝绸（浙江）有限公司、杭州硕林纺织有限公司
3	基于超支化聚合纺织品功能整理剂制备关键技术研究及应用	南通大学、泉州迈特富纺织科技有限公司、南通斯得福纺织装饰有限公司、张家港耐尔纳米科技有限公司

三等奖

序号	项目名称	主要完成单位
1	珍珠包覆纤维护肤保健新型环保家纺服饰材料	上海龙头纺织科技有限公司、上海龙头（集团）股份有限公司

2018年度十大类纺织创新产品（家纺类）

序号	品类	产品名称	所在单位
1	时尚创意产品	"紫禁烟云"高支纯棉床品	宁波博洋家纺集团有限公司
2	时尚创意产品	"御揽芳华"新中式数码印花床品	湖南梦洁家纺股份有限公司
3	时尚创意产品	"蓝色山水"巨幅提花壁画装饰布	佛山市南海区源志诚织造有限公司
4	时尚创意产品	水墨风提花窗帘	杭州奥赛德布艺有限公司
5	时尚创意产品	"一叶四季"提花窗帘	浙江新天布业有限公司
6	非遗文化创意产品	"百子同喜"婚庆床品	江苏堂皇集团有限公司
7	非遗文化创意产品	轻奢传承提花窗帘	浙江民辉纺织有限公司
8	舒适功能产品	镂空远红外印花床品	孚日集团股份有限公司
9	舒适功能产品	冷暖双面异感床品系列	青岛莫特斯家居用品有限公司
10	舒适功能产品	"丝路传奇"桑蚕丝被	上海水星家用纺织品股份有限公司
11	舒适功能产品	佩兹利大多净白鹅绒被	宁波博洋家纺集团有限公司
12	舒适功能产品	抗菌保暖提花床品	华纺股份有限公司
13	舒适功能产品	远红外舒适保暖被	青岛莫特斯家居用品有限公司
14	舒适功能产品	灯芯绒休闲蚕丝被	湖州蚕花娘娘蚕丝被有限公司、浙江美欣达纺织印染科技有限公司
15	智能科技产品	打鼾干预枕	梦百合家居科技股份有限公司
16	轻量化产品	印花百叶窗帘	如意屋家居有限公司
17	低碳环保产品	双面缎档套巾	孚日集团股份有限公司
18	低碳环保产品	无乳胶机织地毯	滨州东方地毯有限公司

"海宁家纺杯" 2018中国国际家用纺织品创意设计大赛获奖名单

一、家纺创意画稿组

金奖

序号	作品名称	参赛作者	所在单位
1	珊瑚海	俞婷	清华大学美术学院

银奖

序号	作品名称	参赛作者	所在单位
1	境·静	陈瑶	广州市纺织服装职业学校
2	梯影	石晨	湖北美术学院
3	如花美眷·似水流年	于婉宁	鲁迅美术学院（大连校区）

铜奖

序号	作品名称	参赛作者	所在单位
1	溪子	林宇	青岛大学美术学院
2	花儿纳吉	王博文	鲁迅美术学院（大连校区）
3	花地	许颖	江苏工程职业技术学院
4	戏影	于毅	青岛大学美术学院

序号	作品名称	参赛作者	所在单位
1	烟水	白佳玉	南京艺术学院
2	韵	陈冲	湖北美术学院
3	虹色	陈嘉莉　杨欢	湖南女子学院
4	花韵·谜语	陈柯屹	北京服装学院
5	新·趣—丛林	陈晓琼	广州市纺织服装职业学校
6	花间箩蹬一痕青	韩萌	南京艺术学院
7	新·趣–思·田	林珊珊　杨祝	广州市纺织服装职业学校
8	摩·登	刘晓迎	烟台北方家纺
9	园林秘境	刘志丹	南京艺术学院
10	故湘	彭琪	北京服装学院
11	斥·潮	王非	济南大学美术学院
12	繁华止境	吴艳婷	广东职业技术学院
13	长歌	杨子	清华大学美术学院
14	漠境	易佳琪	湖北美术学院
15	花浪	张杜杜	湖南女子学院
16	造·峦	张佳	北京服装学院
17	新·趣—织梦	赵碧君　梁晓慧	广州市纺织服装职业学校
18	绿·野	赵茜子	湖北美术学院
19	散落	郑雨浓	湖北美术学院
20	抬遗物语	朱宿宁	南京艺术学院

二、整体软装设计组

金奖

序号	作品名称	参赛作者	所在单位
1	雪中歌	肖珺	景德镇陶瓷大学

银奖

序号	作品名称	参赛作者	所在单位
1	爱要行动home	顾澄蓉　邵丹园　刘志文　梁佳玲	个人设计师
2	花想容	王倩菲	浙江纺织服装职业技术学院
3	闻·澜	周谷霖	鲁迅美术学院

铜奖

序号	作品名称	参赛作者	所在单位
1	水底情深	顾澄蓉 邵丹园 刘志文 梁佳玲	个人设计师
2	枯山水	万露	成都纺织高等专科学校
3	一禅	王海静	景德镇陶瓷大学
4	沁柠	王蔚云 宋怡源 王博文	鲁迅美术学院
5	桃源	吴限	个人设计师

优秀奖

序号	作品名称	参赛作者	所在单位
1	林中小屋	陈淑岭	广东职业技术学院
2	游园惊梦	陈鑫 栗嘉鸿	鲁迅美术学院
3	素色之艳	陈莹	广东职业技术学院
4	一人时	郭琳琳	景德镇陶瓷大学
5	益.然	黄诗琪	景德镇陶瓷大学
6	傲娇与偏见	蒋小雨	浙江纺织服装职业技术学院
7	RYB	金泽伦	景德镇陶瓷大学
8	Aphrodite	李晓	浙江纺织服装职业技术学院
9	囚马	刘斌	景德镇陶瓷大学
10	踪·迹	吕含唱	中国美术学院
11	一叶知秋	马宇	景德镇陶瓷大学
12	粉黛之然	王靖文	广东职业技术学院
13	夜曲	王露欢	景德镇陶瓷大学
14	秩·秩	王文娟	贵州民族大学
15	记忆中	王玉华	景德镇陶瓷大学
16	向阳	肖珺	景德镇陶瓷大学
17	薄暮	宿轩鼎 冯金铭	鲁迅美术学院
18	山居	袁竹韵	景德镇陶瓷大学
19	暖墨山水	周伟杰	广州市纺织服装职业学校
20	悠闲午后	周颖	常州纺织服装职业技术学院

"张謇杯"2018中国国际家用纺织品产品设计大赛获奖名单

金奖

序号	作品名称	参赛作者	所在单位
1	水·墨	金桂兰　崔舜婷	江苏斯得福纺织股份有限公司
2	海·天	贺茜	烟台北方家用纺织品有限公司
3	Summer dawn	金相淑	

银奖

序号	作品名称	参赛作者	所在单位
1	凤冠霞帔	姜帅	上海凯盛床上用品有限公司
2	韵律	徐婧婧	江苏卓泰微笑艺术家居营销股份有限公司
3	让我们的家园变得更美好	汤怀东	南通大东有限公司
4	慢	王储	江苏工程职业技术学院
5	苗族服饰套装	杨学珍	贵州省安顺市西秀区苗娃少数民族服装厂
6	That year…spring	杨镇国	

铜奖

序号	作品名称	参赛作者	所在单位
1	Tropic of Return	宗成	南京奥盈纺织有限公司
2	蓝·溯	季冬冬　张聪聪	江苏工程职业技术学院
3	最·绽放	孙海霞	苏州宜和家居研发工作室
4	质	刘飘	无锡万斯集团有限公司
5	行云流水	柴丽艳	山东孚日集团股份有限公司
6	接天莲叶无穷碧	瞿林杰	海宁市摩卡纺织有限公司
7	缂绣姚永强山水	曹美姐	仁和织绣工艺品有限公司
8	The movie of the memory	辛弦株	
9	Shangri-la	郑素暎	

优秀奖

序号	作品名称	参赛作者	所在单位
1	sense7	史佳雯	南京奥盈纺织有限公司
2	线迹	周晓君	烟台北方家用纺织品有限公司
3	蓝言草语	周晓君	烟台北方家用纺织品有限公司
4	都市荣耀	杜兆隆	山东孚日集团股份有限公司
5	微恩	蔡琳莉	江苏卓泰微笑艺术家居营销股份有限公司
6	NO梦	路璐	济宁如意家纺有限公司
7	春庭花影	贺艳芳	上海宝缦家用纺织品有限公司
8	旧·拾		上海悦达翔韵家纺有限公司
9	秋日费洛姆	张振亚	江苏美罗家用纺织品有限公司
10	影	李大伟	圣夫岛生物纺织有限公司
11	祥云瑞彩	乔鹏武	江苏大唐纺织科技有限公司
12	百啭千声	乔鹏武	江苏大唐纺织科技有限公司
13	美人叶	曲爽	烟台明远家用纺织品有限公司
14	轻简	王蕾	烟台明远家用纺织品有限公司
15	感知生活	于秋梅	山东魏桥嘉嘉家纺有限公司
16	魔术枕套	史树雷	河北卡缦纺织品制造有限公司
17	欢乐时光	汤怀东	南通大东有限公司
18	糖果色方巾 糖果色面巾	韩孟雪	三利集团服饰有限公司
19	幸福魔方	寻艳珍	山东孚日集团股份有限公司
20	烟雨朦胧		滨州亚光家纺有限公司
21	彩格		滨州亚光家纺有限公司
22	暮夏	何茂平	济宁如意家纺有限公司
23	素锦流年	宫学艺　张静 刘艳	济宁如意家纺有限公司
24	若水	金桂兰　崔舜婷	江苏斯得福纺织公司有限公司
25	溯洛	赵久舟　王善行	江苏工程职业技术学院
26	Kite Collection	南敬淑	
27	Under the sea	朴美铃	
28	CHARLES BRIDGE	安银淑	
29	House Essay -3	李钟京	
30	A place of mind	河英珠	

"震泽丝绸杯" 2018中国丝绸家用纺织品创意设计大赛获奖名单

金奖

序号	作品名称	参赛作者	所在单位
1	星宿文化	倪蔚	中国美术学院

银奖

序号	作品名称	参赛作者	所在单位
1	海派风情	丁咪咪	中国美术学院
2	鸟语花香	章云依	南京艺术学院

铜奖

序号	作品名称	参赛作者	所在单位
1	江南·印象	卢紫芸	南京艺术学院
2	沙漠绿洲	彭子凯	中国美术学院
3	窗·语	孙宝玉	苏州太湖雪丝绸股份有限公司
4	青春手札	宿轩鼎	鲁迅美术学院

最佳创意设计题材奖

序号	作品名称	参赛作者	所在单位
1	由	顾烨凡	天津美术学院
2	最忆江南系列－震泽	姜志伟	苏州丝路文化发展有限公司
3	格矩	吴佳璐	鲁迅美术学院
4	海陆世界	章云依	南京艺术学院
5	玩乐积极	周静	南通大学杏林学院

最佳创意设计应用奖

序号	作品名称	参赛作者	所在单位
1	菱卡	韩欣阳	鲁迅美术学院
2	古韵·山海	毛锦楠	温州大学瓯江学院
3	印象之城	徐益珊	中国美术学院
4	缘来有福	张沁沁	温州大学瓯江学院
5	吴江古越	庄宁	绍兴文理学院

最佳传统纹样表现奖

序号	作品名称	参赛作者	所在单位
1	秘语	陈涛	青岛大学
2	京鸿	罗涵源	北京服装学院
3	扇物语	魏玎玎	中国美术学院
4	巧	吴晗	河北美术学院
5	博古奇遇	杨懿	中国美术学院

优秀奖

序号	作品名称	参赛作者	所在单位
1	梦里探花	蔡捷	武汉纺织大学
2	脉潆	陈晓琼	广州市纺织服装职业学校
3	如纱如丝	陈燕欣	武汉纺织大学
4	忆·境	邓唯佳	湖北美术学院
5	在水一方	郭云	安徽师范大学
6	凫鹤从方·青韵之美	韩欣阳	鲁迅美术学院
7	wonderland	黄青娴	苏州大学
8	安然时光	李俐满　郑芳洁	温州大学瓯江学院
9	水韵震泽	李楠　刘天骄	江苏工程职业技术学院
10	竹舞鸟歌	李瑞环	华南农业大学
11	丝·享（境·象）	梁晓欣	广州市纺织服装职业学校
12	独	刘娇娇	河北美术学院
13	泷浮	刘淑桦	广州市纺织服装职业学校
14	鲸趣	刘演	鲁迅美术学院
15	纱纱	刘志丹	南京艺术学院
16	寻	罗明军	浙江理工大学

序号	作品名称	参赛作者	所在单位
17	枝上乌鸦	马夏静	清华大学美术学院
18	重峦	明洋	鲁迅美术学院
19	琅都	潘婉婷	苏州大学
20	向外行走	邱惠	武汉纺织大学
21	林中	沈婧	南京艺术学院
22	庄梦	童宝仪	中国美术学院
23	大熊猫	王成玉	成都纺织高等专科学校
24	屋言	温丽媛	北京服装学院
25	鹿·鸣	杨帆	青岛大学
26	海怀霞想	于婉宁	鲁迅美术学院
27	斑马斑马	赵雅婷	江南大学
28	丛林在此	郑怡昕	中国美术学院
29	云南	周勇	北京服装学院
30	于未来	庄舒晴	北京服装学院

2018年国民经济和社会发展统计公报

表1 2018年年末人口数及其构成

指标	年末数（万人）	比重（%）
全国总人口	139538	100.0
其中：城镇	83137	59.58
乡村	56401	40.42
其中：男性	71351	51.1
女性	68187	48.9
其中：0~15岁（含不满16周岁）	24860	17.8
16~59岁（含不满60周岁）	89729	64.3
60周岁及以上	24949	17.9
其中：65周岁及以上	16658	11.9

表2 2018年居民消费价格比上年涨跌幅度

指标	全国 (%)	城市 (%)	农村 (%)
居民消费价格	2.1	2.1	2.1
其中：食品烟酒	1.9	2.1	1.1
衣　着	1.2	1.1	1.5
居　住	2.4	2.1	3.3
生活用品及服务	1.6	1.6	1.6
交通和通信	1.7	1.6	1.8
教育文化和娱乐	2.2	2.3	2.2
医疗保健	4.3	4.6	3.7
其他用品和服务	1.2	1.2	1.2

表3 2018年房地产开发和销售主要指标及其增长速度

指标	单位	绝对数	比上年增长（%）
投资额	亿元	120264	9.5
其中：住宅	亿元	85192	13.4
房屋施工面积	万平方米	822300	5.2
其中：住宅	万平方米	569987	6.3
房屋新开工面积	万平方米	209342	17.2
其中：住宅	万平方米	153353	19.7
房屋竣工面积	万平方米	93550	-7.8
其中：住宅	万平方米	66016	-8.1
商品房销售面积	万平方米	171654	1.3
其中：住宅	万平方米	147929	2.2
本年到位资金	亿元	165963	6.4
其中：国内贷款	亿元	24005	-4.9
个人按揭贷款	亿元	23706	-0.8

表4 2018年居民消费价格月度涨跌情况

项目	1月	2月	3月	4月	5月	6月	7月	8月	9月	10月	11月	12月
月度同比（%）	1.5	2.9	2.1	1.8	1.8	1.9	2.1	2.3	2.5	2.5	2.2	1.9
月度环比（%）	0.6	1.2	-1.1	-0.2	-0.2	-0.1	0.3	0.7	0.7	0.2	-0.3	0.0

表5 2014~2018年国内生产总值及其增长速度

项目	2014年	2015年	2016年	2017年	2018年
数值（亿元）	641281	685993	740061	820754	900309
增幅（%）	7.3	6.9	6.7	6.8	6.6

表6 2014~2018年国全部工业增加值及其增长速度

项目	2014年	2015年	2016年	2017年	2018年
数值（亿元）	233856	236506	247878	278328	305160
增幅（%）	7.0	6.0	6.0	6.3	6.1

表7 2014~2018年全国居民人均可支配收入及其增长速度

项目	2014年	2015年	2016年	2017年	2018年
数值（元）	20167	21966	23821	25974	28228
增幅（%）	8.0	7.4	6.3	7.3	6.5

海宁家纺杯

2019

中国国际家用纺织品创意设计大赛

2019 China International Home Textiles
Design Competion Awards

主办单位

中国家用纺织品行业协会
中国国际贸易促进委员会纺织行业分会
法兰克福展览（香港）有限公司
浙江省海宁市人民政府

承办单位

中国家用纺织品行业协会设计师分会
海宁市许村镇人民政府

协办单位

海宁中国家纺城股份有限公司
海宁市家用纺织品行业协会
海宁市许村镇时尚产业新生代联合会

支持单位

中国版权协会
中国版权保护中心

更多详细信息请登陆中家纺官网：www.hometex.org.cn

中国国际家用纺织品
产品设计大赛
China International Home Textiles
Design Competition Awards

DESIGN
张謇杯ZHANGJIANCUP

主办单位

中国家用纺织品行业协会
中国国际贸易促进委员会纺织行业分会
法兰克福展览（香港）有限公司
南通市人民政府

承办单位

中国家用纺织品行业协会设计师分会
南通市市场监督管理局
海门市人民政府
南通市通州区人民政府
承果APP

协办单位

中国家用纺织品行业协会床品专业委员会
中国家用纺织品行业协会布艺专业委员会
中国家用纺织品行业协会毛巾专业委员会
中国家用纺织品行业协会经销商专业委员会

更多详细信息请登陆中家纺官网：www.hometex.org.cn

第四届
震泽丝绸杯

中国丝绸家用纺织品创意设计大赛

丝

忆

主办单位　　　　**承办单位**　　　　　　**大赛官网**

中国家用纺织品行业协会　　　中国家用纺织品行业协会设计师分会　　　更多详细信息请登陆大赛官网：www.zzscbds.com
江苏省苏州市吴江区人民政府　　江苏省苏州市吴江区震泽镇人民政府

中国家用纺织品流行趋势

CHINA INTERNATIONAI TRADE FAIR FOR HOME TEXTILE AND ACCESSORIES

TRENDS
2020

组织单位：中国家用纺织品行业协会
　　　　　法兰克福展览（香港）有限公司
研究单位：中国家用纺织品行业协会时尚研究拓展部
　　　　　意大利康斯坦丁时尚设计策划集团
发布单位：中国家用纺织品行业协会
推广单位：江苏叠石桥市场管理委员会

FADE 哑光

自然，精神与人造世界相结合的新美学正在建立。照顾好自己意味着为日益增长的需求留出空间，以减少我们每天遭受到的环境和感官污染。有意识地使用谨慎的技术和营造轻松舒缓的环境，能够帮助我们实现这一目标。运用极简美学，放弃过度的装饰，从而找到灵性与科技之间的相互平衡。让事物和自身获得本质法则，将是我们面临的挑战。

柔和的线条，简单的形状和浅淡的颜色结合在一起，创造出令人赏心悦目的和声。沉静的深色调与柔和的色彩混合，面料具备柔软，舒适和透气的特性，以满足感官的体验。

RISE UP 崛起

这一主题藉由自我表达、大胆的言论和挑战现状的愿望所驱动，以便为激进的创造力打开大门。新的挑战上升到社会层面：对权威的渴望，将诚实，尊重和团结等价值观置于集体存在的中心，形成了一个坚定的极具凝聚力的社会群体。"崛起"的人们迫切需要与众不同，并且在新的活力和新的乐观主义的支持下，对世界产生越来越多的政治影响，并将成为一种基于多样性、道德和包容性为基础的更加开放的生活方式。

明亮活泼的原色色调，带有强烈色彩对比的图案，以及受拼贴艺术启发的极简幻想，强调了这一主题的力量。

SEEDS 种子

通过与当地社区重建联系，寻求对传统意义的新诠释。重新融入大自然，体会自然的直观与质感，推崇和提升浪漫主义，激起我们对更简单与慢时代的怀念。在这个主题，一种深层次的真实性得以发展，并从当代对可持续性的关注中获得新的活力。

手工艺元素，以亚光装饰为特色的材料和原始美学，增添了回归地球的本质特征，给人一种简单自然生活的浪漫建议。

有机材料的运用倡导着更可持续的生活方式。大自然的色彩：从土壤的温暖色调，到小麦的淡金色，从藜衣草色的芬芳田野，到日落时天空的明亮霞调，形成了田园诗般的视觉感官。

DARING 勇敢

各种不同文化交相融合，充盈和塑造出新的文化类型。在一个不稳定和迅速发展的社会中，由于接触到与自身习惯大相径庭的各类生活方式，我们反而越来越清楚意识到自己和个人的需求。这是一种万花筒般变化多端和富有远见的趋势：传统与当代、常规与不同、地区和全球……审美和概念性的拼贴，在创造中颂扬。这是一份反对固定性的宣言，阐述了文化的相似性和矛盾，在多样性中探寻和庆祝新文化的产生。

丰富的装饰图案，新奇的花卉蔓藤花纹和不拘一格的灵感，赋予了本主题图案的生命力。鲜艳的色彩映照着华丽的丝绸和天鹅绒，提花，流苏和彩色刺绣。

SHANGHAI AUGUST 2019

更多详细信息请登录中家纺官网：www.hometex.org.cn